本书获教育部人文社会科学一般项目基金资助
项目编号：11XJC770002

安倍德卡尔思想研究

刘海玲 ■ 著

Research on Ambedkar's Ideas
of New-Buddhist

中国社会科学出版社

图书在版编目(CIP)数据

安倍德卡尔思想研究/刘海玲著.—北京：中国社会科学出版社，2020.10
ISBN 978-7-5203-6971-8

Ⅰ.①安… Ⅱ.①刘… Ⅲ.①安倍德卡尔—佛教—思想评论 Ⅳ.①B949.351

中国版本图书馆CIP数据核字（2020）第148509号

出 版 人	赵剑英
责任编辑	耿晓明
责任校对	李 萍
责任印制	李寡寡

出　　版	中国社会科学出版社
社　　址	北京鼓楼西大街甲158号
邮　　编	100720
网　　址	http://www.csspw.cn
发 行 部	010-84083685
门 市 部	010-84029450
经　　销	新华书店及其他书店
印　　刷	北京明恒达印务有限公司
装　　订	廊坊市广阳区广增装订厂
版　　次	2020年10月第1版
印　　次	2020年10月第1次印刷
开　　本	710×1000 1/16
印　　张	17
插　　页	2
字　　数	235千字
定　　价	89.00元

凡购买中国社会科学出版社图书，如有质量问题请与本社营销中心联系调换
电话：010-84083683
版权所有　侵权必究

序 言

　　刘海玲女士2008年入西北大学跟随我攻读印度文化史方向的博士学位，一晃12年过去了。在西北大学期间，我们就世界宗教与文化、印度佛教史、宗教学基本理论问题等课程一起学习，一起讨论。海玲基础扎实，做事认真，思路稳健，善于发现问题，更乐于解决问题，经过一段时间的学习，逐渐对近现代南亚文化与政治的关系问题产生了兴趣，特别是佛教复兴与社会变革之间的深度关联以及由此引发的诸多问题，成为她重点思考的对象，于是，她后来便以安倍德卡尔思想研究作为博士论文的选题。虽然我硕士和博士时期的专业都在印度文化史方面，但一直不敢说自己对印度文化有什么像样的研究，特别是对近现代印度文化缺乏系统深刻的了解，所以，对于海玲的选题，我怀着一丝谨慎与忐忑，更怀着一种赞赏与期待。经过几年的努力，海玲终于完成了毕业论文，后来在毕业论文的基础上，进一步拓展，还得到了教育部人文社科基金项目的支持，从而有机会形成一个相对成熟的研究成果。如今，她的专著即将出版，我作为她昔日的导师，很荣幸收到她多次真诚索序的请求，得以有机会在这里回顾一下自己与印度历史文化研究之间的因缘，并谈一些不成熟的想法。

　　说起印度文化史，我不免感叹这一生不知不觉间便进入一种特别的缘分之中。本科时，我的专业是历史，因为英语学得比较好，被学校选拔到一个由各系英语尖子生组成的英语高级班里，比其他人多经历了整整一年的英语强化训练，之后便被同学们推着进入了更需要英语支撑的世界史组里，当然，我的世界史课程成绩也的确是遥遥领先的。这个小组的人很少，进入其中之后便不好意思私自逃离，更不好挤进阵容强大的中国史组里凑热闹了。其实，我对中国史的兴趣也很浓厚，其中古代史前后两个阶段的考试成绩都是全班第一。到了1983年，该考研了，当时总盯着自己的老师，也不愿离开自己的故乡和母校，而那年西北大学世界史要招生的专业就是印度古代中世纪史，于是就报考了，从此也就和印度古代史特别是印度古代文化史结上了不解之缘。

上研究生后，有两位导师。周祯祥先生的研究领域主要在中世纪欧洲，高杨先生的研究领域主要在古代印度。周老师以研究欧洲社会政治经济见长，兼及文化，高老师则以印度佛教和哲学为主要方向，兼及印度古代政治与经济。对于一直学习传统历史的我来说，印度佛教与哲学充满了曼妙与神圣的色彩，具有巨大的诱惑之力，而高老师以其特有的亲切、爽朗与豪情，笑对这个既艰涩又神秘的领域，在轻松幽默的氛围中，逐渐揭开一个个神秘的面纱。高老师的自信和鼓励，也让我逐渐消退了欣喜之中的畏惧之情，对印度古代文化的兴趣日益浓厚起来。而周老师则以其仁慈宽厚的胸怀认可了我的选择，于是，从1984年秋天开始，我便进入了印度佛教这个苦乐交集的领域。

在印度古代哲学领域，人名之奇特，地名之古怪，概念之复杂，义理之深奥，让我这个缺乏系统的印度古史知识又没有足够哲学训练的人时时一头雾水，初期的学习苦不堪言。那个时候，除了高老师自编的印度古代史和印度古代哲学教材之外，精细专研的书是吕澂的《印度佛学源流略讲》，主要的参考书则是黄心川的《印度哲学》，至于梁漱溟、汤用彤、季羡林以及印度人和日本人的一些著作的汉译本，也都有认真参阅，方立天先生的相关论著也给了我很大的启发。经过一两年的折磨，最后选择了在中印同样具有深远影响的《金刚经》作为研究对象，借鉴胡海燕已经完成的梵汉校勘，将问题转向《金刚经》在印度的产生与流传及其本身的理论结构与特征，从印度思想史尤其是佛教发展史的角度解读《金刚经》的历史地位与价值。文章写成后，在医院病榻上的高老师对文中图表和一些内容再三"审问"是否参考了别人已有成果,当我回答是自己独立完成之时,高老师难掩惊喜之情,给我很大的鼓励。今天看来,那个硕士论文还有太多稚嫩之处。所幸的是,2001年蒙程恭让兄的厚爱,收入台湾佛光山《法藏文库》,公诸天下,美丑如旧,只能任人评说了。

1996年的一天,我的同班同学兼多年好友尚劝余兄来到我家,捎来彭树智先生的口信,希望我能到西北大学中东研究所工作,说彭老师有意加强宗教史研究,并计划重整印度史研究的队伍,除了已有的南亚史硕博士点建设外,还正在申请宗教史专业的硕士点,希望我能承担其中的一些重要任务。我知道,彭老师早期是从印度史研究起家的,后来从南亚拓展到西亚乃至整个中东地区,并从近现代史追溯到古代中世纪史,从政治经济史深化到思想文化史。他从文博学院院长之位转到中东所担任所长后,也一直继续从事南亚以及与宗教相关的一些研究。彭老师在印度史和宗教史研究与研究生培养方面的学术理想深深打动了我,于是,我放弃了其他已接近实施的调动计划,来到西北大学中东研究所的南亚与宗教文化研究室。此后,蒙彭先生不弃,又忝列其门下,获得了在印度文化史领域继续深造的机会。彭老师根据我的研究积累和兴趣,鼓励我对观音信仰进行追根溯源性的研究,把中国文化史上的问题上溯到古代印度,把信仰问题拓展到社会与文化,从中印文明交往的角度进行深层的探索。由此确定的博士论文对印度古代观音信仰的起源、发展、演变及其在印度民间的流行等问题进行了系统的清理,并对这种信仰向中国输入的历史过程和中国化表现进行了研究,论文得到彭先生的肯定,获得"多年来少见的优秀博士论文之一"的鼓励。彭老师当时决心重组南亚研究团队,重建西北大学南亚史研究阵地,希望我能以印度古代文化史为主,尚劝余以印度近现代政治史为主,撑起南亚研究的框架,再不断完善,不断推进。所以,彭老师给我的硕士招生专业是宗教史,博士招生专业就是世界宗教与文化,方向则是印度宗教与文化。刘海玲与宇恒伟、王欣、杨航、师敏、王宏涛、王雪梅等都是在这个时候相继进入中东研究所跟我攻读博士学位的。可惜后来几经努力与周折，尚劝余还是没有回成西北大学，最终去了华南师范大学高就，其他南亚研究力量也一时难以完成组建，而我也碍于古代印度多种语言的难关，遂将研究方向逐渐转向中印佛教关系，并越来越偏向中国佛教史的领域。

当然，这些年在印度史特别是印度佛教史领域也未曾放弃努力，尽管这些研究总是或多或少以不同形式和中国联系在一起，如：古代汉语阿育王文献及相关史事研究；《金刚经》在古代印度产生、流传及其向中国的传播研究；以阿旃陀石窟和补怛洛伽山为代表的印度古代佛教道场研究；印度古代观音信仰的起源、发展、演变及其向中国的传播研究；印度观音信仰进入中国后同儒道文化的关系及其中国化历程研究；印度僧人及其来华弘法或在华影响研究；丝绸之路文明交往研究等。这些研究涉及印度古代政教关系、印度大乘思想与信仰、印度佛教场所与人物等方面，主要特点是挖掘汉传佛教中保留的古代印度佛教史文献，在每一个案研究中均努力实现学术视域的拓展与创新。与此同时，指导博士生完成博士学位论文《唐宋时期印度佛教的中国民间化研究》(2009)、《古代印度弥勒信仰研究》(2010)、《〈大智度论〉菩萨思想研究》(2011)、《古代域外普贤信仰研究》(2011)、《阿育王信仰的形成与演变》(2015年)、《汉译〈杂阿含经〉中的罗汉研究》(2015)、《早期域外文殊信仰研究》(2017年)等。去年，有幸得到教育部的一个委托课题，将对21世纪以来印度佛教文化发展走向及佛教学术最新动态展开调查研究，希望在当代印度佛教文化研究和佛教学术的观察方面能有所突破。

说到当代印度佛教，尤其是当代中印佛教文化交往，这些年我也一直在努力奉献自己的绵薄之力。2015年5月参与印度莫迪总理访问西安活动的预先准备工作，并提出一些后来被中央有关部门接受的建议。莫迪离开西安后，其在西安大慈恩寺和大兴善寺用古吉拉特语书写的留言竟然无人能解，后来我与所指导的印度博士留学生冠秀杰同学合作，借助古吉拉特大学一位朋友的帮助，经过四种语言转换，完成了汉译，莫迪对玄奘及来华印度僧人的敬意以及对和平的期待之情才得以传遍中国。2015年5月12日接待印度Newsx媒体集团的Kartikeya Sharma先生来访，并一起举行了"中印古代文化交流学术座谈会"，就中印文化交流接受了印度记者的电视采访，凤凰网等媒体以"中印文化交往没有武力征服"为题进行了报道，产生了积极的影响。2015年5月13日，在北京出席由中国佛教协会主办的"文明互鉴——弘扬玄奘精神座谈会"，做《以玄奘为中心，挖掘中印文明交往的基本精神》的发言。2015年5月23日，在西安出席由陕西省政府主办、西北大学和陕西省教育厅承办的以"丝绸之路：在多元重构中复兴"为主体的"文明对话·长安论坛"，做题为《中印古代文明交往中的中国精神》的发言。2015年10月24日，在无锡出席由中国佛教协会、中国宗教文化交流协会主办的第四届世界佛教论坛，在三个新媒体论坛之一的"东来西去——丝绸之路上的佛教文明"中，与中国敦煌吐鲁番学会会长郝春文教授、北京大学东方文化研究院院长王邦维教授一起做主讲嘉宾，围绕丝绸之路上的中印佛教文明交往进行了长达三个小时的对话。2015年11月在国家有关部门的支持下，由西北大学和陕西省宗教事务局、陕西省佛教协会联合主办，西北大学玄奘研究院承办的"玄奘与丝绸之路"学术研讨会于在西安召开，来自印度和尼泊尔的学者12名出席会议，并举行了中、印、尼三国代表学者对话会，会后10名印度学者应邀到西北大学玄奘研究院，就中印佛教研究的推展作了座谈交流，并由此与多位教授建立起经常性联系。2016年8月6日，由北京横山书院与中国教育电视台联合主办的"2016文化中国讲坛"在北京举办，应邀以《中印古代文明交往与中华文化基本体系的形成》为主题作了一个多小时的专题报告。2017年3月11日至12日，应邀在广州为中山大学博研教育中心连续作《前佛教时期的印度文明》《印度佛教文明的诞生》《印度佛教文明的发展》《印度佛教文明的中国化》共四次讲座。2018年3月，出席中国驻加尔各答总领事馆主办的"中印佛教及相关友好交流：历史与未来"国际研讨会，作题为《中印古代佛教交往的主要特征》的主旨发言。2019年10月底，邀请印度尼赫鲁大学 Alone 教授前来西北大学玄奘研究院做两场学术报告。2019年，策划承办的国际玄奘论坛被中国外交部列为纪念中印建交70周年系列活动中的第六项，目前论坛的筹备工作已经进入最后阶段，相信一定会在中印文明交往方面取得新的进展。

以上赘言，都是因为海玲大作出版之际引发的回忆。对我而言，虽有敝帚自珍之嫌，但回顾过去，方知差距，展望未来，才有信心，人可能也需要活在这种自我检索、自我激励与自我慰藉之中吧。

说到海玲本书的主角——安倍德卡尔，不由得让人想起佛教在印度跌宕起伏的命运变迁历程。众所周知，佛教在印度有过辉煌的过去，特别是从公元前6世纪开始的一千年当中，印度佛教奠定了世界佛教的理论基础，塑造了世界佛教的基本情趣，搭建了世界佛教的传播框架，逐渐形成以印度为主体的世界佛教多向发展格局，为这个地球贡献了第一个真正意义的世界性宗教。公元七八世纪之后，印度佛教开始转型，随着文化竞争与合流的不断推进，佛教在印度作为一支独立精神力量的角色日益淡化，对世界各佛教流传地的经典供给和思想带动作用逐渐消失，并在13世纪基本走向灭亡，在印度造成又一次罕见的文化断流奇观。经过六七百年的沉寂之后，从19世纪初开始，印度佛教因为西方殖民者的意外情趣而逐渐被重新发现，并在西方有识之士的佛教遗迹考古、佛教文献搜集、佛教文物整理、佛教思想研究、佛教组织建构、佛教信仰实践等一系列佛教事业推进过程中，不断激发印度本民族对佛教的重新记忆，很多有缘之士随着西方人对佛教的兴趣而从印度教的漫天包围中跻身而出，向佛教投去既惊异又亲切的目光，曾经光芒万丈的佛教开始从黑暗中走出，带着本有的清新与荣光，再次回到人们的视线之中。

随之而来的是以斯里兰卡为主导的、有缅甸、日本、泰国等佛教国家参与的外来佛教力量的相继介入，特别是达摩波罗主导的大菩提协会，他们往来于印度和斯里兰卡以及日本、缅甸、中国、泰国、美国、英国等国之间，在佛教现代转型与复兴的潮流中，借助人类全新的交往能力和近代世界文化交流格局，努力搭建与佛教起源地的情感联系，竭力恢复西方人重新发现的佛陀遗迹在世界佛教中的圣地角色，佛教的世界联动因为印度的被动加入而获得了全新的意义，亚洲其他各国佛教徒的佛陀圣地情节与回馈佛教母国的冲动，使印度逐渐重新融入世界佛教的整体格局之中，佛教的全球化进程也从此拉开了序幕。从公元前3世纪佛教走出南亚次大陆，到公元后19世纪佛教重回南亚次大陆，经过两千多年的轮回，印度从佛教馈赠国转为佛教受赠国，而佛教也从各系分立走向多元一体，一种全新的世界佛教在回归印度的过程中开始萌芽。

受这一潮流的冲击，印度佛教复兴的动力也开始从外向内。当一个民族的历史记忆开始苏醒的时候，再现的古老思想逐渐激活了这个民族的文化基因，而这种文化基因的激活又因为他们身处的社会问题的激发而转变成一种应对现实的思想资源。近现代的印度社会，尽管有西方殖民者的社会治理与文化浸润，但自古以来的种姓制度依然支撑着社会的结构和秩序，并主导着社会生活的各个领域，成为印度实现现代转型的最大障碍。这种制度源于具有神圣意义的印度教，而印度教作为一种主流文化，在历史上虽然历经佛教、伊斯兰教、基督教特别是西方现代文明的冲击，却始终未改其统摄一切的文化品性，特别是固化社会等级与职业分工的现实功能，在政治上呈现出强烈的不平等性，在文化上呈现出明显的非理性，与自由平等和科学理性的现代文明格格不入。所以，印度社会的现代化转型，首先要面对的可能不是政治制度与经济发展，而是具有数千年传统并早已渗透到民族心理和社会生活之中的印度教文化。对社会的变革必然转变为对文化的反思，在现代潮流中展开的传统反思一定会走向对传统的批判，而对传统的批判必然以有利于改变社会现状的文化资源为支撑。在这种文化资源的寻找和运用过程中，来自西方的科学理性、自由平等、民主法治等文化传统，对印度民族来说，明显具有强烈的外来性，在反抗殖民侵略的时代，交织着既向往又抗拒的复杂心理，所以从本民族文化传统中寻找可资利用的思想资源便成为一种自然而然的选择。欧洲文艺复兴本质上也是从自身的文化传统中找回应对现实的资源，中国近代革命志士普遍存在的佛教情怀也是这一背景下产生的现象。对于印度来说，批判印度教的思想资源早在二千五百年前就已经形成了，这便是释迦牟尼创立的佛教。当有人从佛教这里找到反抗印度教种姓制度的思想资源的时候，佛教在印度的复兴又增添了新的动力。安倍德卡尔的新佛教思想与实践正是在这样的背景下诞生的。

安倍德卡尔对佛教的选择和重塑经历了一个思索和不断成熟的过程，而这一过程又因为印度独立后民族国家建构过程中对佛教的需要而获得千载难逢的历史机遇。早在英国殖民统治时代就已经开始复兴的印度佛教，经过一百多年的缓慢发展，到1947年印度独立的时候，已经成为一种重要文化传统而摆在这个新兴国家的面前。尽管甘地对佛教复兴抱有比较保守的态度，但总体上看，佛教作为一种令印度人骄傲的文化传统而得到政治家的重视，特别是独立后印度总统和总理都对佛教表现出明确的尊重和坚决的支持，并动用国家力量大力推动各种佛教复兴事业，佛教在文化建设、学术发展、思想启蒙、民族自尊、对外交往等方面的作用不断被激发出来。尽管同时受到印度教传统势力的挤压，但刚刚独立的印度共和国，试图以现代文明的应有胸怀重新捡起被历史遗忘的佛教资源。当然，隐没近千年的古老传统，在重新回到现代生活的过程中，既要面临历史传承的延续，还要经受现代转型的考验，双重使命，双重挑战，注定佛教在印度现代社会的复兴是一场艰难的文化抉择。

所以，安倍德卡尔回归佛教之路，既有历史机遇的支撑与推动，也有新旧交替之际的多重阻滞。作为贱民出身的他，种姓制度给他痛楚的屈辱，也激发他痛彻的反思，在自由平等博爱等现代意识的滋润下，维护种姓制度的印度教和反对种姓制度的佛教，在他眼前便必然成为截然对立的两种文化传统。依赖神灵支撑的印度教，同时使种姓制度具有了不可撼动的神圣性，而佛教否定神灵主宰的教义明显符合科学理性的现代文明。于是，反对神意而崇尚科学，反对盲从而坚守理性，反对种姓而呼唤平等，便成为安倍德卡尔理解和选择佛教的核心进路。也正是在这种交织于现代文明的进

序言

路中，传统的佛教被选择性吸纳进他的思想体系之中，作为宗教的佛教传统，在他这里开始变成作为现代文明的文化体系。所以，他的佛教，是一种全新的佛教，与其说是宗教，倒不如说是一种改装了的现代文明。正如刘海玲在他的书中所说的："他将具有西方色彩的现代理念与印度古老的宗教哲学相结合，以实用主义的方式对佛教思想进行了现代性的重构，最终，安倍德卡尔从贱民解放的实际斗争出发，对佛教传统教义进行了现代化、民主化、世俗化的大胆改造，使之成为适合印度现代社会的新佛教。"

安倍德卡尔的新佛教思想和实践掀起印度佛教复兴的一阵狂潮，特别具有震撼意义的是1956年由他直接主导的50万贱民集体改宗佛教事件，其规模之浩大，其场面之壮观，在佛教史上空前绝后；其氛围之热烈，其影响之深远，堪称印度佛教现代复兴之巅峰。当那些欣喜若狂的贱民追随他改宗的时候，摆脱奴役与卑贱的渴望掩盖了他们本有的神圣诉求，一个在宗教信仰中浸润几千年的民众，被赤裸裸地推向了现代文明的灿烂阳光下。这些缺乏文化素养的底层民众，并不知道他们改宗的佛教，在安倍德卡尔这里，本质上是只是一种现代思想的引入和实践，所以，这并不是宗教信仰的自由拣选，而是传统和现代之间的博弈，是打着佛教旗帜的现代观念同印度教所代表的传统观念与传统体制之间的斗争。政治诉求的宗教化表达一旦失去神圣的支撑，很快就会回归政治本身的发展逻辑之中，而当变成清晰明了的政治逻辑时，佛教也就只能黯然退场了。可见，佛教是作为一种文化，还是作为一种宗教，是观察安倍德卡尔新佛教思想的关键。一种饱含理性、科学、民主、自由、平等、法治等现代内涵的佛教，尽管具有灿烂的光芒，但毕竟是一种缺乏神圣性的佛教，而缺乏神圣性必然意味着缺乏群体感召力和凝聚力。何况这种新佛教所要应对的印度教也在向现代文明妥协，国家也在现代文明潮流中通过法律与政策等途径进行各种调整，所以，注重社会变革的新佛教，其存在价值必然受到动摇，除非这种佛教注重对接传统，继承神圣，强化信仰。事实上，随着安倍德卡尔的突然离去，规模宏大的贱民改宗运动便陷入迷离之中。此后的印度佛教复兴趋势，尽管依然得力于这次运动的推动，但佛教重新走进现代社会的艰难却日益明显起来。

除了神圣性的缺乏之外，仅仅作为一个特定社会阶层的宗教文化，可能也很难镶嵌进统摄整个社会的文化体系之中。在一个完整的社会体系中，无论哪个地域，哪个阶层，任何一个人群，其人性的需求都具有趋同性。自然性需求，社会性需求，精神性需求，乃至灵性的需求，可能是从古到今任何人都具有的。满足这些需求的文化供给必然在需求市场的竞争中逐渐完成分工机制。就像在中国，魏晋以后便最终告别相继出现的法家、道家、儒家一家独尊格局，逐渐形成儒家供给人的社会性需求、道教呼应人的自然性需求、佛教注重人的精神性需求的文化分工机制。现代美国的所谓三根支柱，即法治、科教、宗教，其实也是人的社会性、自然性和精神性等三种需求的分工式应对而已。中国古代的三教合一与现代美国的文化体系，都是一种具有整体结构的文化机制。在印度，自古以来占统治地位的文化是印度教一家独尊，这种一家独尊的文化也成为一种分工式供给人性需求的文化机制，婆罗门负责处理人与神关系，通过信仰主导人的精神性；刹帝利负责应对人与人的关系，通过国家政权和各级管理机构应对人的社会性需求；吠舍负责处理人与自然的关系，通过生产劳作，承担人的物质性需求的供给；而第四种姓首陀罗则负责为前三个种姓做好服务。所以，印度教在印度本身就是一种严密而完整的文化供给体系，呈现出既独立自主、也封闭保守、还十分顽强的文化特性，能够与社会生活无缝对接，并涵摄一切人群，具有强大的内在生存和外在拒斥能力，其他文化除非在这个系统之外存在，而要融入其中，就得首先破坏这个分工式人性需求的供给体系，也就是摧毁这种文化的基本结构。

在历史上，对这种顽强的文化供给体系形成冲击的文化斗争主要有三次，最早一次是前5世纪以佛教为主的沙门思潮，其次是10世纪之后的伊斯兰教，再后来一直到现在最为给力的冲击则来自西方现代文明。佛教在释迦牟尼时代向这种文化发出最强劲的批判，但既未能取代这种文化，也没能实现与这种文化的分工协作，最后退出了印度文化的舞台。伊斯兰教借助政治经济之力，对这种文化供给体系产生剧烈冲击，但除了派生出锡克教这样的新宗教外，伊斯兰教和印度教实现了人群分治，各自之间的文化分工协作并未实现。西方现代文明从各个方面对印度教形成冲击，正在促成其发生重大转型，特别是逼迫其推出政治经济教育等一些世俗领域，从而显露出人性需求分工式应对机制的曙光。但随着传统的回归，印度教势力又再次强大起来，文化发展的具体走向还需要继续观察。

如果以上分析还有些道理，那么我们也可以这样说，安倍德卡尔的新佛教其实就是释迦牟尼时代佛教对治婆罗门教的历史翻版。佛教这种文化，在反对婆罗门教文化体系的过程中诞生，也在婆罗门教这个文化体系之外徘徊，最终没能成功建构一种文化呼应机制，并在个性消失、批判力减弱的背景下，经伊斯兰教的冲击后彻底消失。所以，能否参与组建人性需求的文化应对机制，是这种文化能否真正成功的前提。800年前佛教的消失，800年后安倍德卡尔的佛教重建，本质上讲是一样的规律在主导着佛教的命运走向。所以，无论什么样的复兴动力与复兴途径，关键还在于是否能够成为社会文化体系中的一员，镶嵌进整体的文化机制之中。当然，现代印度日益成为一个多元文化并存的国度，多种文化的并存也必然同时在主体的文化架构之外留下日益宽阔的空间，所以，新佛教乃至其他类型的佛教文化，也不至于完全失去自己的地盘。

总体上看，今天印度佛教的存在，不但在多元文化并立呼应体系中未占居重要一席，而且就连自身的存在也呈现出支离破碎的景象。如果从大文化的角度观察，似乎具有以下几个特征：第一是学术性。当今印度的佛教大量存在于大学和各种研究机构之中，是一种学术性的存在，不像中国，有大量的寺院和为数众多的信仰者，并且在民众的精神世界保持鲜活的生命力。第二是遗存性。当今印度佛教的遗存非常多，但大多数只作为文物保护的遗迹，不是真正意义上的宗教场所，至于相继出土的各种佛教造像和其他圣物，多数也仅仅存留在文物的层面，而难以上升到圣物的高度，仅仅是艺术的欣赏和历史的见证，而非信仰崇拜的对象。第三名是外来性。

当代印度的佛教，其中很大一部分是斯里兰卡、泰国、日本，中国大陆和台湾、香港等地相继输入的佛教，是镶嵌在印度文化当中的一种外来文化，它们与印度文化之间相互游离，基本上属于在印度的佛教，而不是印度的佛教。第四是底层性。当今印度佛教的信仰者，绝大部分处于社会的底层，相对于主流社会和主流文化来说，还处于游离状态。第五是融合性。当今印度的佛教，三大语系佛教并存，没有那个派系能占据绝对主流。这与世界其他佛教国家很不一样。第六是小众性。占绝对优势的宗教是印度教，其次是伊斯兰教，另外还有锡克教、耆那教、基督教等，佛教仅仅是众多弱小宗教之一，所以，佛教在目前的印度只是小众存在，影响不大。第七，飘零性。印度传统佛教的根基早已荡然无存，重新输入的佛教很难渗透到信众的精神深处并落实到生活之中，特别是无法广泛展开，印度教在精神与生活方面的主导地位难以撼动，佛教主体不稳，本位难觅，佛教的依附地位也体现在佛教信众对于佛陀作为印度教神灵之一这一现实的无奈和默认。第八，象征性。印度毕竟是佛教的起源地，曾经有长达一千五百多年的辉煌历史，并成为世界佛教的第一权威。13世纪之后，印度佛教虽然消亡了，但历史的记忆犹在，佛陀的圣迹犹存，作为佛教母国的身份获得全球公认，所以，印度佛教具有象征意义，在这种象征中，必然包涵着崇高性、神圣性和权威性，所以，印度政府将佛教作为其软实力的重要支撑。从以上这些特征可以看出，印度现代佛教在功能方面具有明显的现实性，在思维方面具有明显的理性色彩。

　　海玲通过研究也得出一个重要结论：安倍德卡尔不是要创造一个宗教，而是要将佛教变为一个基于道德和科学的社会哲学。我认为这一观点非常中肯，可谓抓住了安倍德卡尔思想的本质。从这一点来看，新佛教思想虽然没有完成对印度教的批判，也没有实现对种姓制度的冲击和对社会的改造，更没有建构起神圣的纽带而迅速扩大信众的队伍，形成与印度教相抗衡的整体力量，但这种新佛教毕竟是印度佛教回归过程中的一朵绚丽花朵，它蕴涵着安倍德卡尔一生的心血和无上的期待，凝结着亿万底层民众的至诚祈愿，散发着佛教文化精华的芬芳，为现代印度增添了一股可贵的精神资源，并将永远为历史所记忆，为现实所借鉴，为所有佛教信仰者所感怀。海玲选择安倍德卡尔来研究，本身就是对其思想价值的珍视，对其历史地位的肯定。海玲通过这一研究，表达了一位中国学者对印度现代文化变迁的观察和对安倍德卡尔思想得失的感叹。这种研究是理性的，也是温馨的。相信她的研究能为学者带来新意，能为学术增添色彩，也能为现实提供有益的借鉴。

李利安

2020 年 10 月 5 日于乾佑河边屋

目 录

绪论 ……………………………………………………………（1）
    第一节　选题意义 ………………………………………（1）
    第二节　研究概述 ………………………………………（4）
    第三节　研究方法 ………………………………………（14）
    第四节　研究思路 ………………………………………（14）

第一章　安倍德卡尔和"他的时代" …………………………（16）
    第一节　安倍德卡尔的一生 ……………………………（16）
    第二节　英国殖民与印度社会 …………………………（34）
    第三节　印度民族独立运动 ……………………………（45）
    第四节　种姓制度和贱民问题 …………………………（55）
    第五节　佛教的近代复兴 ………………………………（70）

第二章　安倍德卡尔与"达利特"运动 ………………………（82）
    第一节　社会改革与政治斗争 …………………………（83）
    第二节　起源问题与身份重构 …………………………（98）
    第三节　改信之路和信仰抉择 …………………………（110）
    第四节　宗教改革与"理想宗教" ………………………（123）
    第五节　安倍德卡尔与甘地 ……………………………（137）

第三章　安倍德卡尔的"新佛教" ……………………………（154）
    第一节　安倍德卡尔的思想渊源 ………………………（154）

第二节 安倍德卡尔的宗教哲学观 …………………………（173）
第三节 安倍德卡尔的佛教观 ………………………………（186）

第四章 时代特色与历史遗产 ……………………………………（205）
第一节 "新佛教"的时代性 ………………………………（205）
第二节 反思与评价 …………………………………………（219）

结语 ………………………………………………………………（233）

参考文献 …………………………………………………………（240）

后记 ………………………………………………………………（256）

绪 论

第一节 选题意义

巴巴萨赫布·安倍德卡尔（Babasaheb Ambedkar，1891年4月14日—1956年12月6日）和甘地、尼赫鲁一起被誉为缔造现代印度的三位伟人之一。他是印度独立后宪法的主要起草人，被誉为"现代摩奴"；他是印度贱民解放运动的领袖，被称为"人权之父"；他创立了"新佛教"思想体系，在印度掀起了佛教复兴运动。出身于印度贱民团体的安倍德卡尔倾尽毕生精力与印度教不可接触制以及种姓制度进行斗争。作为贱民中最早接受大学教育的一员，他领导人民开展社会改革和政治运动，建立组织和创办报刊，努力为下层群众争取政治、社会和宗教以及财政权利，从一个激进的贱民解放运动领导人到独立后印度宪法的奠基人，最终成为印度佛教复兴运动的领袖。他拥有新闻工作者、学者、宗教评论员、经济学家、政治外交家、群众运动领袖和社会改革家等多重身份，他的思想和实践在印度历史上留下了不可磨灭的印记。1990年，安倍德卡尔被追授印度最高的政府荣誉奖——巴域·维那[①]。2006年，由印度新闻网（IBN）进行的一项民意测验的结果有81%的投

[①] 巴域·维那（Bharat Ratna）是印度政府颁发的第一级公民荣誉奖，授予在艺术、文学科学和公共服务等领域为印度做出最杰出贡献的人物。该奖项由印度第一任总统金德拉·普萨拉德于1954年设立。

票人认为安倍德卡尔留下的遗产比甘地留下的遗产更持久。[①] 20世纪90年代以来，他在印度政治和历史中的角色和地位越来越引起人们的重视。

19世纪、20世纪之交，伴随着世界民族解放运动的高涨，佛教在亚洲乃至世界出现了复兴的浪潮。在此过程中，新兴的佛教思想经历了民族解放等社会运动的洗礼，也经历了现代化潮流的刺激，在各国表现出不同而又类似的特征。身为贱民的领袖，1956年10月，安倍德卡尔率领着约50万印度群众举行了盛大的集体改信佛教仪式，成为佛教史上乃至宗教史上的一大创举。安倍德卡尔早在1935年就宣布放弃印度教，而直到1956年去世前他才宣布改信佛教，他的改信是出于政治考量的权宜之计还是出于对印度文化的热爱而做出的必然选择？他的思想变化和当时印度以及世界历史变幻有着怎样的联系和冲突？他选择佛教作为信仰归宿，出于什么样的思想本能和社会动机？作为一名深受印度社会歧视的贱民成员，安倍德卡尔如何为贱民解放进行斗争并最终放弃印度教信仰而改信佛教？在思想意识领域经历了怎样的焦灼和斗争？他出于何种思想根源而选择佛教作为精神皈依的对象？安倍德卡尔知识渊博，经历丰富，思想体系复杂，生前留下了大量的著作和演讲，以他的新佛教思想为出发点进行梳理有助于认识其丰富而深刻的思想内涵。安倍德卡尔不可能独立存在，他是印度社会的影像，也是印度知识分子的代表，他的思想必然有着某种传承关系，了解他的思想变迁有助于我们认识19世纪末期到20世纪早期印度思想文化领域以及社会改革领域发生的变化和进步。

19—20世纪是印度社会迈进现代化的时代，印度的现代化是一种输入型的现代化，又是一种混合型的现代化，它既受到英国长期殖民的影响，又有着印度传统知识分子自己的探索；既有保

---

① "QOTD: Gandhi vs. Ambedkar", ibnlive.com, December 2006/Video 4, Network 18, http://www.ibnlive.com/videos/27864/12_2006/facethenation_0612_1/qotd-gandhi-vsambedkar.html, April 1, 2008.

守的一面，又有着与世界现代化发展接轨的一面，这种交融和冲突的双向性也为知识精英们烙下深刻的时代印记。知识分子们面对现代化的冲击和印度的古老文化传统，纷纷提出自己的思考和见解。安倍德卡尔身为贱民运动的领袖，深受印度传统文化影响，又接受了西方现代思想的教育，在社会变革中他如何选择自己的道路值得关注。

独立前后的印度正处于社会的重要转型时期，一方面努力摆脱英国殖民争取民族独立，纳入现代发展轨道；另一方面，印度社会的一些传统陋习仍然困扰着前进之路，其中亟待解决的是大量处于社会底层的贱民阶层的境遇改善问题，作为激进的贱民运动领导人，安倍德卡尔尝试了各种斗争手段，最终落脚于宗教改革，选择放弃印度教而改宗佛教，并为贱民团体构建了"新佛教"的思想体系。他的"新佛教"思想在传统与现代之间做出怎样的选择和构建？他如何看待和理解佛教的传统教义？他的"新佛教"思想的宗教哲学基础是什么？他对传统印度教有怎样的认识？进行了什么样的批判？人们如何看待他的这种"新佛教"？"新佛教"思想对贱民运动和印度社会发展乃至人类思想文化发展有何意义？研究这些问题有助于我们更进一步解析佛教在现当代的转型，为宗教文化的现代发展提供参考和借鉴。综上所述，本书的研究意义在于：

（1）有助于拓展印度近现代历史研究的视域，关注社会转型期的印度下层群众。安倍德卡尔是印度近现代史上"第一位贱民领袖"，在印度，他与甘地、尼赫鲁等思想家、政治家具有同样的影响力，但是在历史研究的范畴中却是长期"缺失的"。他运用"达利特"历史编纂法对贱民的身份进行了历史重构，发展出符合理性和科学、具有印度文化特色又切合现代价值的"新佛教"思想。他以印度社会最底层却又人数众多的贱民阶层的代言人身份参与政治生活，在他的影响和感召下，印度不可接触者团体在政治和文化领域取得了空前的解放和进步。因此，对他的思想和实践的研究具有较高的学术价值和现实意义。

（2）有助于交叉学科的研究和繁荣。安倍德卡尔是一位博学多识的学者，曾留学美、英，获得经济学和法学博士学位，精通经济、政治、哲学、人类学、法律和社会学等；他活跃在印度近现代政治舞台，为印度下层民众的平等奔走呼号，是印度独立后的民主法制的建设者；他出身于印度教传统下，却改变信仰皈依佛教，他的思想体系丰富而庞杂，是近现代印度社会转型时期政治斗争及思想文化领域冲突与变化的缩影，他的"新佛教"思想事实上是他的政治、经济和社会等思想的延伸和自然发展，因此，对他的研究可以深入到历史学、政治学、宗教学、社会学、民族学、心理学等学科领域。

（3）有助于丰富现当代世界宗教复兴现象的理论和实践研究。当今世界随着现代化潮流的发展，传统宗教的复兴和新兴宗教的产生成为一股不可忽视的潮流，印度佛教复兴运动作为世界宗教复兴潮流的一个支流，以它的个案进行研究有助于我们认识当代宗教发展的走向和趋势，有助于在实践中更好地处理宗教与现代化的关系，各宗教团体之间的和谐平等、宗教与传统文化的传承等问题，从而促进社会和谐发展和人类精神进步。

第二节　研究概述

在安倍德卡尔去世后的五十多年里，他一直是印度政治和社会饱受争议的人物。作为马哈尔贱民的领袖，他为达利特人带来了希望，因此被当作宗教偶像崇拜，由于他对传统印度教弊端的诟病以及对印度宪法制定的贡献，他被称作社会改革家和印度"现代之父"。而由于他与甘地及国大党的分歧、对抗以及寻求与英国殖民政府的合作，一些人则污蔑他为反民族主义者，一个政治激进分子甚或是一个殖民主义的谄媚者。直到百年诞辰之前，他一直被印度的历史学界所忽视。因此，在印度独立前后的几十年里与他相关的著作出版并不多。先是印度国内一些学者对安倍德卡尔的活动进行了初步的研究，出现了一些关于他的传记作品。之后，陆续出现对其思想和活动进行描述的专著。同时还有一些安倍德卡尔的演讲词和文章被印度学者整理刊发在杂志上。但是相对于记述甘地、尼赫鲁等领袖的著作而言，对安倍德卡尔的研究的著作数量可谓少之又少，安倍德卡尔的著作合集直到20世纪70年代才开始出版。与此同时，少数欧美学者和一些日本学者也直接或间接地参与到安倍德卡尔的研究中，其中以加利福尼亚大学、牛津大学和剑桥大学出版的专著及相关著作数量最多。

20世纪90年代以来，印度国内及欧美学者开始更多地将目光投向了安倍德卡尔，对其研究范围之广，著作和文章数量之多，研究理论之深都达到了新的高度，相继有大量相关作品出版。通过学者们的不懈努力，使这方面的研究日臻成熟和完善，为后人的研究奠定了坚实的基础，也带动了更多的学者加入这个行列。

随着研究兴趣的增长，研究安倍德卡尔的学术著作日益丰富，印度学者以及西方学者均从不同侧面对安倍德卡尔进行了深入研究，具体来看，可将关于安倍德卡尔的研究资料和学术成果分为下列几类：

一　安倍德卡尔本人的论著、演讲稿、文章等原始资料

马哈拉施特拉邦（Maharashtra）政府编著的《安倍德卡尔博士：著作和演讲》（*Dr. Babasaheb Ambedkar: Writings and Speech*）[①]是关于安倍德卡尔思想学说不可或缺的原始资料。该书全集共十七册，收录了安倍德卡尔所有的著作和演讲稿。阿希尔（D. C. Ahir）编辑的《安倍德卡尔博士的演讲选辑》[②]，以及瓦莱里安·罗德里格斯（Valerian Rodrigues）收录的《安倍德卡尔的重要著作》[③]提供了更进一步的关于安倍德卡尔个人作品方面的资料。除此之外，

[①] *Dr. Babasaheb Ambedkar: Writings and Speeches*, Vol. 1–17, Govt. of Maharashtra, 1987–2002.

[②] D. C. Ahir, *Selected Speeches of Dr. B. R. Ambedkar*, New Delhi: Blumoon Books, 2000.

[③] V. Rodrigues, ed., *The Essential Writings of B. R. Ambedkar, 1927–1956*, New York: Oxford, 2002.

有许多网上资源收录了安倍德卡尔的重要的著作和演说词，以及一些关于安倍德卡尔的著作和演讲的不完全的资料，为研究提供了方便的第一手资料。

二 关于安倍德卡尔的传记作品

关于安倍德卡尔的传记作品相当丰富。其中达南吉·科尔（Dhananjay Keer）是最早撰写安倍德卡尔传记的人，其作品《安倍德卡尔：生平及使命》[1] 对安倍德卡尔的生平和经历作了极为详细的叙述，且资料翔实，被公认为最好的一本关于安倍德卡尔的传记。印度学者卡丹姆（K. N. Kadam）的《安倍德卡尔和他的运动的特征》[2] 是一本关于安倍德卡尔的编年体传记，该书编纂的安倍德卡尔年谱，使研究者和读者能够在较短的时间里了解安倍德卡尔的生平事迹。阿希尔（D. C. Ahir）的《安倍德卡尔的遗产》[3] 与僧护法师（Sangharakshita）的《安倍德卡尔与佛教》[4] 则不仅详述安倍德卡尔的生平，也对其思想作了较为深入的分析。而盖尔·昂维特（Gail Omvedt）写作的《安倍德卡尔：面对一个开明的印度》[5] 虽然篇幅较短，但是易于阅读。这些传记作品从不同层面反映了对安倍德卡尔生平和他所领导的运动的不同观点。例如第一部关于安倍德卡尔的详细的传记——达南吉·科尔写作的《安倍德卡尔：生平及使命》，书中作者提出了安倍德卡尔研究的几个关键主题：他在不可接触者地位提升中的作用；他作为政治领导人的角色定位；他的关于印度教的问题；他与国大党和甘地的冲突，以及他和佛教。科尔写作的传记被认为是一部圣徒式的传记，他着重地将安倍

---

[1] Dhananjay Keer, *Ambedkar: Life and Mission*, New Delhi: South Asia Books, 1990.

[2] K. N. Kadam, *Dr. Babasaheb Ambedkar and Significance of His Movement*, Bombay: Popular Prakashan, 1993.

[3] D. C. Ahir, *The Legacy of Dr. Ambedkar (Bharat Ratna)*, New Delhi: B. R. P. C., 1990.

[4] Sangharakshita, *Ambedkar and Buddhism*, Glasgow: Windhorse, 1986.

[5] Gail Omvedt, *Ambedkar: Towards an Enlightened India*, New Delhi: Penguin, 2004.

德卡尔父母性格的影响视为引导安倍德卡尔成为人们认可的国家人物的必要条件。他认为安倍德卡尔的母亲的性格特点是虔诚、温和、安分守己。① 安倍德卡尔父亲的主要特征是勤勉和宗教虔诚。② 对于安倍德卡尔的历史性的改信，科尔也是小心翼翼地将佛教解释为印度宗教共同体的一部分。他将安倍德卡尔表述为：他"提供了一个范例，即一个人应当依靠自己个人的努力而不是依靠他人的帮助和赞助。安倍德卡尔终生探求知识，安倍德卡尔拥有惊人的勤奋和不懈的目标，这使得他从如尘埃般的庶民成为著名的元老级人物，从一个受到社会蔑视的生活状态到达宪法制定者的崇高地位，他为受蹂躏的人们争取人类尊严的英雄式的斗争将在这个国家的历史上，同时也将在人类自由的历史上留下光辉的一页"③。科尔的态度是谨慎的，他采用大多数印度读者能够接受的态度来表述印度的政治和宗教的历史。在面临甘地与安倍德卡尔的矛盾冲突时，科尔始终将甘地作为一名老一代的政治家来解释两者之间的冲突。④ 科尔的目的在于不贬低甘地或者国大党的作用的同时提升安倍德卡尔在印度社会和政治方面的地位和贡献。

与科尔不同的另外两名传记家为后来大量兴起的关于安倍德卡尔的学术研究打下了基础：埃莉诺·泽利奥特（Eleanor Zelliot）写作了《安倍德卡尔和贱民运动》⑤，盖尔·昂维特（Gail Omvedt）写作了《安倍德卡尔：面对一个开明的印度》⑥，这些传记完成了两个主要目标：第一，他们去除了关于安倍德卡尔生平的神话

---

① Dhananjay Keer, *Ambedkar: Life and Mission*, New Delhi: South Asia Books, 1990, p. 9.
② Ibid., p. 10.
③ Ibid., p. xii.
④ Ibid., p. 54.
⑤ Eleanor Zelliot, *Dr. Ambedkar and the Untouchable Movement*, New Delhi: Blumoon Books, 2004.
⑥ Gail Omvedt, *Ambedkar: Towards an Enlightened India*, New Delhi: Penguin, 2004.

色彩;① 第二，他们清楚地将安倍德卡尔定义为现代印度历史上的反对派角色。

三 安倍德卡尔的思想研究

安倍德卡尔思想丰富，视域宽广，对于安倍德卡尔思想的研究著作也为数众多。库比尔（W. N. Kuber）的《安倍德卡尔：批评性研究》②是这一方面的开拓性著作，它以批判的方法分析了安倍德卡尔的各种思想。阿南丹（K. Anandan）在《对安倍德卡尔的影响》③中探讨安倍德卡尔思想的渊源，他指出：安倍德卡尔的思想深受其家庭环境、印度传统社会和西方教育的影响。研究安倍德卡尔的政治思想的代表著作是克萨格（R. K. Kshirsagar）的《安倍德卡尔的政治思想》④。研究安倍德卡尔经济思想的代表作有纳伦德拉·贾迪（Narendra Jadhay）的《安倍德卡尔经济思想和哲学》⑤。研究其宗教思想代表作有莫汉·拉比尔（P. Mohan Larbeer）的《安倍德卡尔论宗教：一个解放的视角》⑥和贾提瓦（D. R. Jatava）的《安倍德卡尔的宗教哲学》⑦等。综合而言，在印度安倍德卡尔

---

① 科尔在《安倍德卡尔：生平及使命》（Dhananjay Keer, *Ambedkar: Life and Mission*, New Delhi: South Asia Books, 1990）中描述了这样一个在民间流传的故事，在安倍德卡尔通过孟买大学的入学考试后人们为他举行的庆祝仪式上，克里希那吉·阿伦·凯卢斯卡尔（Krishnaji Arun Keluskar）送给安倍德卡尔一本《乔达摩佛陀的生平》作为特殊的礼物。泽利奥特则断言这一点没有历史的依据。后来，昂维特（Omvedt）更是完全无视这个"礼物"，后来的一些作者也只提到在庆祝仪式上，凯卢斯卡尔和安倍德卡尔的父亲进行了交谈并未提及赠书之事，这意味着不仅"礼物"是虚构的，而且此书对年轻的安倍德卡尔的影响也是不存在的。

② W. N. Kuber, *Dr. Ambedkar: A Critical Study*, New Delhi: p. P. H., 1973.

③ K. Anandan, "*The Influence on Dr. Ambedkar*" in Shashi, S. S., ed., *Ambedkar and Social Justice*, Vol. Ⅱ, New Delhi: Publications Division, Ministry of Information & Broadcasting, 1992.

④ R. K. Kshirsagar, *Political Thought of Dr. Babasaheb Ambedkar*, London: Intellectual Publishing House, 1992.

⑤ Narendra Jadhay, *Dr. Ambedkar Economic Thought and Philsopy*, Bombay: Popular Prakashan Pvt. Limited, 1993.

⑥ P. Mohan Larbeer, *Ambedkar on Religion: a Liberative Perspective*, Madurai: Dalit Resource Centre, Tamilnadu Theological Seminary, 2003.

⑦ D. R. Jatava, *Ambedkar's Philosophy of Religion*, Jaipur: ABD, 1998.

的思想被称为安倍德卡尔主义（Ambedkarism），而自由、平等、博爱是他的思想的核心原则和基本构架。

四 关于安倍德卡尔和不可接触者运动的研究

埃莉诺·泽利奥特（Eleanor Zelliot）是安倍德卡尔研究的代表学者，她侧重从安倍德卡尔与达利特运动的角度进行研究。泽利奥特在《安倍德卡尔和贱民运动》[①]中，概括了马哈拉施特拉地区贱民运动的发展以及安倍德卡尔对此运动的影响。她对于安倍德卡尔和贱民的分析建立在马哈尔种姓的社会历史基础上，甚至在分析安倍德卡尔作为国家层面的影响时也是以此为基础。将焦点集中在马哈尔，让历史局限在某个特殊的团体，这种方式能够将马哈尔与印度其他种姓在社会和政治进步方面的不同阐述得更清楚。泽利奥特提供了马哈尔和安倍德卡尔的详细的历史，并率先将这一社会底层的特殊团体与占统治地位的政党——国大党，以及国会社会主义者、保守的印度教徒和英国人之间的关系进行了分析。

在《达利特和民主革命》[②]中，盖尔·昂维特（Gail Omvedt）在研究贱民地位提升与安倍德卡尔的关系中另辟蹊径。她对于安倍德卡尔的运动和生平的分析建立在马克思主义基础上。在她的另一部著作《安倍德卡尔：面对一个开明的印度》[③]中，盖尔·昂维特考察了安倍德卡尔与马克思主义的关系，认为安倍德卡尔与马克思主义之间存在相互联系，肯定了安倍德卡尔作为贱民领袖和印度领导人的进步性。她的分析往往表现出对于甘地主义和印度民族主义的批评，相反地，对于安倍德卡尔这样一个在印度历史记录中处于缺失状态的，作为主流的民族主义模式的对立面存在的历史人物的

[①] Eleanor Zelliot, *Dr. Ambedkar and the Untouchable Movement*, New Delhi: Blumoon Books, 2004.

[②] Gail Omvedt, *Dalits and the Democratic Revolution: Dr. Ambedkar and the Dalit Movement in Colonial India*, New Delhi: Sage, 1994.

[③] Gail Omvedt, *Ambedkar: Towards an Enlightened India*, New Delhi: Penguin, 2004.

地位则做了提升。盖尔·昂维特对于安倍德卡尔对印度政治影响的正面解释使她的作品成为其他历史学家评判安倍德卡尔及其运动的标准。

在《安倍德卡尔和贱民制：分析的和斗争的种姓》①中，克里斯托弗·贾弗雷罗（Christophe Jaffrelot）则提供了另一种方式来分析安倍德卡尔的运动。他运用对策论考察安倍德卡尔反对种姓压迫的"解放策略"的运用。②他认为安倍德卡尔对于英国和国大党来说既是一个激进分子又是一个合作者。他否认了盖尔·昂维特认为的安倍德卡尔的运动和马克思主义之间的联系，他的理由是：尽管安倍德卡尔在他的政治讲台上包含了社会主义的政策，但是安倍德卡尔拒绝将阶级斗争作为唯一的社会分析的方法，也完全拒绝在印度的社会背景下将它作为分析方法。

关于不可接触者运动的研究代表著作还有：克萨格（R. K. Kshirsagar）的《印度的达利特运动及其领导人》③。作者认为有组织有领导的不可接触运动始于19世纪末，即安倍德卡尔出生的年代，运动兴起的条件是19世纪末印度社会发生的巨大的政治变迁和社会变迁。侨登德（P. G. Jogdand）的《马哈拉施特拉的达利特运动》④则针对安倍德卡尔的所居地马哈拉施特拉邦进行研究，揭示该地区成为印度不可接触运动最为兴盛地区的原因。

近期的其他学者则开始寻求通过后结构主义、后现代主义和后马克思主义等语境探讨安倍德卡尔的运动。例如克里斯托弗·奎恩（Chritopher S. Queen）⑤以现代性和后现代的比较分析了安倍德卡尔的新佛教思想作为贱民解放的解释学的特征。

---

① Christophe Jaffrelot, *Dr. Ambedkar and Untouchability: Analysing and Fighting Caste*, Delhi: Permanent Black, 2005.
② Ibid., p. 6.
③ R. K. Kshirsagar, *Dalit Movement in India and Its Leaders (1857 – 1956)*, New Delhi: M D, 1994.
④ P. G. Jogdand, *Dalit Movement in Maharashtra*, New Delhi: Kanak, 1991.
⑤ Chritopher S. Queen, Sallie B. King, ed., *Engaged Buddhism Buddhist Liberation Movements in Asia*, Albany: State University of New York Press, 1996.

五 关于安倍德卡尔的比较研究

比较方法是学术界惯常采用的方式。关于安倍德卡尔的比较研究成果颇多，尤其以与甘地的比较研究为多。代表著作有希西劳·查文（Sheshrao Chavan）的《甘地和安倍德卡尔：贱民的救世主》[①]，埃莉诺·泽利奥特（Eleanor Zelliot）的《甘地和安倍德卡尔：领导力的研究》[②] 等，这些作品深入探讨了印度近代史上这两位伟大人物的冲突、矛盾并分析其原因。除此而外，还有些作品从佛教复兴的角度将安倍德卡尔与斯里兰卡佛教复兴运动领导人达摩波罗进行对比研究，如巴拉克里希·戈文德·戈卡莱（Balkrishna Givind Gokhale）的《上座部佛教和现代化：达摩波罗和安倍德卡尔》[③] 通过对二者复兴佛教运动的研究，作者得出结论：达摩波罗采用的是民族主义方式复兴佛教，而安倍德卡尔则以社会改革方式复兴佛教。

对比国外对安倍德卡尔逐渐增长的研究热潮，我国对于安倍德卡尔的研究则起步较晚。国内的研究约始于 20 世纪 90 年代，但总体而言关注度不高，研究成果不多。其中著作中涉及的有：杨曾文的《当代佛教》[④] 第二章第二节对安倍德卡尔领导印度佛教复兴运动历史概况进行了介绍。吴永年、季平合著的《当代印度宗教研究》[⑤] 一书中简要评析了安倍德卡尔在当代印度佛教复兴方面做出的努力和贡献。林承节所著《殖民统治时期的印度史》[⑥] 中在涉及甘地的活动时曾提到过安倍德卡尔的名字。尚会鹏在《种姓与印度

---

① Sheshrao Chavan, *Gandhi and Ambedkar: Saviours of Untouchables*, Delhi: Authors, 2001.

② Eleanor Zelliot, *Gandhi and Ambedkar: A Study in Leadership*, in Eleanor Zelliot, *From Untouchable to Dalit: Essays on Ambedkar Movement*, New Delhi: Manohar, 1992.

③ Balkrishna Govind Gokhaie, "Theravada Buddhism and Modernization: Anagarika Dhammapala and B. R. Ambedkaer", *Journal of Asian and African Studies*, Vol. 34, No. 1, 1999.

④ 杨曾文主编：《当代佛教》，东方出版社 1993 年版。

⑤ 吴永年、季平：《当代印度宗教研究》，上海外语教育出版社 1998 年版。

⑥ 林承节：《殖民统治时期的印度史》，北京大学出版社 2004 年版。

教社会》① 一书中介绍了安倍德卡尔的生平及活动，并对贱民和新佛教的关系做了探讨。除此之外，也有一些研究安倍德卡尔的文章相继发表。较早的有20世纪最后10年的代表性文章，如尚会鹏在1990年《南亚研究》发表《"贱民"运动领袖安培德卡尔——生平及其主要思想》② 简要介绍了他一生中经历的苦难和斗争活动，对其社会思想和宗教思想进行了较为深刻的剖析。林立在1992年《南亚研究季刊》刊发文章《甘地、安倍德卡尔与拯救贱民运动》③，作者用比较研究的方式论述了甘地与安倍德卡尔在贱民问题上的本质区别。进入21世纪以来，相继出现了一些关于安倍德卡尔的更加深入和更多层面的研究成果。台湾地区侧重于从宗教学角度予以关注，研究成果有：台湾南华大学宗教研究所周秀真的硕士学位论文《安贝卡与其新佛教运动之研究》④、真理大学陈建安的硕士学位论文《安贝卡的改信佛教运动其内涵与意义之研究》⑤等；大陆地区更多侧重于从安倍德卡尔的社会改革思想和贱民解放运动角度进行研究，主要成果有：北京大学刘雪梅的硕士学位论文《试论安倍德卡尔的平等思想及其实践》⑥、内蒙古大学任炜的硕士学位论文《安培德卡尔和印度贱民解放运动》⑦、郑州大学马致远的硕士学位论文《印度近现代贱民问题研究》⑧、广西师范大学王怡的硕士学位论文《安姆德贝卡与种姓制斗争评析》⑨ 等。可见，大陆地区较多地关注了安倍德卡尔作为贱民运动领导人的政治思想

---

① 尚会鹏：《种姓与印度教社会》，北京大学出版社2001年版。
② 尚会鹏：《"贱民"运动的领袖安培德卡尔——生平及其主要思想》，《南亚研究》1990年第2期。
③ 林立：《甘地、安培德卡尔与拯救贱民运动》，《南亚研究季刊》1992年第3期。
④ 周秀真：《安贝卡与其新佛教运动之研究》，硕士学位论文，（台湾）南华大学，2007年。
⑤ 陈建安：《安贝卡的改信佛教运动其内涵与意义之研究》，硕士学位论文，真理大学，2008年。
⑥ 刘雪梅：《试论安倍德卡尔的平等思想及其实践》，硕士学位论文，北京大学，2004年。
⑦ 任炜：《安培德卡尔和印度贱民解放运动》，硕士学位论文，内蒙古大学，2008年。
⑧ 马致远：《印度近现代贱民问题研究》，硕士学位论文，郑州大学，2006年。
⑨ 王怡：《安姆德贝卡与种姓制斗争评析》，硕士学位论文，广西师范大学，2008年。

和社会改革，台湾地区则侧重于安倍德卡尔的宗教思想和人权运动。

随着国外对安倍德卡尔关注度的上升，为方便学者研究，国内也引进了一些国外学者关于安倍德卡尔的研究专著，这些著作主要集中在研究安倍德卡尔的政治思想和社会意识方面，系统地阐述了安倍德卡尔社会平等的观念、对种姓制的抨击以及带领贱民利用合法手段获取平等权利的斗争。

总体而言，国内外关于此课题研究现状和趋势可概括为：

（1）研究起步较晚，成果不多。尤其是国内研究非常薄弱。

（2）已有成果重具体的某一思想领域的研究，缺乏综合整体研究。国外学者的研究往往涉及安倍德卡尔的政治思想和人权思想、社会意识的某一具体方面进行较为深入的研究，而缺乏对其思想的历史源流和逻辑思路的整体梳理。

（3）印度本土的学者多从本国政治文化角度出发，将安倍德卡尔塑造为贱民领袖和政治斗争的代言人，而西方学者则偏重从西方意识形态角度出发，侧重对安倍德卡尔思想中符合西方理念的成分进行发掘。而国内较多关注其在贱民解放运动中的地位和作用，而很少有从宗教思想文化发展的角度来对他的思想体系进行综合研究。因此对于安倍德卡尔的研究有很大的空间。

（4）安倍德卡尔思想的现代性问题尚待深入研究。安倍德卡尔的反印度教的激进立场使他一度被"达利特化"，他的思想也长期被印度教主流社会边缘化，并不为人所熟悉。近年来，随着印度的现代化发展，人们开始重新关注安倍德卡尔，甚至很多人认为对于现代印度来说，他的思想比甘地的思想更有价值。他为印度社会设计了一个经过改写的，具有民主、平等精神的宗教，并进行了社会改革的实践，他的思想触及了印度社会现代化发展中的深层问题，具有某种前瞻性和普世性。因此，他的思想中所具有的现代性有待深入研究。

第三节 研究方法

在研究过程中，本书主要采用历史学和宗教学的研究方法，同时借鉴社会学、政治学以及心理学等学科的研究方法。主要的研究手段有：

（1）文献分析方法：厘清印度佛教复兴运动主要人物安倍德卡尔的成长过程及其所处时代的背景、社会状况和思想源流，在此基础上通过翻译解读他本人的演讲、论述、著作等主要文献，通过归纳、分析、综合比较的方法，试图多方面趋近印度佛教复兴运动的真实面貌。

（2）比较分析法：一是将安倍德卡尔的思想与其前代的印度的贱民解放哲学思想进行比较来揭示他的思想源流。二是将安倍德卡尔宗教哲学思想与同时代的甘地的思想进行比较，从而为他改信的思想动因寻找依据。三是将安倍德卡尔的新佛教思想与传统佛教教义进行比较，并与当时流行的各种新思想流派如西方实用主义哲学进行对比，揭示安倍德卡尔对佛教思想在传统文化和现代思想之间如何取舍。四是将安倍德卡尔的佛教复兴运动与达摩波罗等其他地区和国家的佛教复兴运动进行对比，以期对安倍德卡尔的思想源流和内涵价值做一合理分析和客观评价。

第四节 研究思路

本书的研究思路拟以对安倍德卡尔这一新佛教运动的领导者为出发点，考察他所处时代的特点和他本人的生平经历，揭示贱民改信及新佛教运动发生的社会背景和历史进程；通过对安倍德卡尔本人的著述和演讲等文献的分析考察，从多重角度对新佛教的定义、内涵、本质及特征等进行概括；运用相关理论对新佛教运动的特征和当代价值做出评判，并引发对当代世界宗教问题的思考。

具体思路框架为：

（1）考察印度新佛教运动的社会背景和思想文化背景，厘清新佛教运动的社会动因和文化动因。考察近代印度社会发展及种姓制度发展的概况，结合 18 世纪后期佛教在东西方发展的特点，揭示印度贱民解放运动和新佛教运动产生的时代背景，考察安倍德卡尔的生平经历及前安倍德卡尔时代贱民解放哲学在印度的发展，分析安倍德卡尔思想的来源及其发展过程。

（2）研究安倍德卡尔本人的宗教哲学观，透视其放弃印度教改信佛教的思想基础和价值判断。解读安倍德卡尔本人的著作、文章以及演讲词，分析他的哲学宗教观，考察他对印度各大宗教和流行的各种社会思潮的态度和观点，探讨他带领贱民改信佛教的原因和动机。

（3）运用宗教学和社会学理论，探讨安倍德卡尔新佛教思想的内涵和本质。将安倍德卡尔的佛教"新乘"与传统佛教教义进行对比，并与当时流行的西方实用主义思想等思想潮流进行对比，从而揭示新佛教思想的实质和内涵。

（4）梳理后安倍德卡尔时代佛教复兴及贱民解放运动的发展，对他的思想和历史地位做出评价。对 20 世纪后半期印度佛教发展及贱民运动进行历史考察，评价他所进行的贱民宗教文化身份的重构对现代印度社会平等和宗教世俗化产生的作用和影响，评估他的思想在佛教以及世界宗教文化发展中的价值和意义。

第一章

安倍德卡尔和"他的时代"

第一节 安倍德卡尔的一生

一 成长历程

1891年4月14日,安倍德卡尔(Bhimrao Ramji Ambedkar)出生于印度中央邦(Madhya Pradesh)的一个由英国人建立的村镇、军事宿营地姆赫(Mhow)。而他的祖籍是现在的马哈拉施特拉邦(Maharashtra)的勒德纳吉里地区的阿姆巴瓦德(Ambavade)村庄。他父母双方的家族都隶属于马哈拉施特拉最大的不可接触种姓——马哈尔(Mahar)。马哈尔的种姓职责主要包括为葬礼准备木材,搬运牛尸,清洗水井,远距离送信等。作为不可接触种姓,与马哈尔人的接触被认为是不洁的,因此他们生活在隔离区域。

英国人统治期间,他们利用印度传统的种姓制度服务于自己的利益,而在此过程中,却无意识地打开了曾经对低等种姓关闭的教育和职业的通道,例如有可能受雇成为士兵、厨师和侍者等。马哈尔人也乐于尝试新的职业,因此有一大部分马哈尔人被招募进入英国军队。安倍德卡尔的父亲和母亲两个家族都出自军人家庭,他的祖父和父亲拉姆吉·萨克帕尔(Ramji Sakpal)都是英属印度军队的军人。祖父曾在印度东印度公司孟买军区服役;父亲则在姆赫的一所军校担任校长,获得了在英国人统治下印度人能够在军队获得的最高职位,在军队期间还接受了一定程度的马拉提语和英语的教育，因此，他对自己的孩子的教育也格外重视。安倍德卡尔的母亲比姆拜（Bhimabai）的家族也是英属印度军队的军官，家境小康。安倍德卡尔就生于这样一个家庭，即使处在他的种姓完全没有尊严的隔离状态里，由于他的家庭与军队的关系，他获得了接受英语教育的机会，并被给予了成为学生的希望。

安倍德卡尔是家中的第 14 个孩子也是最小的孩子，14 个孩子中的 7 个先后死去了，盖尔·昂维特（Gail Omvedt）说安倍德卡尔是"被宠爱和给予了更多疼爱的孩子"①，母亲为他取名比姆（Bhim）。据说，他出生前，他的一位过着修道生活的叔叔预言这个孩子将赢得世界的尊敬。因此虽然有了十几个孩子，比姆的父母还是尽他们最大的努力让他接受最好的教育。他的父母都是印度教虔信派（Bhakti Movement）卡比尔教派（Kabir Panthi）信徒。卡比尔教派主张平等、怜悯、仁慈和虔诚等印度传统的道德准则。父亲热爱印度宗教哲学，对印度传统史诗《摩诃婆罗多》《罗摩衍那》有很深的造诣，并熟悉教育知识，擅长英语。安倍德卡尔在父亲的影响和培育下，虽出身贱民却接受了完整的教育。

1893 年，拉姆吉从军队退役，他们全家暂时回迁到马哈拉施特拉的勒德拉吉里地区的达博利（Dapoli），达博利属于孟买辖区，有一个政府资助的学校，拉姆吉以自己曾是军队的高级军官，坚持要求让自己的儿子能够被允许入学。最后比姆兄弟俩和当地的其他 4 个"不可接触者"孩子得以进入学校，条件是他们只能待在单独的一间屋子里，不能和其他孩子接触，也不能从学校的用水设施中取水喝，只有接受这些条款他们才获准进入学校学习。在学校里，由于印度教的老师从不踏入非种姓孩子的屋子，他们只能自己学习。偶尔老师来到门口，6 个孩子就把自己的小石板放在地上以便老师可以看到，他们退回到远远的角落听老师可能给予他们的评语。他们不能提问题，如果有不懂的功课也得不到老师的帮助。这

---

① Gail Omvedt, *Dalits and the Democratic Revolution: Dr Ambedkar and the Dalit Movement in Colonial India*, SAGE Publication, 1994, p. 3.

让未来的哲学博士第一次对被排斥有了感受，这一年他刚刚5岁。

全家人仅靠父亲获得的微薄的军队退休金维持，生活艰难。后来，一些朋友为拉姆吉在萨塔拉找到了工作，家庭又获得了新的转机，他们再次迁居萨塔拉。然而不久，母亲病重去世了，由严重残疾的姑母承担起养育这些孩子的重任。即使生活艰苦，父亲还是每天给孩子们讲述印度史诗的故事，给他们唱圣歌，这样的日子对于比姆和他的兄弟姐妹来说仍然是幸福的。他一生都难忘父亲对他的影响，是父亲教给了他丰富的传统文化。

比姆在萨塔拉继续上学，他开始意识到他的家庭所遭受的不同待遇。在学校里他必须远离其他同学坐在角落里粗糙的垫子上，课间，他也不能用其他同学使用的杯子喝水，只能将双手掬成杯状等待学校管理员将水龙头的水冲入手中来解渴。安倍德卡尔不明白为什么他会遭到这样的对待，他做错了什么？

一次，比姆和他的哥哥去父亲工作的戈尔甘过暑假，他们下了火车后在车站等了很久也没有等到父亲来接，车站的站长看上去非常和蔼，过来询问他们是谁要去哪里？两个男孩穿着整齐、干净也非常有礼貌。比姆不假思索就告诉站长他们是马哈尔人，站长马上改变了脸色并立刻转身而去。兄弟俩决定雇用一辆牛车载他们去父亲那里，但是当车夫得知他们是"不可接触者"时，根本不想接他们的生意，最后他们答应付给车夫两倍的价钱，以便事后清洗车子。而且兄弟俩还不得不自己驱赶牛车，而车夫则在旁边走路跟随，以免被玷污。这次旅行令比姆不断思考究竟发生了什么，但却始终不得其解。他和哥哥穿得干净整齐，却被人想象为肮脏得会弄脏任何与之接触的东西，这怎么可能？①

比姆永远忘不了这件事，随着他渐渐长大，这种侮辱使他意识到印度社会所谓的"不可接触制"是愚蠢、残忍和没有理性的。村

---

① 安倍德卡尔将童年时的这段经历记录在他的名为《等待签证》（Wait a Visa）的文章中。见 http：//www.columbia.edu/itc/mealac/pritchett/00ambedkar/txt_ambedkar_waiting.html。

庄里的理发师害怕被"不可接触者"污染,比姆不得不在家里让姐姐给自己剪头发,他问姐姐为什么他们是"不可接触者",姐姐只能回答:"自古以来就是如此。"比姆不满意这个答案。他相信这一切会改变,自己会找到合适的答案。

比姆的童年时代,一位出身于婆罗门的老师非常欣赏这个聪明的学生,称赞他的优秀成绩,鼓励他,甚至邀请他去家中共进午餐,老师还用自己的姓为比姆改姓为安倍德卡尔(Ambedkar)。[①]很快,他获得了所有老师的称赞和奖励。老师们强烈要求安倍德卡尔的父亲给他的儿子提供最好的教育。于是拉姆吉将家迁到了孟买,他们不得不住在给最贫穷的人聚居的地方,但是住在这里比姆却可以去全印度最好的学校之一——埃尔芬斯顿中学——读书。

在他们仅有的一间屋子里,所有人和物品挤在一起,外面的街道也非常嘈杂。比姆总是在从学校回来后就睡觉,他的父亲会在深夜两点时叫醒他,这时候万籁俱静,他可以安静地做功课和学习。

在孟买这样的大城市,生活要比在乡村现代得多,但是比姆发现他仍旧被称为"不可接触者",即使是在学校里,他也被另眼相看。一天,老师叫他到黑板前做一道题,所有的学生跳起来发出唏嘘声,因为他们的饭盒放在黑板的后面——他们认为比姆会污染他们的食物。他想要学习印度教的神圣语言梵语时,则被告知禁止"不可接触者"学习梵语,无奈只能以波斯语代之,于是直到多年之后他才自学了梵语。

1906年,还在读中学的安倍德卡尔按照印度早婚的习俗与拉玛拜(Ramabai)[②]结了婚。之后的一年,安倍德卡尔不负众望地

[①] 比姆原姓为Sapal,入学时父亲为避免他因为低种姓的身份而受到歧视,于是以祖籍的地名为他取名为Ambavadekar,后这位婆罗门老师非常喜欢Bhim,于是以自己的姓氏为他改名,从此他便以Ambedkar为姓。

[②] 安倍德卡尔结婚时14岁,拉玛拜当时9岁或者10岁,两个家庭有着相似的背景和与军队的联系,拉玛拜还与马哈尔早期领导人瓦朗卡有亲戚关系,但她在安倍德卡尔的生平的相关记述中是模糊的。安倍德卡尔1948年迎娶了第二位妻子沙尔达·卡比尔(Sharda Kabir),她吸引了人们更多的关注,她出身婆罗门,是一位医生,最终她和安倍德卡尔一起皈依佛教。

通过了大学入学考试,考上了孟买的埃尔芬斯顿学院。他是"不可接触者"中第一个通过这个考试的,为此亲友们为他举行集会以示祝贺。这次庆祝活动由当时著名的马哈拉施特拉社会改革家伯雷(S. K. Bole)主持,到场的另一位改革家凯卢斯卡尔(K. A. Keluskar)将自己的著作《佛陀传》(Life of Gautama Buddha)送给了安倍德卡尔,这是安倍德卡尔第一次接触佛教。

安倍德卡尔继续学业。当他以优异的成绩通过学校的中期考试,拉姆吉却无力负担儿子接下来的学费,在好友克鲁斯卡的帮助下,安倍德卡尔被引荐给巴罗达王公沙雅吉拉奥·格克瓦德(Maharaja Sayajirao Gaikwad of Baroda),获得了每月25卢比的助学金,在王公的帮助下,1912年,安倍德卡尔获得了他的学士学位。[1] 他的第一个也是唯一活下来的孩子耶施望特(Yeshwant)于这一年出生。毕业后,他来到巴罗达王邦工作,担任军队副官,但是却发现在这里他无法找到栖身之处。[2] 不幸的是,上任仅仅两周,他就接到了父亲病危的消息,他赶回孟买后不久父亲去世。

正在安倍德卡尔沉浸在悲痛中,前途迷惘之时,巴罗达王公提出一个计划,准备资助一些品学兼优的印度学生出国深造。安倍德卡尔提出申请并获得批准前往美国哥伦比亚大学留学,为此,他也不得不签订协议在学成归来后为巴罗达王邦服务十年。

二 留学西方

1913年,安倍德卡尔来到美国纽约著名的哥伦比亚大学学习,在这里他感受到强烈的自由平等的氛围。正如泽利奥特(Zelliot)

---

[1] K. N. Kadam, *Dr. Babasaheb Ambedkar and the Significance of His Movement*, Bombay: Popular Prakashan, 1991, p. 71.

[2] Gail Omvedt, *Dalits and the Democratic Revolution: Dr. Ambedkar and the Dalit Movement in Colonial India*, SAGE Publication, 1994, p. 7. 本来安倍德卡尔的父亲让他留在气氛更加开明的孟买,安倍德卡尔与父亲争吵之后执意来到巴罗达,但是在这里他由于贱民出身无法得到固定工作,也找不到可居住的地方而居无定所。

所说"他为自己的天然的倾向和兴趣找到了健康发展的土壤"①,来到了一个平等的、脱离了种姓社会的生活环境中,安倍德卡尔觉得焕然一新。他可以做任何自己想做的事情——但是他把所有的精力都投入学习中,他每天坚持学习 18 个小时,而他最大的娱乐就是去图书馆。在哥伦比亚大学期间,在当时著名的学者如爱德华·塞利格曼和约翰·杜威等的指导下学习,安倍德卡尔获得了"强烈的、不可动摇的信念,即民主体系的力量能够带来社会平等……这些观点在很大程度上是由杜威传授给他的"②。他在自己这时的作品中开始关注平等问题,特别是种姓和性别问题。在《种姓在印度:它们的原理、起源和发展》一文中,安倍德卡尔认为种姓是通过同系内部的婚姻来维持的。③ 这篇文章为安倍德卡尔日后为争取妇女平等权利的斗争埋下了种子。

他的主修课程为经济学和社会学,他用了两年时间获得硕士学位,接下来的时间里他完成了博士学位论文。④ 1916 年,他离开哥伦比亚大学前往英国,进入伦敦经济学院和格雷律师学院(Gray's Inn)学习经济和法律,但是由于巴罗达王公提供的经费到期,他不得不离开伦敦中断了学业。安倍德卡尔只能等到三年后才返回伦敦完成了他的学业。

归国后,他履行合约为巴罗达王公工作,由于获得了博士学位,他被安排到相当好的位置工作,成为王邦中央机构的一名军务大臣。过去四年在国外的生活使安倍德卡尔摆脱了"不可接触者"

---

① Eleanor Zelliot, "The American Experience of Dr. B. R. Ambedkar", in Zelliot, *From Untouchable to Dalit*, p. 85. 泽利奥特认为在美国的经历只是给安倍德卡尔的思想形成起到了辅助作用,对于他天性中存在的一些思想特点提供了合适发展的土壤。

② Christophe Jaffrelot, *Dr. Ambedkar and Untouchability: Analysing and Fighting Caste*, Delhi: Permanent Black, 2005, p. 28.

③ B. R. Ambedkar, *Caste in India: Their Mechanism, Genesis and Development* (1916), http://www.ambedkar.org, August 8, 2010. 这篇文章是安倍德卡尔在一次学术研讨会上的发言稿,后来发表。

④ 1916 年,哥伦比亚大学接受了安倍德卡尔的博士学位论文《国家红利:一个历史的分析研究》(*National Dividend: A Historical and Analytical Study*),1917 年他才被正式授予博士学位。

的标签，呼吸着自由的空气，一俟回到国内，即便有了好的公职，他却立刻落入低等种姓的悲惨境遇中。办公室的同事因为他是"不可接触者"，没人会递给他卷宗和文案，服务人员也只是将它们放在他的桌子上，这一切令他痛苦万分。

他一家挨一家地寻找住处，没有人愿意提供给他，最后他隐匿了身份才找到一家帕西人（拜火教徒）经营的小招待所。这里的住宿条件很差，只有一间小小的卧室和冷水浴室，没有电灯甚至也没有油灯，夜晚一片漆黑，他独自一人孤苦无依。一天早上，当他正准备出去上班，一群拿着棍棒的人来到他的房间，怒气冲冲指责他污染了他们的旅店并要求他天黑之前必须搬出去。安倍德卡尔黯然神伤，别无选择，他离开了仅仅工作了11天的岗位，回到了孟买。起初他想做一些小生意，试图劝说人们进行投资，但是当人们得知他的种姓时，他彻底失败了。

1918年，在他的英国老师的推荐下，安倍德卡尔进入孟买西德纳姆学院（Sydenham College）担任讲师，成为一名出色的教师和学者。1920年，他积攒了足够的费用，在友人的帮助下，他重返伦敦完成在伦敦经济学院的学习，同时在格雷律师事务所作为注册律师学习。1923年，安倍德卡尔学成回国，获得了伦敦经济学院的博士学位。[①] 他是第一个在这所世界闻名的学院中获得博士学位的印度人，同时也获得了律师资格。

三 非暴力运动

安倍德卡尔的政治生涯始于1919年，此时，他开始以"一个马哈尔人"的名义撰写文章，并创办了一份马拉提语的报纸《无声者的先锋》（*Mook-Nayak*），为"不可接触者"争取权利而斗争。1923年，结束学业回到印度后，他发现自己所获得的那些资质对

[①] 1922年安倍德卡尔第一次提交了博士学位论文，但是由于文章被认为对于英国的政策有过多批评，并与国际交易的正统思想相去甚远，因而他不得不修改并再次提交，直到1923年他才获得了学位。昂维特指出，后来在人们指责安倍德卡尔是英国殖民者的支持者时却常常忽视了这一点。

于存在种姓制度的印度社会来说没有任何意义，卑贱的出身仍然是他的职业障碍。然而他已经获得了个人所能接受的最好的教育，他是法律专家，天才的演说家，这些优势使得他具备成为一名达利特团体领导的最好的素质，使他能以平等的姿态与他那个时代的顶尖级的人物辩论和对话。安倍德卡尔开始投身于贱民解放的事业。

安倍德卡尔致力于唤醒"不可接触者"的觉醒意识，追随他的队伍渐渐壮大，他的名气也越来越大。他被贱民们亲切地称为"慈父"（Babasaheb）。鉴于个人的教育经历，安倍德卡尔十分明白教育对于贱民团体的巨大价值和重要性，于是他在1924年创建了一个叫作贱民福利协会（Bahiskrit Hitakarini Sabha）的组织。这个协会建起了旅馆、学校和图书馆，目的是提高达利特的生活水平和为他们提供受教育的机会。1927年，安倍德卡尔开始为贱民创建一个新的出版物《被拒绝的印度》（*Bahishkrit Bharat*）。① 这些早期的反种姓的政治动员导致了日后的马哈德非暴力运动。

1927年安倍德卡尔在科拉巴（Kolaba）地区的马哈德（Mahad）主持一个会议，他说："是时候去除我们头脑中高等和低等的观念了。如果我们学会自助和找回自尊，我们就可以获得自我提升。"由于经受过因身为贱民而遭受的耻辱和不公正待遇，他明白贱民要想获得公正不可能由任何他人赐予，只能靠贱民自己争取。

孟买立法会已经通过了允许任何人使用公共水塘和水井的法案，此前公共用水设施一直禁止贱民使用。马哈德（Mahad）政府也已经开放公共水井四年了，但是没有一个贱民敢于从中取水。安倍德卡尔在这次会议上发起了一个运动，前往仇达尔（Chowdar Tank）池塘举行和平示威，他亲自跪在池塘边取水喝。在他的示范下，几千名贱民勇敢地仿效他从池塘中取水喝，这一壮举创造了历史新的一页。当一些种姓印度教徒看到他们在池塘喝水，认为池塘

---

① 安倍德卡尔以这份杂志取代了原来的《无声者的先锋》，1929年又以《人民》（*Janata*）取代了它，最后在1955年又改为《觉醒的印度》（*Prabuddha Bharat*）。这些刊物相互衔接，发行目的是为贱民们提供重要的信息。

受到了污染，便向贱民发起了暴力攻击，但是安倍德卡尔坚持和平示威的方式。

安倍德卡尔在他创办的杂志《被拒绝的印度》（*Bahishkrit Bharat*）上发表文章，要求贱民们采取和平示威的方式来争取进入纳西克的卡拉罗摩神庙（Kala Rom Temple）的权利，示威坚持了一个月，最后他们被告知可以参加神庙的年度节日庆祝。然而在节日到来时，贱民们却被阻止进入并被扔石头，于是他们再次和平示威，由于贱民们长期封锁神庙的入口，神庙不得不关闭了近一年的时间。

马哈德非暴力运动达到了两个效果：一方面它确立了安倍德卡尔在贱民中的领导地位；另一方面它也使安倍德卡尔看到了种姓差别的症结所在：马哈德非暴力运动的目的是保护"不可接触者"在公共水井取用净水的权利，而种姓印度教徒拒绝他们接近水井是因为认为贱民们的宗教不净会污染水源。① 因此要破除不可接触制，必须消除这种宗教和信仰的差别。于是，1927 年 12 月 25 日，安倍德卡尔公开焚烧了象征着对贱民进行宗教和社会压迫的《摩奴法典》。在这次大会上，他对在场的听众讲道："我们运动的目的不仅是要砸烂我们自己的枷锁，而且要带来一场社会革命，它将去除所有的人为的种姓障碍，它将给每一个人提供到达最高地位的平等机会，并使得就公民权利来说人与人之间没有差别。"② 焚烧《摩奴法典》的举动是对高等种姓的公然挑战，也遭到了武力的报复。③ 这些事件也教育了安倍德卡尔，使他认识到某些时候特殊的斗争手段是必要的，他需要一个更大规模的计划来服务于他的事业。

---

① Christophe Jaffrelot, *Dr. Ambedkar and Untouchability: Analysing and Fighting Caste*, Delhi: Permanent Black, 2005, p. 47.

② K. N. Kadam, *Dr. Babasaheb Ambedakr and Significance of His Movemet*, Bombay: Popular Prakashan, 1993, p. 87.

③ Christophe Jaffrelot, *Dr. Ambedkar and Untouchability: Analysing and Fighting Caste*, Delhi: Permanent Black, 2005, p. 47.

四 圆桌会议——与甘地的矛盾

20世纪30年代是安倍德卡尔的思想和运动急剧转变的时期，这一时期也是安倍德卡尔成为著名的政治人物的时期。他开始致力于为贱民争取政治权利从而改善不公平待遇。1928年5月他被推选为受压迫阶级的代表之一，向西蒙调查团[①]（Simon Commission）陈情，要求给不可接触者保留议席或者分别选举权。他主张将遭受社会差别待遇、贫穷、教育程度低的不可接触者，当作是不同于一般印度教徒的、社会、宗教上的少数弱势族群看待，并给予较多的保护。此外，他也积极成立受压迫阶级教育协会，设立青年旅社及资助不可接触阶级出身的学生。通过西蒙调查团，他获得了英国政府认可。1930年，英国政府在伦敦召开圆桌会议讨论印度的前途，安倍德卡尔代表贱民出席了会议。会上他说："印度的受压迫阶级也要求以'民有'和'民治'的政府来取代英国政府……尽管150年的英国统治已经渐渐过去，可是我们的错误仍然保留，如同揭开的疮疤还没有恢复。这样的政府对谁、有什么好处呢？"[②] 这次圆桌会议，是不可接触者第一次参与有关国家未来发展的重要会议。安倍德卡尔在会议中，成功地让各集团、党派的代表了解到印度贱民所受到的不平等待遇，并达成将不可接触者视为政治上独立的弱势族群的协议。然而，让贱

[①] 英国政府派往印度研究修改管理制度的"调查团"。由英国自由党人J. 西蒙率领，故名。调查团的具体任务是：研究印度行政管理体系的效果、教育的普及程度、英属印度立法机构的发展状况、建立责任制政府的可能性，以及在地方立法机关中设立下院等问题。1927年和1928年，调查团两次到印度，但均因调查团中没有印度人参加而未能得到任何一个印度全国性政党的合作。国大党在1927年12月马德拉斯年会上通过抵制西蒙调查团、要求实现民族独立的决议，并于1928年1月成立反对西蒙调查团的委员会。1928年2—5月，国大党、印度教大会和穆斯林联盟等召开3次全国性政党集会，拒绝同西蒙合作，并委托尼赫鲁成立印度人自己的宪法起草委员会，并于同年7月提出新的宪法草案。安倍德卡尔领导的表列种姓联合会、从穆斯林联盟中分裂出去的沙菲集团和大部分土邦王公发表了亲英声明，同意与西蒙调查团合作。

[②] Valerian Rodrigues, ed., *The Essential Writings of B. R. Ambedkar*, New Delhi: Oxford University Press, 2002, p. 11.

民成为独立族群的主张，与反对印度分裂的甘地形成了正面的对立。1930 年 8 月，安倍德卡尔在龙城召开的全印受压迫阶级会议（All India Depressed Classes Congress）中担任主席。他认为甘地对印度教传统和传统拥护者的态度过于软弱。种种事件及迹象显示，他开始越来越反对甘地及印度教。

甘地认为将印度教徒和贱民在政治和宗教上分离，形同分裂印度，因此不愿将贱民由印度教团体中划分出去，而坚持反对分别选举制。安倍德卡尔则认为，不可接触阶级和一般印度教徒不同，是必须给予个别对待的族群。他不信任印度教种姓制度会在政治上提供任何福利给贱民。因此，赋予贱民分别选举权及保留席位，是理所当然之事。由于甘地和安倍德卡尔两人所追求的目标和立场不同，他们两人在第二次圆桌会议前夕的第一次会面谈话中就发生了激烈的辩论。

第二次圆桌会议上，安倍德卡尔为受压迫阶级要求独立选举权，他说："印度教给我们的只有耻辱、不幸和卑下。"独立选举权将意味着贱民可以作为自己的代表投票，还能把他们的选票从印度教多数中分配出来。很快消息传来，独立选举权获得英国政府的认可，当安倍德卡尔从孟买回来时他被成千上万的贱民当作英雄。但是甘地认为独立选举权会将"哈里真"（Harijam，贱民）从印度教中分离出去，印度将分裂的想法使甘地感到万分痛苦，他开始绝食，并称将绝食至死。由于甘地是独立运动公认的领导人，他的绝食行为在印度全国引起了恐慌，安倍德卡尔被责骂为卖国贼，生命安全也受到了威胁。此时，只有安倍德卡尔能够挽救甘地的生命——那么只有放弃对独立选举权的要求。起初他拒绝了，他说自己的责任是为了"他的人民"尽最大的努力做到最好。后来他去拜访了正在耶拉夫达（Yeravda）监狱的甘地，甘地劝说安倍德卡尔，印度教一定会改变，会抛弃那些不好的习俗。最终，安倍德卡尔以贱民安危为考量做出让步，经过与甘地的协商，最终同意以联合选举权和增加贱民的保留席位的数量来交换独立选举权，这个协议具体体现在后来被称为《浦那协定》①（Poona Pact）的文件中。由安倍德卡尔签订的这个协定标志着他已成为贱民阶层无可争议的领导人，甘地则改以"神的子孙"哈里真称呼贱民，并依照协定成立反贱民联盟（Anti-Untouchable Leagu），后来改称为"贱民之仆协会"（Harijan Sevak Sangh），该协会主要是以非暴力、和平劝说的方式，从事反对不可接触制的宣传，并且鼓励开放公共水井、旅社、道路、学校及神庙等给不可接触者使用。安倍德卡尔与另外两位不可接触者成为协会八位执行委员会的成员。

从圆桌会议和《浦那协定》可以看出安倍德卡尔和甘地对待贱民问题的不同态度。安倍德卡尔以社会改革作为解放贱民的手段，甘地则以解放贱民作为印度国家未来发展的一个策略。反贱民联盟成立之初，在甘地的鼓励下，许多的印度神庙开始允许贱民进入。1933 年本由国大党和甘地支持的《神庙进入法案》在中央立法议会提出接受审议时，国大党却突然改变态度不予支持。由于法案未获通过，开放神庙的盛况也随之落幕，几个月后，因为不满意甘地及国大党对废除不可接触制的想法及执行策略，安倍德卡尔愤而退出协会。

五 激进政治到"现代摩奴"

1935 年，安倍德卡尔挚爱的妻子拉玛拜去世了，同年他被任命为孟买政府法学院的校长。与甘地的矛盾使安倍德卡尔认识到不可能与国大党合作的，他开始认识到种姓印度教徒不可能改变他们的传统。经过认真思考，安倍德卡尔认为贱民留在印度教社会是没有未来的，要想改变只有改变他们的宗教——离开印度教。这一年，一次在耶奥拉（Yeola）进行的达利特会议上，安倍德卡尔告诉与会者："我们无法保障最基本的人权……我生来是一个印度教徒，我没有办法，但是我庄严地向你们保证我绝不会作为印度教徒

---

① 1932 年 9 月安倍德卡尔和甘地签订了《浦那协定》。这个协定的要项，是同意保留席位给予贱民代表，并决议废止不可接触者差别待遇及要求迅速法制化。

而死去。"这是安倍德卡尔第一次强调从印度教改信的必要性——在印度教中他们只能被当作贱民。这也成为安倍德卡尔与甘地争论的关键点，后来成为二者政治分歧的焦点。① 1936 年，安倍德卡尔建立了独立劳工党（ILP）。30 年代中后期，安倍德卡尔的政治立场更加趋于激进。

第二次世界大战期间，安倍德卡尔被英国驻印总督任命为劳动部长。由于他支持英国对德国作战的态度，这一时期他在政治上处于孤立状态。② 在印度无论国大党还是社会主义者都不支持印度参战。1941 年，他被任命成为防务咨询委员会委员，并在次年作为劳工党成员加入总督府的行政会议，随后四年他在这个职位忙碌着。此间，他把独立劳工党转变成了全印度表列种姓联盟③，创立了人民教育学会（People's Education Society），出版了大量非常有争议的书籍和小册子。如：《对于巴基斯坦的思想》（Thoughts on Pakistan），《国大党和甘地对贱民做了什么？》（What Congress and Gandhi have Done to the Untouchables）和《谁是首陀罗？》（Who Were the Sundras?）等。

1947 年印度赢得了独立，安倍德卡尔被选为制宪会议的成员，受印度第一任总理尼赫鲁邀请进入内阁成为司法部长。几周之后大会委托他成为宪法草案委员会成员，负责设计印度的第一部宪法，他荣膺该草案委员会的主席。之后的两年他在这个草案委员会辛勤工作，他所积累的法律、经济和政治学等的丰富知识使他在这项工

---

① Christophe Jaffrelot, *Dr. Ambedkar and Untouchability: Analysing and Fighting Caste*, Delhi: Permanent Black, 2005, p. 79.
② 1939 年欧洲爆发了第二次世界大战，英国因于与法西斯德国的生死斗争，很快也影响到印度的政治形势，据甘地和国大党看来，英国的困境正是印度的机遇，从 1940 年开始他们对政府的战争动员采取了不合作策略。安倍德卡尔不同意这个态度，他认为纳粹意识形态对于印度人民的自由是一个直接的威胁，因此他劝告甘地及国大党支持政府打败纳粹，鼓励贱民参加印度军队。
③ 表列种姓的概念出现于 20 世纪 30 年代。英国人占领印度后，鉴于印度贱民受压迫的现状，殖民政府采取一些政策来保护不可接触者的政治权利，改善贱民的处境。30 年代，殖民政府将所有贱民种姓以文字形式列出加以保护，称为表列种姓。这一方面体现了殖民政府改善贱民地位的用心，但另一方面也公开承认了贱民受歧视的地位。

作中得心应手。对许多国家宪法的研究、深厚的法律知识,对印度的历史和社会的认识——这些都成为他胜任这个职位的必要条件。事实上,他几乎是独自承担并完成了这项巨大的工程。

印度的独立是以分裂为代价赢得的,分裂导致了印度教徒与穆斯林之间大规模的仇杀,1948 年年初甘地遇刺身亡。此时,安倍德卡尔健康也急剧恶化。尽管如此,安倍德卡尔仍然千方百计地完成宪法草案。1948 年 11 月 4 日他将宪法草案提交给立宪委员会,1949 年 11 月 26 日宪法被公布并于 1950 年 1 月 26 日生效。在那一天他说:"我呼吁所有的印度人抛弃那曾经带给我们社会分裂,制造嫉妒和憎恨的种姓,让所有的印度人团结为一个国家。"人们普遍对这部新宪法表示满意,安倍德卡尔获得了朋友和"敌人"们的热烈祝贺。恰恰是一个贱民给了自由印度以宪法,这个铁的事实得到了公认。鉴于安倍德卡尔在制定宪法上的杰出贡献,他被誉为现代摩奴。他的塑像雕刻在国会大厦的门前,胳膊下夹着宪法,手指着国会大厦的方向。虽然宪法并没有按照安倍德卡尔设想的那样保护所有人的权利,最主要的缺失就是对妇女财产权利和离婚权利的保护。[①] 但是,宪法确实包含了一个规范的体系来保护贱民的权利,使他们不再在受教育、被雇佣和进入公共设施等方面受到歧视。宪法也为表列种姓和部落[②]在公共服务中保证了配额。[③]

尽管表面上他似乎暂时被国大党接受了,但是作为贱民解放的代言人,他仍然是一个性格率直的、惹争议的人物。不久在印巴分裂问题上,他再次与许多印度民族主义者发生冲突。他被批判为不

[①] Gail. Omvedt, *Ambedkar*: *Towards an Enlightened India*, New Delhi: Penguin, 2004, p. 131. 这些缺失大部分是由于国大党印度教保守派的反对。安倍德卡尔一直致力于解放处于困境中的妇女,尤其是处于印度教宗教规则之下的贱民团体中的妇女。

[②] 全印度表列种姓联盟在 1942 年建立,它将所有"不可接触者"集中到一个统一的政党中。

[③] Gail. Omvedt, *Ambedkar*: *Towards an Enlightened India*, New Delhi: Penguin, 2004, p. 121.

是一个爱国主义者。①

六　改信与离世

自 1935 年宣布放弃印度教，安倍德卡尔一直致力于研究各种宗教和思潮，试图为贱民找到解脱精神枷锁的钥匙。到了 1950 年，各种迹象表明安倍德卡尔已经找到了一个理想宗教来兑现他 1935 年的誓言。1950 年 5 月，他写了文章《佛陀和他的宗教的未来》(*The Buddha & The Future of His Religion*)。在这篇文章中，安倍德卡尔列举了佛教的优点和印度教的缺陷，并呼吁印度需要佛教的复兴。② 为了实现复兴佛教这一目标，他开始与国外的佛教团体联系。1950 年，他去斯里兰卡考察并在世界青年佛教协会发表题为"佛教在印度的兴起和衰落"的讲话。③ 回来后他在孟买的佛教寺庙发表讲话说："人们若想结束苦难，应当皈依佛教。我将倾注我的余生在印度复兴和传播佛教。"很明显，安倍德卡尔与印度教的缓和越来越不可能。

政治上的种种失意，也使得他更加远离印度政治多数派。安倍德卡尔一直致力于保证妇女的世俗权利，作为司法部长，他制定法典保护被印度教拒绝给予妇女的财产、继承和离婚的权利。④ 为了使法典草案获得通过，他与尼赫鲁和国大党发生了争吵，国大党的印度教保守力量认为安倍德卡尔的做法是在伤害印度教理想，由于

---

① 安倍德卡尔对伊斯兰教和印度教进行了权衡，提出应当承认巴基斯坦，他认为印度教—伊斯兰教的统一体是不可能实现的，它只会带来不断的暴动和骚乱。他的观点反映在他的著作《巴基斯坦或印度的分割》(*Pakistan or Partition of India*) 一书中，书中列出了在他看来解决印度的印度教徒和穆斯林矛盾的唯一办法，就是单独为穆斯林建立政府。由于这一态度，他被攻击为不是一个爱国主义者。

② Eleanor Zelliot, *From Untouchable to Dalit: Essays on Ambedkar Movement*, New Delhi: Manohar, 1992, pp. 173–74.

③ K. N. Kadam, *Dr. Babasaheb Ambedkar and Significance of His Movement*, Bombay: Popular Prakashan, 1993. p. 21. 卡丹姆认为从 20 世纪 40 年代早期开始安倍德卡尔在他对于印度历史、政治和社会的分析中佛教所占的地位越来越高。

④ Gail. Omvedt, *Ambedkar: Towards an Enlightened India*, New Delhi: Penguin, 2004, pp. 132–33.

他期望的改革未能实现，这迫使他于 1951 年辞去内阁职务,[1] 并开始着手改信佛教的计划。

1956 年 10 月 14 日安倍德卡尔在那格浦尔领导超过 50 万人举行了盛大集会改信佛教。他认为"贱民制"只是印度教的产品。佛教历史是印度历史的真实部分，复兴佛教是为了继续印度的优良传统，改信佛教能够使贱民获得自由、平等。为了让贱民了解和学习佛教，他写作了《佛陀及其教法》一书，在书中，安倍德卡尔将把在他看来佛教中附着了千年的迷信和仪式剥离出去。[2] 安倍德卡尔"新佛教"的特征是将佛教教义精简化，用其作为社会改革的手段。[3]

1956 年 12 月 6 日，皈依佛教七周后，安倍德卡尔在他德里的住所去世。他的遗体被运往孟买。送葬的队伍长达两英里。当天夜晚在达达尔（Dadar）的墓地，印度的杰出领导人都来对他致以最后的敬意。葬礼按照佛教仪式以火葬形式举行，约有 50 万人出席了葬礼。

小　　结

安倍德卡尔倾其一生探寻贱民解放之路，经历了种种磨难和艰辛，最终他以平等的姿态和他那个时代的伟大人物站在了一起。制定宪法使他在现代印度的历史上占有举足轻重的地位，去世前他引导贱民走上了改信佛教之路，成为印度佛教复兴运动的先驱。回顾安倍德卡尔的一生，特别是他的成长过程中的经历，我们或许可以从他的家庭、他的种姓、他的生活环境中等寻找到他成年之后走上激进道路的原因。

---

[1] Gail Omvedt, *Ambedkar: Towards an Enlightened India*, New Delhi: Penguin, 2004, p. 133.

[2] D. C. Ahir, *Dr. Ambedkar's Vision of Dhamma: An Assessment*, New Delhi: B. R. Publishing, 1998, p. 19.

[3] 在《佛陀及其教法》中，安倍德卡尔将佛教基本信条以方便阅读和理解的方式表述，并将其作为鼓励所有追随他的人皈依佛教的"圣经"。

一些传记家强调巴克提运动①的虔诚宗教在安倍德卡尔和他的团体取得的社会和政治的进步中扮演了重要角色。宗教是安倍德卡尔的家庭中重要的一部分，他的家族成员都是卡比尔虔信派的忠实信徒。他父亲拉姆吉是一个虔信派的狂热分子。②虔信派在马哈拉施特拉主要有三支教派，卡比尔派是其中之一，它作为印度教的一个小团体，实际是婆罗门、非婆罗门和穆斯林传统的混合体。③虔信派的基本信条是拒绝对于社会以种姓进行划分，反之，他们提倡在神面前的平等。④尽管巴克提虔诚宗教对于安倍德卡尔的家庭非常主要，但是他最终却拒绝了这些教派，因为在他看来，这些教派虽然提倡在神面前人人平等，但是教徒在自己的日常生活中对于减轻不平等毫无作为。

泽利奥特则认为安倍德卡尔所属的马哈尔人生活状况的改变，特别是英国殖民者给他们带来的军事色彩比宗教对于安倍德卡尔的影响更重要。她认为马哈尔人在军队中的角色帮助他们培养了内聚力，也提高了他们的政治意识。⑤她说"贱民的因素被军事的必要性克服了"⑥，英国人的到来给了马哈尔人应征入伍的机会，尤其是通过军队教育，"军队教育导致了贱民开始质疑印度教的行为、思想意识和根源"⑦。安倍德卡尔自己也认为：马哈尔人为殖民政

---

① 巴克提运动是印度教历史上经历的规模宏大历史漫长的革新运动。它主张一神崇拜，用通俗语言代替梵语，用大众文化代替经学，反对婆罗门权威，反对种姓分立和歧视，提倡平等、友爱等观念。对印度教历史影响深远。参见朱明忠《印度教虔信派改革运动及其影响》，《南亚研究》2001 年第 1 期。

② Dhananjay Keer, *Dr. Ambedkar Life and Mission*, Mumbai: Pupular Prakashan, 2005, p. 9.

③ Gail Omvedt, *Dalits and Democratic Revolution: Dr. Ambedkar and the Dalit Movement in Colonial India*, New Delhi: Sage, 1994, p. 3.

④ Dhananjay Keer, *Dr. Ambedkar Life and Mission*, Mumbai: Pupular Prakashan, 2005, p. 9.

⑤ Eleanor Zelliot, *From Untouchable to Dalit: Essays on the Ambedkar Movement*, New Delhi: Manohar, 1996, pp. 38 – 45.

⑥ Ibid., p. 40.

⑦ Eleanor Zelliot, *From Untouchable to Dalit: Essays on the Ambedkar Movement*, New Delhi: Manohar, 1992, p. 43. 1891 年，瓦朗卡提交请愿书反对在军队中排除贱民。

府提供军事服务,与之相伴的是强制的教育,印度士兵的孩子——无论是男孩还是女孩——都必须接受教育,这就"给了他们一个以前从没有的机会,给了他们新的观点和价值。他们开始意识到自己所受到的低等待遇不是不可违反的天命,而是祭司狡猾的伎俩强加在他们品格上的污名。他们对自己以前从来没有打算去除这些污名而感到羞愧"[①]。

安倍德卡尔的父亲是家族中最后一个进入军队的,他为殖民政府服务,接受训练成为一名教师,最终获得了贱民所能够获得的最高级别,担任姆赫的一所军事学校的校长长达十四年之久。安倍德卡尔的母亲也来自贱民家庭,她的家族同样充分服务于军队,她的父亲和六个叔叔都成为军队的高级军官。军事服务为马哈尔人带来的是前所未有的接受教育和社会进步的机会,否则以他们自身种姓所处的社会地位要想获得这些是完全不可能的。父母家族为军队服务一方面给安倍德卡尔的家庭带来了较为稳定的经济来源和体面的职业,也给他们提供了接受教育、进而追求社会进步的重要机遇。

综观安倍德卡尔一生,早年充分的教育使他从所身处的种姓被强加的无知中摆脱出来,成为贱民的领袖、为贱民解放寻找出路。他反对宗教压迫受到了家庭所信奉的巴克提信仰的平等主义的鼓舞。然而,他发现这种信仰最终也无力挑战印度教,于是,安倍德卡尔开始寻找其他能够挑战印度教传统的方式,并最终走上了激进主义和改革之路。由于在英美接受教育,受到西方实用主义思想的影响,安倍德卡尔为贱民求解放的社会理想打上了政治实用主义的烙印,而对于西方现代意识的吸纳也使他的思想表现出现代性的特征。

[①] B. R. Ambedkar, *What Congress and Gandhi Have Done to the Untouchables*, Bombay: Thacker and Co. Ltd. 1946, p. 189.

第二节　英国殖民与印度社会

安倍德卡尔所处的时代正值英国在印度殖民统治后期和印度国家独立的初期。19世纪末20世纪初期是印度社会、政治发生剧变的时代。这期间，印度结束了殖民统治，取得了国家独立，在民族关系上则发生了印度教徒团体和穆斯林团体的分离，最终实现了印巴分治。在脱离英国殖民统治、争取民族国家独立的过程中，作为少数群体的贱民团体也裹挟在社会变革的洪流中，发起争取基本人权和社会平等的运动。

一　殖民统治的冲击

近代印度最典型的社会特征就是殖民统治。自16世纪开始，西方殖民者开始入侵印度，先后有葡萄牙、荷兰、法国和英国等西方列强接踵而至。1510年，先是葡萄牙人占领印度西海岸港口城市果阿，垄断东方海上贸易长达100年。随之而来的是荷兰商人，于17世纪取得贸易控制权。英、法紧随其后，为了争夺市场，各自成立东印度公司。18世纪中叶，英国将荷、法排挤出印度，并继续鲸吞蚕食。1858年，英国接掌东印度公司的统治权，完全控制了印度，从此，印度进入英印帝国时期（1858—1947）。在印度的近代历史中，殖民统治时期占有重要地位，在印度历史发展中起着承上启下的作用。这段时期是印度有史以来变化最剧烈的时期，从经济结构到政治体制，从教育制度到社会观念，都开始了明显的转变，印度社会的自然进程被打断，开始了由传统社会向现代社会的转型。殖民统治既是这剧变的发动者，也是印度实现正常转变的阻挠者，觉醒了的印度人民开始用自己的力量搬掉这块绊脚石，把决定自己命运的权利夺回来，为印度实现正常的转变敞开大门。

马克思1853年在《不列颠在印度的统治》和《不列颠在印度统治的未来结果》中，提出了殖民统治具有双重使命的著名论断。他说："英国在印度要完成双重的使命：一个是破坏性的使命，即消灭旧的亚洲式的社会；另一个是建设性的使命，即在亚洲为西方式的社会奠定物质基础。"① 英国统治者在印度的行为表现出这种明显的矛盾性和双重性，它在自觉实现破坏性使命的同时也在不自觉地实现着建设性使命。英国是西方殖民地国家中资本主义政治制度最先充分发展的国家，为了更好地实现在殖民地剥削的目的，他们也要对殖民地国家实行深入的社会改造。因此，"英国殖民统治对印度传统社会破坏的同时也相应采取了较多的建设性措施。这使得在英国统治下的近代印度，无论是社会经济、政治制度，还是教育制度、社会观念，都发生了巨大变化。尽管这种变化是畸形的，但是都在前进，甚至是跳跃前进"②。

英国征服印度之后，一方面对印度采取经济压榨，制定新的田赋制度，征收重税，以机器生产代替传统手工业，将印度作为英国商品的原料基地，巧取豪夺。另一方面也对印度进行文化输出。英国人甚至也对印度进行了社会改革，例如废除印度的童婚、寡妇殉葬等陋习；并建造铁路、修建工厂和学校、设立大学；还以西方司法制度的原则制定现代印度法律，代替印度旧有的种姓法规《摩奴法典》。这些措施给印度的政治、经济和文化以及社会领域带来了剧烈的冲击和变化。西方对印度实际的影响，在于通过各种媒介，在各个层次上，把西方思想和价值观念渗透到中产阶级和知识分子当中，进而产生印度思想界的激荡，从而在文化、社会、政治、宗教和思想运动中表现出来。

首先，英国的征服带来了印度的农业革命。促进了印度农业资本主义的进步。由于引入了私人土地所有权，即农民小土地所有制和大地主所有制，印度的乡村经济向资本主义转化，自给自足的乡村体制逐步瓦解，封建经济开始向资本主义经济转换。"随着旧的土地制度和工业体系的消退，新的土地制度和现代化工业以及新的阶级出现了，取代乡村团体出现了现代自耕农和印度地主（柴明达

---

① 《马克思恩格斯选集》第 2 卷，人民出版社 1972 年版，第 70 页。
② 林承节：《对殖民时期印度史的再认识》，《世界历史》2006 年第 5 期。

尔），二者都是土地私有者。英国对印度的影响不仅导致了印度社会经济结构的变化而且导致了社会面貌的转换。"[1] 农村社会结构的变化对以村社为基础的种姓社会带来了冲击。这些"变化的全部进程可归因于建立在与地位相联系的团体和社团为基础的社会体系的瓦解；职业特殊化的衰落；货币使用的增加；派系主义的成长；互相依赖的种姓制度发生了变化，出现了被压迫者在经济和政治利益中寻求共同发展的趋势；梵化和西化的双重进程"[2]。

其次，英国还为印度带来了无种姓的文化和充满个人自由思想的文学。"英印两个国家在意识形态领域的交流使得印度思想界形成了三个流派：第一个流派是那些被灌输了西方理性主义思想的印度人，他们攻击印度传统信仰和习俗。第二个流派是那些在新知识的激励下，试图从内部对印度教进行改革以挽救它的衰颓，他们既保留宗教感情又寻求新的表达形式。罗伊、拉纳德（Ranade）和戈卡尔（Gokhale）可以归入这一流派。第三种流派的思想深深植根于传统情感和习俗中，形成保守主义观念体系，因此对新观念的浸润和欧洲习俗的介入报以敌视态度，对新的发明报以怀疑态度，认为那是对旧的社会秩序的破坏。"[3]

英国统治印度的前100年（1757—1858），尽管发生了政治剧变和经济衰退，但是某些方面却是印度历史上一个值得纪念的时期。这个时期印度迸发了引人注目的理智活动，经历了社会、宗教思想的剧变。

这些变化的动力首先来自英语教育。"英语取代波斯语成为印度政府和高等教育机构的官方语言，并发行英语报纸杂志。西方的自然科学、民主制度和自由思想经由这个渠道来到印度，激励了人们，使他们从沉睡状态中惊醒过来。他们开始对过去进行检讨并对

---

[1] A. R. Desai, *Social Background of Indian Nationalism*, Popular Prakashan Pvt. Ltd. Mumbai, 2010, p. 32.

[2] Mckim Marriott, *Village India: Studies in the Little Community*, University of Chicago Press, 1955, p. viii.

[3] W. N. Kuber, *Dr. Ambedkar: A Critical Study*, New Delhi: P. P. H., 1973, p. 3.

未来抱以希望，标志着新的觉醒。人们开始以理智和判断取代信仰和信条；科学降服了迷信；进步代替了停滞；他们抛却长期的冷漠、惰性以及对社会流行事物的盲从，开始对印度旧有的恶俗呈现出改革热忱，对于'经典'的传统意义已作了批判性的检查，而新的道德和宗教概念则改造了正统的信仰和习惯。"[①] 当然，英语教育的好处，多半为中产阶级的印度教徒所享有。但是，尽管接受英语教育的只有少数人，却产生了值得注意的效果。它不但使印度人能够更适于参加本国行政，而且还带来当时已风靡英国的自由思想。印度的知识分子开始接受西方文化的滋养，他们开始尝试以新的观点对印度传统文化进行深刻的反思，他们借用西方的民主主义、自由主义和世俗主义等思想对印度传统的宗教、文学和法律等进行改革，使得印度古老的文化、习俗和社会制度遭到有史以来最大的挑战。而伴随西方势力进入印度的基督教，也借助慈善活动进行传教、办学，将西方的思想、教育传入印度，他们还积极吸收低等种姓改变信仰，成为基督教徒。于是，印度原来的几个主要宗教，如印度教、伊斯兰教、锡克教和佛教等，也在西方思想的影响之下，不同程度出现了各自的改革和复兴运动。

二 英国管理模式对印度的影响

英国对印度传统的影响是巨大的。它引导一小部分但却很重要的、受过高等教育的印度人放弃传统印度思想感情，转而接纳西方的生活态度和哲学。坚持公民权利，法律至上，通过公众辩论和道德说服实施管理，以普选权为基础的选举，政治团体的内涵延伸至整个的国家，议会民主，具有进步信念和前瞻态度的司法制度都是英国统治给印度带来的深远影响。

英国在印度实施的管理模式促进了印度现代国家和民族意识的形成。印度是英国的殖民附属国，传统工业被现代工业所取代带来

[①] [印] R. C. 马宗达等：《高级印度史》，张澍霖等译，商务印书馆1986年版，第875页。

了印度的经济整合，整个国家作为英国征服的产物浮现出来。作为新的资本主义结构的自然的结果，新的阶级出现了。外居地主和农业无产阶级的成长变得完全了，于是农民业主发展出国家意识。马克思描述这场资产阶级革命是"印度历史上唯一真正的社会革命"①。

"王权之下的英国管理确立了法律面前人人平等的原则。法律所附带的无人情味和尊重个人自由的精神整个地改变了印度的社会环境。强大而公正的官僚制度试图爱护平等和致力于建立一个统一的管理体系，进而对印度产生了统一作用。"② 因而此时的印度在历史上第一次成为一个统一的行政体。印度国家开始了现代化进程，这一切使国家能够凭借一定的财政基础，战胜灾荒和疾病。农业财富的提高和政治条件的稳定为整个社会风气的改变提供了基础，印度开始成为真正的印度民族，共同的法令体系和统一的法典形成了政治统一体，统一管理下的政治联系将印度人联系在一起。英国的教育，现代通讯方式的进步，地方自治组织，迈向自治过程的一些初期措施以及国会的创立都加速了印度统一的进程。

民主政治和议会制度是英国对印度最显著的影响之一。受世界政治潮流及英国政治思想的影响，印度人普遍认为议会制度是唯一值得尊重的民主形式。印度依此方针进行改革，提倡选举权、地方自治，主张结束王公的专制统治等。然而，以政党、选举为特色的西方政治制度却在一定程度上强化了印度原有的宗教、种族和种姓之间的矛盾冲突；民主、平等思想的输入，也刺激了最低种姓的不可接触贱民争取权利的觉醒。

三　西方现代思想的激荡

西方对印度实际的影响，还在于通过各种媒介从各个层面把西方思想和价值观念渗透到印度有识之士当中，从而在整个印度思想

---

① W. N. Kuber, *Dr. Ambedkar: A Critical Study*, New Delhi: P. P. H., 1973, p. 5.
② Percival Joseph Griffiths, *The British Impact on India*, Archon Books, 1953, p. 229.

界中产生了激荡。印度的知识分子受到西方文化的熏染，逐渐具备了西方文化的素养，尤其是民主主义、自由主义、世俗主义等思想，他们纷纷以新的观点对印度传统文化做出深刻反思，对印度传统的宗教、文学、法律等进行改革。在强大的改革思潮中，同时出现了一股珍视传统文化的反制力量。一部分知识分子在殖民统治的氛围中，以印度民族文化和历史为傲，掀起复兴古典文化的热潮，思索在传统文化中，寻找可以与西方文化相抗衡的历史资源，因而引发了民族复兴运动，对印度传统的宗教、文学和法律等进行改革，印度的文化传统和社会制度受到了前所未有的挑战。由于拉姆莫汉·罗伊的活动，出现了最初的征兆。从此，它们在宗教、社会、政治和思想活动中表现出来。①

英国殖民政府一方面给予印度新文化以灌溉，另一方面也对印度采取经济压榨。在殖民经济、文化的冲击下，引发了印度各阶层的不满，以致发生了一系列的爱国民族运动。"任何处于殖民地情况下的民族主义运动，必然有否定的一面又有肯定的一面。否定的一面是，决心驱除外国统治者取得自治；肯定的一面是在争取独立的斗争中，出现了某种关于民族的概念。"② 因此，在英国殖民统治下的印度也催生了民族主义运动。

在反对英国殖民、争取民族独立的斗争中，印度的政治精英分化出两种类型。其中，"改革派（温和派）希望印度依照大英帝国的模式，缓慢走向自治。他们选择性地吸收了西方的政治、生活及思想，积极致力于通过教育、社会与宗教的改革，以期建立一个自由的、世俗的、民主的国家。而另一方的守旧派（极端派）赞扬的是英国人统治以前的印度，尤其是印度教统治的印度，期望回归到吠陀、薄伽梵歌和吠檀多的文化生活中，捍卫印度教的观念和仪式、反抗传教士和自由主义者的批评。在政治上他们相当于 19 世

---

① ［印］巴沙姆：《印度文化史》，闵光沛等译，商务印书馆 1999 年版，第 536 页。
② 同上书，第 577 页。

纪最后30年的印度教复兴主义运动。"① 他们通过鼓励民众使用印度教的语言，宣传印度传统文化的辉煌，以激发人民的民族自豪感。印度的民族独立进程和现代化的肇始正是在这两种力量的交织中摸索前行。

四　印度社会内部的回应——社会改革的尝试

19世纪是印度现代历史发展的关键时期，这个世纪里，印度在宗教、社会、经济、政治和文化领域内都发生了巨大的转变。转变的发生，首先来自英国统治的全面冲击，通过行政、立法、贸易、交通网络的建立、工业化和城市化等多种渠道，殖民统治影响了印度的生活。这些措施都在一定程度上干预了印度某些传统生活方式。在文化领域内，英国人通过学者、教育工作者、传教士、东方学者、功利主义者或者福音派信徒的工作，对印度传统文化施加影响，在多方面对印度人的生活和思想发生作用，迫使他们调整自己的生活方式以适应新的情况，从而引起连续的社会变化。英国的行政管理、英语教育和欧洲文学将灿若星辰的新思想带到印度，形成对印度知识分子的一种挑战。西方思想中，作为伦理思想基础的理性主义、关于人类进步和进化的思想、与个人主义相联系的天赋权利等等，都与印度传统社会格格不入。

面对西方文化的冲击，在对新环境的逐渐适应中，印度社会内部涌现出众多的改革者。"这是一些自觉地对新形势做出反应的印度人，他们提倡对印度社会和宗教的行为方式与习俗进行深思熟虑的变革，包括与传统本身决裂。他们不是把变化当作一个缓慢的适应过程，而是看到变化本身的积极意义，并将其与现存生活方式的消极方面加以对比。作为一个整体，这些改革者对19世纪的印度社会形成有力的冲击，尽管他们远非引起变化的唯一

---

① ［印］巴沙姆：《印度文化史》，闵光沛等译，商务印书馆1999年版，第577—579页。

因素。"①

社会和宗教的改革并不是近代印度教的新现象，事实上，在某些方面，印度教的本性就是不断地适应和改革。然而，19世纪的印度教改革运动不同于以往，它具有一系列新的特征，即与政治运动紧密结合，试图通过改革影响政治权力、行政和立法等。这一政治运动迅即成为全印度的民族主义运动，改革也进而发展出一种民族主义的气息并影响了全印度。

（一）梵社

19世纪初，由于对西方影响的不同反应，印度知识分子出现了三个不同的派别，即激进派、改革派和保守派。其中，拉姆莫汉·罗伊成为近代印度第一位伟大的改革家，拉姆莫汉·罗伊的人生经历突出体现并引领了这个时代的精神。罗伊研究过印度的传统宗教文化如伊斯兰教和印度教，又熟悉西方思想，通过二者的比较研究他倡导在印度推行宗教和社会改革。在宗教领域里，罗伊主要的抨击目标是印度教体系中的偶像崇拜、神话和祭礼。罗伊宣扬一神观念，把印度古代奥义书中的一元论和伊斯兰教的一神论思想结合起来，宣称神是唯一、永恒、始终不变的实体，没有任何形式的属性。他反对印度教徒中流行的多神信仰和以繁缛的仪式崇拜偶像。他提倡印度社会复归古老的经典，努力论证他的主张是与印度教古老而真正的经典相一致的，指责近代以来对古代经典的背离是由于迷信，而且缺乏任何道德和宗教的根据。正如巴沙姆所表述的："由于受到欧洲自然神论和唯一神论者的意识形态的影响，他（罗伊）提出以有神论的自然神论类型来取代原有的印度教。他认为印度教中遥远的、超越宇宙的神应当受到赞美和崇拜，但不应追求代人祈祷和神秘的梵我一如。通过对宗教的研究，他确信，在不同宗教的教义、礼仪和迷信的下面，都掩藏着一个理性宗教和人道主义伦理的共同核心。他赞颂基督教的道德观，但却抨击基督教的神学，并与传教士进行了数年的论战。他声称，经他改造过的印度

---

① ［印］巴沙姆：《印度文化史》，闵光沛等译，商务印书馆1999年版，第538页。

教可以发见于古代《奥义书》和吠檀多。事实上，除了'梵天'这一名称外，他的提纲挈领式的宗教信条在实际上并不特别地含有印度教的内容。"① 事实上，罗伊对印度教社会提出了批判和改革，但是罗伊也从来没有和印度教彻底决裂，在社会生活中，他小心翼翼不触犯正统派，认为改革必须从印度教的内部来实现。为了替自己的论点辩护，罗伊刊行了孟加拉文的古代经典译本，发表了许多孟加拉文的小册子，他在1828年创立组织弘扬他的宗教主张，这个组织最后发展成为梵社，这是一个旨在"教导并实行一神崇拜"的宗教团体。

除了宗教改革之外，罗伊的改革活动也指向印度教社会的恶俗，特别是残酷的种姓制度和妇女地位的低下。他采用各种方式努力改善寡妇孤苦无依的境遇，他倡导改变印度教有关妇女遗产继承的法律，并给她们接受适当教育的机会。他反对一夫多妻制以及各种社会恶习。"通过支持妇女的事业和抨击严苛的种姓成规，罗伊找到了印度社会改革的真正关键；以后的一切社会改革，都循着这两个主要方面进行。"② 正如他的英国传记作家所评论的：罗伊"为新印度提供了一个最具启发性和鼓励人心的研究，他是新印度的代表与先驱者……他体现了新的精神……自由研究，渴求科学，广泛的人类同情心，纯正与精选的伦理，虔诚地但并非无批判地尊重过去，并谨慎地……不倾向反叛"③。罗伊作为印度社会改革的先驱人物，他所确定的这条改革道路在相当程度上成为日后各种改革的参照和标的。

（二）雅利安社

由于受到梵社的影响，1875年在孟买成立了新的改革组织——雅利安社（Arya Samaj），它是由著名宗教改革家达耶难陀·萨拉斯瓦蒂（Dayanand Sarasvat，1824—1883）创办的。雅利安社的改革

---

① ［印］巴沙姆：《印度文化史》，闵光沛等译，商务印书馆1999年版，第540页。
② ［印］R. C. 马宗达等：《高级印度史》，张澍霖等译，商务印书馆1986年版，第876页。
③ 同上书，第879页。

主要表现有：主张一神信仰；推行社会改革；反对偶像崇拜和烦琐仪式等，而尤为突出的是它对于种姓制度及不可接触制的批判。萨拉斯瓦蒂认为："现行的种姓制度只不过是古代吠陀时期的全面蜕变，吠陀时代的瓦尔那制度不是取决于出身，而是取决于品德。"①因此，他崇拜印度教古代经典吠陀为最高权威，主张种姓制度应该回归到原来的制度中，即"回到吠陀中去"的口号。他反对印度教的偶像崇拜和烦琐祭祀仪式，批判基督教的上帝说；在社会改革中，为了打破种姓藩篱，他接纳低等种姓和不可接触者加入雅利安社，并在仪式上提高他们的身份，授予圣线，准许他们学习梵语，有权共餐和通婚等，因此广受下层群众的拥护。萨拉斯瓦蒂还发动了"苏地运动"（Suddhi Movement），目的是使改信基督教或伊斯兰教的印度人重新信仰印度教。可以说，雅利安社比梵社更加强调复兴古代宗教，更强调以古代吠陀精神来改造当时的印度教，同时也坚决反对英国殖民统治，更强调民族主义的观点，从而在印度民族独立运动中发挥了更大影响力，提出了"印度是印度人的印度"的观点。

（三）非婆罗门运动

近代以来，由于印度社会发生的剧烈变化，使得居于种姓制度顶层的婆罗门集团的地位遭到了质疑，从而引发了反对婆罗门的运动。非婆罗门运动是发端于19世纪中叶，主要流行于马哈拉施特拉、马德拉斯和喀拉拉等地的社会运动，它以非婆罗门种姓反对婆罗门种姓长期以来在教育和职业等领域占据绝对支配地位为主要目标。侨提巴·普勒（Jyotiba Phule，1827—1890）是非婆罗门运动的先驱之一。他献身低等种姓和不可接触者的解放事业，强烈抨击婆罗门主义造成的社会不平等。与其他改革者相比，他主要通过教育工作来倡导改革，以更加务实的方式来解决受压迫者的问题。1852年，普勒在浦那为不可接触者创建第一所学校。为了帮助不可接触者的孩子受教育，他还修建宿舍供贫穷的不可接触者学生居

---

① ［印］巴沙姆：《印度文化史》，闵光沛等译，商务印书馆1999年版，第548页。

住。为使贱民获得更多教育机会，他向孟买当局请愿，要求政府为低等种姓和不可接触者开办学校，提供义务教育。1873年，普勒创立了"寻找真理者协会"，使非婆罗门运动有了具体的组织形式。作为先行者，普勒倡导的社会改革对以后的不可接触者领袖产生了重要的影响，后继的改革者们大多继承了普勒的思想和改革路线。普勒也是对安倍德卡尔影响最大的一位思想家，二人的思想有很多相似之处。他们都认为《摩奴法典》束缚了低等种姓的手脚，只有推翻它，否则无法改变贱民低下的社会、政治和经济地位。

此外，在马哈拉施特拉还有贝利亚尔（E. V. Ramasami Periyar）在南部的泰米尔纳德邦领导的文化自尊运动。贝利亚尔的文化自尊运动一开始就定位以"致力于给予非婆罗门以历史上的达罗毗荼人的尊严感"为目标，贝利亚尔和他的继承者督促政府采取措施去除社会不平等。他于1925年创办了《泰米尔周刊》（*Kudi Arasu*）来宣传自尊运动的观念，并于1928年创办了一份英文报纸《反抗》（*Revolt*），试图影响受过英语教育的人。1952年他还建立组织开展运动，其目标为：传播有关政治教育的有用知识，使人们从违反理性和自尊的奴役下获得自由，消除社会中无用的习俗、无意义的礼仪和迷信，结束基于出身而将大多数人捆绑在等级结构上的种姓、宗教、团体和传统职业，给予人们平等的权利，完全去除不可接触制，建立一个统一的社会，这个社会是建立在兄弟姐妹关系上的。给妇女以平等的权利，阻止童婚和教派婚姻，倡导和鼓励恋爱婚姻和寡妇再婚，不同种姓和不同宗教间的婚姻，在世俗法律下进行婚姻注册，为孤儿和寡妇建立住所和建立教育机构等。

贝利亚尔和普勒二者不同于当时的其他民族主义先驱，特别是国大党政治精英，他们发出不同于印度教主流政治精英的声音，不仅要求印度从英国统治下获得自由，而且要求从印度社会内部的压迫下获得自由。二者的思想和改革实践为处于社会下层的贱民阶层的社会抗争带来了希望。

小　结

总之，面对以英国为代表的西方经济模式和文化范式的冲击，印度社会内部的有识之士对印度社会开始了反思和批判。这些印度教改革者们认识到印度教的种种弊端，对种姓制度提出了批判，虽然他们的作用仅仅限于城市和少数的知识分子，但是他们掀起的这股改革浪潮，无疑对不可接触者的生活和思想发生了作用，促使他们要求改善和提高自己地位的呼声日益高涨。

19世纪末20世纪初是印度政治与社会变革的紧张时期。英国建立的一些机构，在现代化和西方化的变革中成为强大的催化剂。殖民地化为许多低等种姓团体提供了向上流动的机会，他们中形成了许多新的协会和政党。这些团体的共性是它们均以其宗教身份进行争取政治权利的斗争。这些运动都是要将现代性与历史所标识出来的文化特征扭在一起。由于社会的变革，现代化的益处是显而易见的，一个社会改良运动要想取得成功，必须正视这些因素。然而现代化的威胁也是显而易见的，西方思想的渗入威胁到千百年来印度文化传统的完整性。因此，大多数源自边缘群体（例如贱民运动）的社会改革在论及他们的政治和宗教身份时都警觉地表现出既欢迎现代化而又与之保持距离。

第三节　印度民族独立运动

英国殖民期间是印度跨入现代社会的关键时期。虽然有着不朽的历史遗迹和文化遗产，但是印度却是亚洲开化较晚的国家之一，印度一度被视为衰落、脏乱、落后的国家。随着殖民统治的发展，一些接受过西方教育的印度知识分子和中产阶级逐渐萌生出民族意识，自主意识，他们接受了自由、平等、博爱的观念，对印度的现实和殖民者的压迫不满，开始思考并致力于改造印度的现状。

一 民族意识的萌发

随着印度民族工商业的开展，印度的民族资产阶级同英国殖民者的矛盾也日益突出。在宗教改革和社会改革不断发展的同时，政治改革运动也开始了。19世纪八九十年代，具有代表性的地方性民族主义组织纷纷建立，它们提倡使用国货，保护印度民族工业发展，并进一步提出改革立法机构，要求印度人参与地方事务管理。与此同时，英国的一些有识之士也看到印度民族力量的壮大和联合的趋势，认识到仅靠镇压方式维持在印度的统治业已过时，只有积极投入并引导才是明智之举。1885年，在英国殖民政府的安排下，印度国会成立，英国人支持成立国会的目的是希望国会能与英国合作共同统治印度。初创的国大党是一个温和的改良主义政党，其目的是巩固印度民族统一的意识，收集受教育人士对于印度社会和政治问题的意见，并呼吁英国政府调查和改进印度的行政、立法工作等。经过多年努力，国大党在文官考试、立法委员会构成等问题上取得了有利于印度人的调整。但是进入19世纪90年代，英国对印度的经济剥削进一步加深，印度的经济命脉被英国控制，民族矛盾逐渐加深，印度的民族主义浪潮高涨。随着印度民族主义意识的抬头，民族独立运动呼声的高涨，国大党的激进派出现，其代表人物提拉克提出了自主和自治的主张，使之成为国大党的纲领。提拉克等人又进一步发动抵制英货，鼓励自产，发展民族教育等主张，发动声势浩大的民众运动，给殖民者带来沉重打击，促进了印度民族独立意识的觉醒。经过他们的不懈努力，印度国会成为印度人反对英国的重要领导力量，国大党从英国政府的推崇者转变为它的反对者。[①] 为此，英国政府以照顾少数派利益为借口，在不可接触阶级、穆斯林及其他教派中组织政党。

19世纪后半叶，资产阶级启蒙运动在穆斯林中开始形成。穆

---

① 孙士海、葛维钧：《列国志·印度》，社会科学文献出版社2003年版，第104页。

斯林中的资产阶级学者们要求改革伊斯兰教，加强世俗教育，以适应现代社会需要，他们认为穆斯林在印度是一个单独的民族，有着自己不同的政治利益。1906年12月30日，在英国政府鼓励下，穆斯林成立"全印度穆斯林联盟"，简称"穆盟"。联盟成立初期的宗旨是促成印度穆斯林对英国政府的感情，表达印度穆斯林自己的愿望和要求，增进政治权利，以期与印度国会一派对抗，后来穆盟果真成了印度政治上和国大党对立的主要势力。事实上，刚开始时，这两个政治团体，并不那么明显的对立，国大党虽以印度教为主，但也有穆斯林参加，在"穆盟"中，也有一些人支持印度国大党。英国殖民政府为避免两大教派团体联合，极力挑拨离间，企图扩大教派间的矛盾冲突。而随着穆斯林内部资本主义的发展，他们同英国殖民者的矛盾也在加深，民族主义情绪也大为加强。穆盟中的年轻资产阶级知识分子的代表真纳（Muhammad Ali Jannah，1876—1948）成为穆盟的新领袖，他加入穆盟后，要求穆盟与国大党共同团结争取民族解放，印度争取自由解放的斗争进入新的阶段。

1905年，英国政府以提高行政效率为借口分治孟加拉。但分治是以宗教为界，将伊斯兰地区与印度教势力较强的地区分开，这种方式引起印度人的激烈反对。1905—1908年期间，为了反对殖民当局分割孟加拉，国大党领导开展抵制英货运动。以提拉克为代表的小资产阶级激进派因势利导，提出全面发动群众，对英国统治实行全面抵制，使其统治机器瘫痪，将抵制英货运动发展成为争取独立的全国性运动。但是此时的资产阶级和国大党上层尚不希望独立，也不能接受这种有可能转变为暴力斗争的运动方式，因此退出运动，致使激进派孤立，最终遭到失败。但是此次运动将资产阶级的政治斗争由改良阶段推进到革命阶段，也迫使国大党上层和资产阶级在第一次世界大战后逐步开始认同争取独立的必要性。[①]

[①] 林承节：《独立后的印度史》，北京大学出版社2005年版，第29页。

二 艰难独立之路

1914年，第一次世界大战爆发，印度人在法国等地为英国作战，并创下了辉煌的战绩，目的是为了向英国殖民政府争取印度自治。然而大战结束之时，印度人未能如愿，英国政府制定严苛法律——罗拉特法[①]，加强对民族运动的镇压，随之发生了血腥镇压群众集会的阿姆利则惨案（Massacre of Amritsar，又名札连瓦求园屠杀）。印度群情激奋，国大党陷入一筹莫展的境地，此时，甘地适时地出现在印度政治舞台，发起"非暴力不合作运动"，以唤起抵制英国官方的全国性示威运动，他的策略很快得到资产阶级和广泛群众的赞同，国大党也接受了他的策略，很快，甘地确立了他在国大党的领导地位。

甘地发展出一套独有的思想体系，提出非暴力不合作策略，目的是为了实现自己的政治理想。他的思想体系的核心是主张宗教与政治紧密结合，使宗教政治化，政治宗教化。而他所谓的宗教并非特指印度教，而是所有宗教的共同本质，即一种内心真诚的信仰和爱。他告诫人们任何宗教都可以而且应当追求真理，神即真理，真理就是正义、完善、和谐。人们不应盲目崇拜神祇，迷信教条，而应追求真理。宗教离不开政治，政治也离不开宗教，二者都对社会发生影响，因此他的目标是实现二者的结合。达到真理的途径是爱，爱的体现就是非暴力，真理要通过非暴力去实现和坚持。精神完善和社会和谐的表现就是人与人之间普遍的爱，没有剥削、没有压迫、自食其力、和睦相处。因此他不赞成现代文明，认为那是一种扩大剥削压迫关系的文明，他的理想社会是耕织结合、自给自足的乌托邦社会。[②]

国大党虽不苟同甘地的理想，但是权衡利弊，他们认为武装斗

[①] 英国殖民当局1919年颁布的镇压印度民族解放运动的法令，该法包括《印度刑法修正案（1919年第1号）》和《刑法非常权力法（1919年第2号）》，统称平时戒严法。

[②] 林承节：《独立后的印度史》，北京大学出版社2005年版，第30—31页。

争在印度并不可行，非暴力方式有其可行性，且便于广泛发动群众，便接受了甘地的非暴力作为斗争策略，授权甘地开展运动。1920年，甘地加入全印度自治同盟，任主席一职。9月，在加尔各答召开的国大党特别会议上，通过了甘地的"不合作运动"。这一年的那格浦尔会议采用了甘地起草的国大党新章程，组织全印国大党委员会，通过了废除贱民制度等法案。在甘地的领导下，印度全社会纷纷要求印度自治，许多城市进行罢工和示威游行，参与者几乎涵盖了印度各阶层，汇集成强大的反英力量，冲击着殖民政府在印度的统治。

1929年，总督欧文（Irwin）发表重大声明，提议召开英国政府代表与英属印度、土邦的代表出席的圆桌会议，讨论印度自治问题。1930年，国大党宣布以争取独立为首要目标。1930年11月12日，第一次圆桌会议在伦敦召开，但是国大党没有代表出席，会议毫无结果。1931年，在伦敦召开第二次圆桌会议，参与者共有112位，包括英籍商人、旅印英人、基督教徒、印度教徒、穆斯林、工党和贱民等不同身份的代表。国大党为应变局，选举甘地为出席第二次圆桌会议的唯一代表。[①] 会议中，甘地要求首先讨论印度的自治问题，而英国政府则提出，只有各民族、各宗教和各种姓的权利得到保障后，才能讨论印度的自治问题。出于自己利益的要求，穆盟和贱民代表同意了英国的看法，在选举办法和议会席位名额等议案上，采取与甘地对立的立场。最终使本意为解决印度自治的圆桌会议再一次无果而终，反而使印度各政党、宗教、阶层意见分歧，助长了印度全国的分裂趋势。

1932年，英国拟为印度设立新宪法，不仅认可印度教徒和穆斯林各有选举权，甚至贱民也有个别选举权。1935年，英国政府颁布的《印度政府法案》中，将印度人按照种姓和宗教分成十二个选举单位，每个单位分别选出自己的代表参加政府，此即所谓的

[①] 此次会议安倍德卡尔作为贱民代表出席，并与甘地在贱民选举权问题上发生了分歧。

"分别选举法"。英帝国主义施展的"分而治之"的伎俩使得国大党和穆盟矛盾不断加深，而各教派、政党为了争取在新政府的权力，纷纷扩大各自的组织，同时也增强了彼此的对立。印度教和伊斯兰教宗派主义者的言论和行动也扩大了两派之间的鸿沟，最明显的就是印度教大斋会和穆盟的冲突。

印度教大斋会成立的宗旨是在印度建立一个全国性的印度教联盟，代表印度教徒的利益，促使改宗伊斯兰教的印度教徒重新皈依印度教，推广印地语，力图将印度建成印度教国家。针对印度教大斋会的主张，穆盟领导人也要求恢复穆斯林在宗教、文化和政治领域里失去的一切，要求建立独立的西北印度伊斯兰国家。逐渐地，连长期致力于教派团结的穆盟主席真纳也提出了"两个民族"的理论。即：印度有两个民族，一个是印度教徒，一个是穆斯林，国大党是印度教徒的政党，而穆盟则代表穆斯林的利益。自此，分治成为两大党派的奋斗目标，由于两大教派的对立，使他们无法联合对抗英国殖民政府。

由于国大党推崇在印度教徒中具有相当威信的甘地，尊之为"圣雄"，也使得非印度教徒认为国大党是印度教徒的政党，而非全印度人的政党。1937年年初，印度举行大选，根据"分别选举法"，国大党在中央立法会议中获得较多的席次，穆盟在选举中失败。国大党在印度教徒占多数的省份中，成立完全由国大党人组成的政府，未能适当照顾少数派穆斯林的利益和情绪，致使两党隔阂日益加深。1940年，穆盟在拉合尔召开年会，会议强调印度教徒和穆斯林分属两个不同的民族，将印度分为两个自治国家更有利于两大民族未来发展。会议中通过了"巴基斯坦决议"，主张在穆斯林占多数的地区，如信德省、旁遮普、西北边省地区和东孟加拉等地区建立独立的伊斯兰国家。面对穆盟关于巴基斯坦问题的提出，印度教大斋会则以"不可分割的巴基斯坦"与穆盟对抗。

第二次世界大战期间，英国试图以印度自治作为取得印度支援的条件，派遣以斯塔福德·克里普斯（Stafford Cripps）为首的使节团到印度。该使节团提出解决印度问题的宣言草案，主要内容是准备大战结束后建立一个印度联邦，印度取得自治领的地位；战时，英国对印度的统治将不作任何变更，印度各政党与英政府合作，帮助政府作战。草案虽为印度提供了建立独立国家的机会，但是由于印度各派政治力量立场的不同，草案并未获得通过。以甘地为首的国大党，坚持认为印度教徒和穆斯林是一个民族，应成立一个统一的国家，英国人应无条件撤离印度，教派问题留待英国撤走后解决。以真纳为首的穆盟，则坚持认为印度教徒和穆斯林是两个民族，应分别建立自己的国家，英国人应先实行印度和巴基斯坦的分治，再撤离印度。两大政党仍处于针锋相对的状况。

由于印度不同政治力量的分歧严重，英国几次提出的关于印度独立的方案均遭失败。二战结束后，疲惫不堪的英国自知无力抗拒印度独立要求，加之印度反英情绪强烈，国大党和穆盟分歧严重，英国急欲撤离印度，摆脱困境。1946年3月，英国首相克莱门特·理查·艾德礼（Clement Richard Attlee，1883—1967）宣布承认印度有权独立，决定和平移交政权。英政府派遣内阁代表团抵达德里，准备制订印度独立的方案。代表团到达印度后，与各政党、教派等代表会谈，并在西姆拉召开会议，提出在印度建立印度教徒区和穆斯林区的计划，建议以此作为国大党和穆盟和解的基础。代表团提出独立方案：独立后成立各省及各邦组成的印度联邦政府，印度各省联合成三大印度教徒及穆斯林省区，三大区都成立自己的政府，制定各自的宪法。各区宪法制定后，再制定印度联邦宪法，并组织临时政府。这一建议受到了普遍欢迎，实际上也满足了穆盟拟建巴基斯坦国的要求。尽管如此，由于过渡政府分歧很多，无法工作，使团的建议搁浅。

1947年6月，最后一位英籍总督蒙巴顿制订了移交权力方案，在取得国大党和穆盟同意后，7月，由英国议会通过印度独立方案，规定建立"两个独立的自治领，印度和巴基斯坦"，英国将于8月15日把一切权力移交给两个自治领制宪议会，英王对于印度土邦的宗主权将不复存在，双方的一切条约和协定都将失效，印度的自治领地位保持到1950年1月25日。①

三 多元文化与达利特的政治斗争

1947年8月15日为政权转移期。印度联邦宣告独立,首都设在新德里,蒙巴顿留任印度副王,尼赫鲁任总理。同一天,巴基斯坦也宣告独立,首都在卡拉奇,真纳出任巴基斯坦第一任总督。1948年1月30日,因不满甘地所主张的宗教和解政策,认为甘地出卖了印度教,印度民族主义激进分子刺杀甘地,致其身亡。

印度于1946年成立制宪大会,历时三年拟成,于独立之后的1949年公布宪法。② 宪法序言中指出,独立后的印度属于"世俗性(非宗教性)民主共和国",确保所有人民享有社会、经济、政治的公平,拥有言论及宗教信仰的自由,并废除贱民制。

纵观印度独立之路,可见印度独立不是通过武装斗争而是通过一次次不合作运动迫使殖民统治者逐步让渡立法和行政权实现的。在此过程中,印度民族独立运动的领导权一直掌握在印度资产阶级代表的国大党的手中,印度独立的胜利是国大党领导的经过修正的、甘地的"非暴力不合作"路线的胜利。

印度人民的斗争最终实现了独立,然而独立却伴随着分治,统一的印度被分割成印度和巴基斯坦两个国家。分治的结果是英国统治造成的,然而这与印度文化多元化的国情不无关系。由于印度存在众多土邦、多种宗教、多种语言,而印度教内又有多种种姓的区分,因而社会分裂的因素远胜于其他国家,致使印度独立运动中主要的困难就是内部缺乏团结,不能保持方向和行动的一致,并易于被殖民统治者利用,实行分化政策。最终由于穆斯林联盟和国大党的对立导致的教派冲突成为民族运动之路上的主要障碍,甚至也成为印度独立后社会不安定的主要因素。

---

① 孙士海、葛维钧:《列国志·印度》,社会科学文献出版社2003年版,第108页。

② 印度1949年11月公布宪法,于1950年1月26日实施。

第一章 安倍德卡尔和"他的时代"

由于印度民族文化的多元化，独立后的印度在政治问题上也引发了诸多争议，包括达利特人在内的少数人族群也要争取自己的权益和政治地位。20世纪四五十年代，发生了"谁是少数人团体"的争议。当时，达利特人宣布自己是一种"少数人团体"甚至是一个"民族"，如同穆斯林和锡克人一样，他们甚至也提出建立一个独立的"阿克图提斯坦"，与穆斯林的巴基斯坦相对应。安倍德卡尔也提出了类似的要求，他认为："除了印度教徒和穆斯林之外，表列种姓是第三个必要的方面"；进而又说表列种姓"不是印度教团体的一部分，而是一个不同的民族"。

在关于宪政商议的过程中，安倍德卡尔多次提到，达利特人就像穆斯林一样，组成了一个自己的民族。他说达利特人是"印度民族生活中一个独立的元素"，达利特人拥有相当的代表席位是不可接触者要解决的一个政治问题，国大党对于穆斯林地位的关注，不应当以牺牲"更加需要保护的其他团体"为代价。身为"宪法之父"的安倍德卡尔认为，在立法方面，独立后的印度政府中的行政权力，不应当仅仅给予占大多数的印度教徒，也应当给予少数人团体，即穆斯林、锡克人、基督教徒和达利特人等。1945年，安倍德卡尔发表题为"教派僵局与解决之道"的演讲，建议以"全体统治"作为立法和行政的决策原则。认为这样便可以结束印度日益尖锐的教派问题。①

印度宪法规定了所有宗教团体信仰和实践自由。除了给予宗教或社会少数人以一定优待，即以保留的形式在立法和政府机构为最受压迫的种姓及其亚种姓以有限的支持外，独立后的国家并没有区别性地给予某些种姓"政治上"的权利。安倍德卡尔及其他领导人力争使达利特人被认可为一个少数人团体，如同穆斯林、锡克人、基督教徒等人一样，目的是使达利特人获得某些保留利益。

正是由于印度教社会里的不可接触制度，达利特人才被认可为

---

① 邱永辉：《印度宗教多元文化》，社会科学文献出版社2009年版，第147—148页。

"少数人",并在独立后的国家里得到了给予"少数人"的保障和权利(旨在提供相对公平的机会),不可接触者团体的这个作为"少数人"的地位,便得以确立。这使得达利特人处在一个矛盾的状态,即达利特人处于一个特别的地位,他们既是印度教徒又是非印度教徒。然而,安倍德卡尔1954年写道:"今天的印度是两种不同的观念所统治的。其宪法序言所规定的政治观念确保一种自由、平等和友爱的生活,而其观念宗教里的社会观念却否认这一点。"[①]最终由于对改革印度教属人法的彻底失望,令他辞去司法部长职务并皈依佛教。

小　结

　　印度的独立之路和现代化之路是相互重叠的,纷繁复杂的。印度历来被看作是等级制社会的典型,印度传统的社会制度,如种姓制度、村社制度和大家庭制度等,都与等级密切相关。独立时的印度,处处是贫困、饥饿和极度的不平等,大大损害了印度的国际形象,因此,实现平等成为国大党政府改造传统印度社会的起点。独立之初的印度国大党和领导人尼赫鲁,以世俗主义作为一种观念和原则,力图确保各种社会团体能够相对和谐地共同生活在一个社会或者一个政体之中。为达此目的,每一个人(无论其宗教信仰)相应地享有政治、经济、社会和文化的权利。一个坚持世俗主义原则的社会,必须是一个坚持平等原则的社会。平等原则作为世俗主义的必要前提,是一种道德原则,是合法、合理的。

　　独立时印度的不平等状况是由几千年印度的历史造成的,种姓制度造成了独立时印度存在着大量"落后阶级"。为了解决这一问题,独立后的印度在制定司法制度时希望遵循这样一种政策,即"纠正历史造成的不平衡",这一政策在《印度宪法》的有关"平等"的条文中有明确的体现。宪法中不仅有"平等"的总原则,而且有为实现所有公民真正平等而制定的政策原则和帮

[①] 邱永辉:《印度宗教多元文化》,社会科学文献出版社2009年版,第149页。

助"落后阶级"上进的具体条文。宪法的制定者们希望通过全社会的努力，经过若干年，"落后阶级"将不复存在，印度将成为一个民主和平等的社会。《印度宪法》成为全世界所有国家宪法中对"平等"最为强调的一部，因此被许多政治家和学者称为"世界上最进步的宪法"，《印度宪法》序言郑重宣布：印度作为独立民主的共和国保障一切公民享有自由、公正和平等的权利。问题在于：传统的印度社会恰恰是建立在不平等原则之上的，世俗主义原则与社会现实之间表现出严重的不平衡。因此，正如安倍德卡尔所说：印度的民主是本质上不民主的印度土壤上的点缀。种姓制度在社会习俗中的根深蒂固在相当程度上制约着印度的民主制度和世俗化进程。

第四节　种姓制度和贱民问题

　　种姓是印度社会中最典型、最重要的社会集团，也是印度社会最明显的阶级制度。种姓制度是在印度历史上长期形成的，它以明显的等级差别和种姓歧视为特征，表现在职业、婚姻、法律以及宗教礼仪等方面。在印度教社会，一个人从生到死都要接受种姓制度的规范，种姓决定着个人的家庭和社会生活模式、宗教和文化类型，并且发展出社会隔离和阶层高低的关系。

一　种姓制度的形成及其特点

　　种姓制度又称"瓦尔那制度"，"瓦尔那"一词原意为"颜色"，最早出自《梨俱吠陀》，它起源于入侵印度的雅利安人对被征服的原始土著的轻视。约公元前 1500 年前后，征服印度的雅利安人自称为"雅利安瓦尔那"，他们将黑皮肤的土著称为"达萨瓦尔那"。随着贫富分化的加剧，雅利安人内部也出现了阶级分化，开始形成以雅利安人婆罗门祭司为中心的种姓等级制度。婆罗门为了巩固其社会及经济地位，借助印度教圣典对等级差别予以神圣化，如此种姓制度正式形成。

种姓的阶级结构在原则上将人划分为四个等级，即婆罗门、刹帝利、吠舍、首陀罗。根据《梨俱吠陀》第十卷《原人歌》记载：由原人之头生婆罗门，肩生王族，腿生吠舍，足生首陀罗。于是，各种姓权利依次减弱。随着分工的进一步发展，社会集团日益增多，等级也越来越严格。梨俱吠陀时代处于萌芽状态的种姓制度逐渐发达起来，改变种姓变得越来越困难。随着婆罗门的权力和威望大大提升，他们几乎垄断所有祭祀活动，被视为神在人间的代表，实际上支配了人们的社会生活，同时出现了宗教上的"洁净"与"污秽"概念。除了四个等级之外，还出现了贱民阶层，称为"不可接触者"。种姓制度后来不断分化，衍生出许多"亚种姓"，种姓制度构成了婆罗门教乃至后来的印度教的重要内容，它是印度教的基础，印度文化的特色。

在漫长的古代社会中，印度教社会的等级秩序日趋发达，婆罗门祭司花费大量的精力编纂和完备各类法典，用以规范人们的生活。这些法典包含了印度教徒全部生活规范和道德伦理，其中以《摩奴法论》（又译《摩奴法典》）最为著名。《摩奴法论》是古代印度伦理规范的经典。它是由婆罗门学者完成的，其内容是为种姓制度提供理论依据，重申了众神分割原人的神话，试图论证四个种姓及其职业的神圣性和合理性。并对各个种姓的地位、权利、义务、社会责任、行为规范作了具体规定。[①]

《摩奴法典》对于各种姓相应的生活方式和社会地位作了明确规定：

婆罗门为第一等级，负责主持祭祀与教授学徒。按照法典规定，他们须恪守礼节，不得利用祭祀的服务来谋取经济利益，但允许婆罗门收受"赠礼"。作为所有人的精神指导者婆罗门种姓享有最高的政治和社会权利，其社会、经济特权无可比拟，例如：法官

[①] 《摩奴法论》是印度法论史上的里程碑。古代印度不存在所有人都应遵守的具有普遍意义的法律，《摩奴法论》实际上就成为每个种姓的行为规范的汇集。法典还包括一些现代法律的内容。

不得判定婆罗门败诉，婆罗门所受恭敬要高于君主等。经济上，除了金钱与实物供奉外，他们还拥有牛群、土地及从土地与税收而来的固定收入。其中土地的赠予，是婆罗门独占的权利，也是最重要的经济特权。

刹帝利为第二等级，包括国王或者大臣、军事将领等，其职责是在政治与经济上保护人民。国王拥有最高的社会地位和最好的土地，以及收取赋税和采矿等权利，他们可以将这些经济权利授封给其臣子。被赋予政治权利的大臣可以拥有土地，但须服兵役、行参观和受封礼，这些大臣和高级将领的地位与土地采邑紧密结合，成为世袭经济权利的来源。

第三等级吠舍，相当于一般的平民阶级。在古代文献里，吠舍主要指农民，吠舍可以从事放债取利与经营商业。他们没有婆罗门和刹帝利在仪式、社会和经济上的特权，但是和首陀罗和贱民相比，吠舍拥有土地权。

第四等级首陀罗，这一阶层的人大多从事手工业。他们是工匠或者劳工，没有土地权，只靠园艺栽种或者薪资酬劳维生。其中，被视为"洁净"阶层的首陀罗，可以从事城市手工业和特殊奢侈品手工业，而更多地被视为"不洁净"的首陀罗只能从事各式各样的家仆工作。因此，高等种姓婆罗门绝不从其所在处取水和充当他们的家庭祭司。

除了四个等级之外，在印度实际上还有为数众多的"贱民"，即不可接触者。按照印度教的规定，不可接触者不属于印度教徒，也是事实上种姓制度下的第五等级，或称无瓦尔那等级（Avarna），他们是种姓体制之外的特殊群体。因此，不可接触制成为种姓制度的极端形式。

四个种姓中，还有明显的宗教差别。婆罗门、刹帝利、吠舍三种姓虽然有别，但由于同为雅利安人，因此都称为再生族，即他们可以获得所谓的第二次宗教生命，因此有资格举行宗教的"再生典礼"。相对而言第四种姓首陀罗则没有礼神、颂读赞歌等宗教权利，因此不能获得宗教的"第二次生命"，被称为"一生族"或"非再生族"。尽管"再生族"和"一生族"在社会地位、权利义务等方面有差别，但是按照印度教的观点，他们都属于有权出生者，故他们均属于"种姓印度教徒"。至于不可接触贱民，由于身处四种姓之外，因此，他们没有任何种姓地位，甚至他们的出生也被视为一种罪恶。

四种姓加上种姓之外的不可接触者，便构成了印度社会组织中特殊的等级金字塔，其中以贱民人数最多、地位最低。《摩奴法典》对于每一种姓实际生活进行了严格的限制和规定，种姓制度形成了内婚制、共餐制、职业世袭和居住隔离等特点。

《摩奴法典》对种姓的婚姻有严格的规定，即实行内婚制。这一点也是安倍德卡尔极力反对的，他分析认为种姓制度长久存在和发展的机制就是得益于内婚制的限定，它使种姓制度保持一种血缘稳定的状态。不同种姓之间的通婚是禁止的，属于同一种姓集团的人才能相互通婚。在某些特殊情况下，允许高等种姓男子娶低等种姓女子为妻，称之为"顺婚"，反之，高等种姓女子若嫁给低等种姓男子则称为"逆婚"，顺婚可以被社会容忍，但是逆婚却是被绝对禁止的。凡是违背规定使种姓混杂者，要受到包括开除种姓在内的严厉惩罚，乃至沦为不可接触者。

职业世袭也是种姓制度的典型特征。按照《摩奴法典》的规定，四种姓各司其职，不得僭越。每一种姓都有特定的职业，任何种姓成员都不允许从事被认为"不净"的职业，凡违反者则要被处以降低种姓身份的处罚。

种姓制度在日常生活中还形成了共餐制的特征。即同一种姓的人才可以一起进食，不接受比自己低下的种姓烹调的食物。婆罗门被认为是最洁净的，因此任何种姓都可以接受其烹煮的食物，而不可接触者被认为是最污秽的，他们碰触过的食物和水都会被视为受到玷污而不可食用。

种姓制度还形成了不同种姓不能混居、彼此隔离的特点。每个种姓集团通常都居住在规定的区域内，而不可接触者则被隔离在"洁净"种姓住处之外的地方，形成独立的小村落或者附属于主村落。日常生活中，贱民甚至也不得与其他种姓接触和交往，不可以进入高等种姓家的院落，不可进入婆罗门和其他"洁净"种姓的生活区域，更不得进入庙宇、广场等公共场所，很多村落的某些地段不允许低等种姓通过，而有些地区的法规也限制婆罗门进入低等种姓和贱民的街道。由于种姓制度的种种规定，除了重大的传统节日和全区域的祭祀活动外，各种姓很少在一起活动，各种姓之间的排斥和对立是种姓制度的重要特征。

由于种姓制度的内婚制、共餐制及职业世袭制等特点，致使印度社会处于相对隔绝的状态。种姓制度成为印度社会钢铁般的框架，直至19世纪仍然是印度社会封闭、隔离的社会组织。

二 维系种姓制度的思想根据

种姓制度在印度社会长期存在，根深蒂固，其根源在于维系印度种姓制度的思想依据是印度教的轮回、业报和"净秽"观念等。

在印度教的观念中，人的前世、今生和未来都是业力所定。在种姓制度下，一个人生来就属于他父母所属的等级。种姓的等级是世袭的、永恒的，个人出生于哪个种姓地位绝非偶然，而是前生的作为所致。前世的功德与善恶决定今世的命运，现世的功德与善恶则决定来世的命运。对于低等种姓和贱民来说，业报的含义则是：他们所有的悲惨命运，并非是不合理的社会制度或者社会压迫所致，而是个人前世的罪恶造成的，此世的苦难是在偿还前生言行造成的债务，要改变现世的种姓地位是不可能的，唯一的方式就是严格遵守规定的种姓规范和义务，争取来生更好的社会条件。因此，"不净"种姓的成员，只有严格履行种姓义务才能赎罪和净化灵魂，来生进入高等种姓，反之，若试图逃离所属种姓，只会为来世带来更悲惨的命运。任何人都无法摆脱循环不已的业报因果关系所呼应的永恒世界，特别是永恒的种姓秩序。因此，在印度教里，将对职业的忠诚固守及虔诚安分的德行等社会伦理与教义连接在一起，使之完全是出自个人对自己的救赎关怀，固守职业的最重要的动机是印度教至高无上的准则——种姓制度的绝对服从。印度教的业报轮回观念将再生的许诺与现实社会秩序相结合,从而在印度社会中形成维持种姓结构的思想力量,它给予被安置其中的人以超越现世的希望,致使各个阶级和种姓的地位能够同时在社会与宗教上均被编排妥当。

综观世界各种宗教,普遍存在着"洁净"和"污秽"的观念,但印度教的种姓制度可谓是将"污秽"概念发挥至最极致者。印度教将宇宙万物看作一个等次有别的序列,在此序列中包含自然界、超自然界以及人类社会,一切存在都要依据洁净程度的次序来区分定位。首先,宇宙万物都是由"梵"幻化而来,最终将复归于梵;其次,万事万物与梵的距离不等,因此,复归的时间也有先后差别,距离的不同就产生了"净、秽"的差别。动物界中牛被认为是最洁净的,猪、狗就属于污秽的;人体中,洁净度则由头、手、腿、脚依次递减。① 将净秽次序适用于人类社会,就成为种姓制度的依据。在印度,人们通常依照所谓的"洁净"和"污秽"的程度来排列职业和从业者的地位高低。婆罗门因其所从事的祭神、讲诵吠陀经典等与神有关的工作被认为是最洁净的;而贱民从事的与杀生、死亡、亵渎牛等有关的工作,以及处理人的排泄物的工作,则被认为是最污秽的。不仅如此,在印度教中,宗教意义上的"洁净"和"污秽"还可以相互转移,通过身体接触甚至眼神注视,"污秽"可以传染,被传染者会从高等种姓降为低等种姓,由"净"变为"不净"。种姓制度规定种姓会因食物而遭污染,因此高等种姓不得从污秽种姓手中接受食物,同一种姓集团的人才能共餐。杂婚②会使血缘遭到污染,从而高等种姓可能会成为低等种姓,混血成为最严重的污染,因此种姓制度确立了内部通婚的原则。职业也会被污染,故而有严格的职业规定,形成不同种姓的职业世袭。社会交往也能传染污

---

① 《摩奴法论》中规定,人体以肚脐以上为净,以下则为不洁。
② 《摩奴法论》规定,属于同一种姓集团的人才能互相通婚,不同种姓之间的通婚是被禁止的。凡是违反规定,是种姓混杂者,要受到包括开除种姓在内的严厉惩罚。

秽，以至不同种姓不能交往，同一种姓阶层往往形成一个封闭的社交圈。

种姓制度之所以能够在阶级间形成严密的藩篱，阻碍社会交往，正是基于印度教徒深恐污秽传染，会降低他们的种姓等级的心理。"净秽"观念的泛滥，使各种姓都视比自己种姓身份低的人为"污秽"之人。受这一观念的影响，高种姓担心自己被玷污而不与低种姓接触，低种姓由于法律和习俗的种种约束也被拒在高种姓之外。这种情况严重妨碍了印度人之间的交往和联系，导致生活在同一地域的印度人虽然有共同的语言、信仰及生活习惯，却不能形成共同的民族意识。

三 近代种姓制度的演变

历史上，种姓制度曾经因为佛教的兴起和外来民族的入侵而大为动摇。佛陀在僧团中倡导"四姓平等"，被认为是最早反对种姓制度者，但是，即便在佛陀时代及佛教最盛行的时代，种姓制度仍然没有销声匿迹。印度历史上许多统治者和思想家，都曾试图消除或改革这一制度，但无一人功成。甚至外来文化一次又一次的冲击，仍没有解除种姓制度的施行。

英国殖民统治时期的印度仍然处于传统社会，发展资本主义的条件尚不具备。因此，殖民者的首要任务是改造传统社会，为殖民剥削开拓渠道，这也间接促成了印度社会的近代化。为了维持殖民统治服务母国，殖民政府在种姓、宗教等问题上，基本上采取了维持传统的做法，承认宗教、种姓的合法性，这使得贱民境遇未获大的改观。然而，殖民政府颁布了旨在改革不可接触制的法令，推行社会改革，在公共社会领域中对歧视贱民的习俗进行了一定程度的干预。例如：1850年，英属孟买政府颁布的"革除种姓歧视法"；1853年，东印度公司规定实施文官公开考试选拔制度，凡是符合年龄的，无论英国人和印度人都有资格参加选拔，从理论上否定了把种姓身份作为进入上层社会的唯一标准，使得低等种姓参加公共事务管理有了理论依据；1925年，马德拉斯管区通过法令，宣布所有公共设施向所有人开放等①。虽然殖民政府这些法令的影响有限，并没有给贱民在实际生活中的地位带来明显的变化，但是这些做法却在一定程度上激起了贱民反对迫害的意识觉醒，为贱民政治和社会地位的提升开辟了道路。

殖民政府在教育方面对印度种姓制度的弊端进行了一定程度的改革。1854年，殖民政府颁布了《伍德教育文件》，以此为依据，殖民地公立学校开始接受低等种姓和贱民弟子入学。1856年在孟买管区南部达尔瓦地区发生的马哈尔少年诉讼案则体现了英国人在贱民教育问题上的政策导向。一名马哈尔少年想进入公立学校读书遭到拒绝，其家长向政府申诉，这一案件经由东印度公司最后做出裁定，规定公立学校原则上应向所有印度人开放，但遭到了印度教徒的强烈反对，最终殖民政府采取折中办法，即：为贱民另外建立学校。于是乎历来被拒绝在校门外的贱民子弟获得了接受教育的机会，"更重要的是，它对极其严格的不可接触歧视提出了挑战"②。安倍德卡尔就是在这种背景下获得了受教育的机会，并能够最终获得英国、美国的双重博士学位，成为在贱民当中受教育程度最高的一人。随着政策的开放，越来越多的贱民子弟能够接受教育，甚至是高等教育，接受教育后的贱民们开始对过去他们心目中不可撼动的等级观念产生怀疑，其中一些富于进取意识的贱民知识分子遂开始深入思考贱民团体历来受剥削压迫的根本原因，并进而投身社会改革运动，为贱民的解放探寻道路。

马克斯·韦伯认为现代种姓制度的改变是因为社会功能的多元分化，以及普遍性思想和知识的进步，影响了种姓成员对固有体系的奉行及虔信。近代以来，在印度，特别是在加尔各答地区，铁路、旅馆，外来工业影响下的职业流动与劳动集中等都是种姓制度改变的肇因。而英国人所培植起来的知识阶层和为全印度所制定的法律制度，更加剧了这一古老制度的转变。殖民者在印度进行的开

---

① 尚会鹏：《种姓与印度教社会》，北京大学出版社2001年版，第73页。
② 同上书，第96页。

拓和改造，客观上造成印度传统的自然经济被冲垮，商品经济得到了发展，农村原有的生产关系也逐渐瓦解，这一切，深深触动了印度社会的根基。随着印度近代城市和工业的发展，一部分贱民也开始改变传统生活方式，有些进入城市成为工人，经济地位得到改善，贱民受村社制度束缚和高等种姓剥削的情况有了改观。

独立后，印度政府1949年公布宪法，明文规定废除种姓制度，宣告人人生而平等。除此而外，还有工业化之进展、教育之普及，与社会政策之实施等因素，种姓之别表面上已经锐减，然而在就业、婚姻等实际问题中，个人出身、社会地位等仍然深受重视，可见，种姓制度依然影响人心，难以废弃。

四　安倍德卡尔时代贱民的生存状态

安倍德卡尔出身于印度种姓制度中的贱民阶层，贱民又名"不可接触者"。自古以来，不可接触者就处于印度社会的最底层，地位更低于首陀罗，受到印度教徒的歧视和压迫。关于不可接触制的产生，据推测很可能产生于吠陀时代末期，大约公元前600年前后，即雅利安人由游牧部落转为农耕社会的过渡时期。"印度教徒不杀生、禁食肉食的新观念，也是在这一时期提出。因为只有在粮食生产能满足需求的农耕社会，才会出现不杀生、禁食牲畜，乃至将牛神化的可能，并且把屠宰牲畜有关的职业视为'不净'，把杀牛和食用牛肉视为罪大恶极的价值观。"[1] 关于贱民的来源，大致上可能有内外两种途径，第一类是非雅利安种姓社会成员，多数是居住在雅利安人社会文化圈以外的落后部落，他们原有自己的语言和宗教信仰。为了维持社会运作，雅利安人种姓社会需要有人从事"不净"的工作，于是让他们成为"不净"工作的承担者，并刻意不同化这些落后的部落。第二类则是从雅利安人种姓社会内部分化出来的贱民，他们中有一些是世代从事被认为是"污秽"的职业，维持被认为是"不净"的生活习俗，久而久之，这些人就被定义为

---

[1] 尚会鹏：《种姓与印度教社会》，北京大学出版社2001年版，第66—67页。

"不净"的不可接触者。除此二者之外，还有一些人由于战乱、迁移、违反种姓规定、杂婚、犯罪等原因，被开除出种姓而沦为不可接触者。

由于印度教对"洁净"与"污秽"观念的极端强调，婆罗门便利用"净、秽"观念，将高等种姓不愿碰触的"不净"之物和不愿从事的"不净"工作，交由另一社会族群——不可接触团体来完成。为了维护这一制度，婆罗门利用宗教的解释，将不可接触者从社会阶级中隔离出来。印度教律法严格规定：贱民从事最肮脏的职业，如屠宰、清扫、处理动物尸体、制革等；他们只能居住在村外，不能进入印度教神庙进行朝拜；不能学习梵文和诵读经典，不能接受教育；不能从公共水源汲水用，不能进入种姓印度教徒的住宅，不能走大路；不能使用完整的器皿，不能佩戴金、银首饰，不能穿戴华丽的衣服等。如果贱民违反规定，轻则受到刑罚，重则可能被残害至死。[①] 作为从事"不净"工作的社会集团，不可接触者被认为是印度社会中最污秽的人，受到了极端歧视甚至隔离。种姓印度教徒甚至认为凡是接触到贱民的身体、影子、声音，甚至眼神、足迹都会受到污染。由此，印度社会形成了以"净""秽"程度排列出的社会等级秩序，它以婆罗门为顶端，不可触者为最底层。

近代以来，种姓制度在印度现代化的进程中发生了一些变化。在西方思想影响下，一些接受西方"平等""自由"等思想影响的印度知识分子认识到种姓制度的弊端，开始身体力行地打破种姓规定，安倍德卡尔就以贱民身份娶了婆罗门女子为妻。近代工商业发展及社会生活的变迁，职业也开始趋于多元化，由于种姓与职业选择的同步关系，职业模式的变化使种姓分解出许多与传统种姓极为不同的次种姓。另外，有些行业如农业、商业等需要大量的人力，而且不关乎污秽及洁净问题，被认为各种姓都可以从事，这也使种

---

① ［法］迭郎善译，马香雪转译：《摩奴法典》，商务印书馆1998年版，第245—260页。

姓的职业选择发生变通而趋于多元化。然而这种变通的情况却并不适用于婆罗门僧侣和不可接触者，印度教僧侣仍然仅限于婆罗门担任，而不可接触者则无论在任何时候和条件下，都不得从事规定以外的职业。

1927 年，安倍德卡尔领导贱民争取人权平等时，发动了著名的"仇达尔水塘事件"。印度种姓制度下的各等级居民，都习惯在仇达尔水塘取水用，但是却不允许贱民接近水塘，大多数的种姓印度教徒认为，贱民从水塘中取水会污染水源。即使当地政府将水塘开放给贱民使用，贱民由于其他种姓的敌视仍然无法实行他们在法律上应有的权利。

五 马哈拉施特拉的贱民种姓马哈尔

安倍德卡尔所属种姓为马哈尔，这是一支生活在马拉提语地区的不可接触者种姓。它有 53 个亚种姓，是马哈拉施特拉不可接触种姓中人数最多的一支。这一种姓具有强健、聪明、英勇、坚毅、作战能力与适应能力强等传统性格。[①] 马哈尔人数量很大，是印度贱民中的领导者。据统计，1931 年，马哈尔有 1438550 人，人数占孟买地区所有贱民数量的 68.9%，占马哈拉施特拉邦的全部人口的 9%。[②] 传统上，马哈尔人没有什么特殊的技艺，主要从事的传统工作是为村庄服务，清扫街道、修理城墙、看守墓园、搬运动物尸体等。

（一）历史渊源

关于马哈尔人的起源，有多种不同的说法。马哈尔人流传着这样的神话：某一天，马哈尔人的祖先马哈穆尼受神仙委派，去看护一锅正在烹煮的牛肉，突然，有一块牛肉掉在地上，马哈穆尼见状并没有把肉放回锅内而是自己吃了，结果被神仙发现，受到惩罚，

---

① Dhananjay Keer, *Dr. Ambedkar Life and Mission*, Mumbai: Popular Prakashan, 1954, 2005, p. 8.

② Eleanor Zelliot, *Dr. Ambedkar and mahar movement*, University of Pennsylvania, Ph. D., 1969, p. 18.

迫使他的子孙永世都要吃下腐败的牛肉（即病死牛肉，非宰杀牛肉），从此，便产生了马哈尔种姓。① 近代英国作家约翰·威尔逊（John Wilson）根据"马哈拉施特拉"（Maharashtra）一词是由马哈尔（Mahar）和拉施特拉（Rastra）组成，认为马哈尔人是马哈拉施特拉的原住民。其中马哈尔指的就是马哈尔人，拉施特拉则指地区和国家，马哈拉施特拉指的就是马哈尔人居住的国家和地区。但是由于雅利安和后雅利安时期的外族入侵，原住民马哈尔人渐渐失去了领地和主人的身份。② 近代马哈尔领袖瓦朗卡（Gopal Baba Walangkar）则认为，马哈尔原属于刹帝利种姓，由于发生大饥荒，他们为了生存而食用印度教禁忌的食物（牛肉），从而失去传统的种姓地位。③ 对于马哈尔人的起源，安倍德卡尔的解释是马哈尔人的祖先是纳迦人（Nagas），纳迦人是居住在那格浦尔的非雅利安人，曾受到雅利安人的迫害，后来纳迦人决定皈依佛教，并将佛教传播到了各地。④

作为不可接触种姓，马哈尔人的境遇是悲惨的，在社会生活的方方面面都受到严格限制。如不许接近种姓印度教徒的住宅，不许和种姓印度教徒使用同一口井，不许穿鞋，不许佩戴首饰，不许学习梵文，不许进入印度教神庙敬神，不许背诵和聆听印度教经典，不许送孩子读书上学，等等。马哈尔人与其他贱民不同的是，他们的职业不固定，工作种类繁多，比如：充当守门人、警卫、脚夫、土地边界仲裁员、向导、信差、协助收税、保护女神神龛、清道夫、殡葬服务、处理动物尸体、剥牛皮等。由于工作关系，马哈尔

---

① Robert Deliege, "The Myths of Origin of the Indian Untouchables", *Man*, *New Series*, Vol. 28, No. 3, 1993, p. 545.

② T. Pillai-Vetshera, *The Mahars: A Study of Their Culture, Religion and Socio-Economic Life*, Delhi: Intercultural Publications, 1994, pp. 1 - 2.

③ Eleanor Zelliot, "Religion and Legitimization in the Mahar Movement", in Eleanor Zelliot, *From Untouchable to Dalit: Essays of Ambedkar Movement*, New Delhi: Manohar, 1992, p. 201.

④ D. C. Ahir, *Selected Speeches of Dr. B. R. Ambedkar*, New Delhi: Blumoon Books, 2000, p. 116.

人有吃腐败牛肉的习惯，因此受到种姓印度教徒甚至其他不可接触种姓的鄙视和厌恶。

为了躲避歧视和迫害，自中世纪起，就有许多马哈尔人开始了追求平等的改信运动，代表性的有虔诚敬神的巴克提教派（Bhakti）①，其代表人物有卡比尔（Kabir）、罗摩难陀（Ramananda）等。也有一些马哈尔人受到宣传平等、互助观念的伊斯兰教的吸引而改宗伊斯兰教。其后，随着基督教进入印度，也有一些马哈尔人改信基督教，寻求庇护。但是，这些改信行为并未给马哈尔人带来明显改善。在英国殖民统治之前，马哈尔人无论在经济、政治和教育等方面都十分落后。

（二）近代变化

19世纪中叶，伴随着英国的殖民统治，印度的工业化、城市化和资本主义也开始发展，马哈拉施特拉的传统社会经济体系开始走向衰落，马哈尔人的职业在工业化、城市化的进程中首先受到冲击。他们的一部分工作被现代化的机器和行政制度所代替，例如信差被邮局以及现代化通讯方式取代，土地边界仲裁者被法院取代，看守工作被警察取代，向导的功能被地图代替，脚夫工作被汽车代替等。这种情况下，许多马哈尔人不得不离开村庄，离开家乡，到附近的城市寻找工作。职业和居住环境的变化意味着他们可以不必再受传统村社社会的压迫和经济剥削，也为他们提供了新的职业和新的机会。

马哈尔人进入孟买、浦那、那格浦尔、纳西克等大城市后，寻找新的就业机会。有些人进入纺织厂、糖厂、兵工厂、铁路局、公路局和码头当工人、苦力；有些人为公共机关服务；有些则加入英国军队，成为印度雇佣兵；有些被西方人雇为家仆。新的职业增强了马哈尔人的经济独立性，也使他们有机会接受教育，接触到西方

---

① 巴克提思潮在7世纪左右开始在南印度泰米尔地区流传。他们的教义核心是反对烦琐的宗教仪式，不推崇祭司的中介作用。10世纪后，巴克提思潮形成了宗教改革运动，史称"巴克提运动"。其派别众多，有加比尔、罗摩难陀等。

文化，开始形成新的世界观和价值观。马哈尔人成为印度不可接触者中较早改变传统职业并接受西方文化影响的一支，而马哈尔人也利用新的职业和西方传教士以及殖民政府提供的各种机会使自己和子女接受教育，提升文化水平，安倍德卡尔就是在这样的背景下获得了受教育的机会。移居城市的马哈尔人又转而将新的思想带回到农村的马哈尔人中，使他们日益觉醒，开始对自己的处境感到不满，也纷纷抛弃传统职业和习惯，寻找新的职业。据1921年的统计，仅有13%的马哈尔人继续从事传统职业，相比较而言，贱民中的昌巴尔和芒戈人则仍有55%和33.2%的人在继续从事传统职业。①

英国占领印度后，大规模地征召马哈尔人入伍，同时，英国的兵工厂也广泛雇佣马哈尔出身的人。到1875年，孟买地区隶属于东印度公司的陆军中，马哈尔人占了1/6。这些军人更直接地接受了西方文化、制度的影响，思想和行为都发生了巨大变化，他们成为马哈尔中的精英，而安倍德卡尔就是出身于这样一个军人家庭，成为这些马哈尔精英的后代。

近代以来，由于各种原因，和其他低等种姓相比，马哈尔最先放弃传统职业，拥有很强的流动性，能够更广泛地接触到西方文化，接受教育，提高觉悟，因此他们成为马哈拉施特拉地区贱民中最早觉醒的一批。在马哈拉施特拉，马哈尔人数最多，近代化程度最高，因此贱民解放运动由他们发起和领导成为历史的必然。马哈尔从19世纪90年代开始发起各种抗争运动，争取平等权利、要求改善社会地位。他们建立组织、培养精英、设立学校、出版书籍、发行报刊，要求废除不可接触制和种姓制度的呼声也日益高涨。

小　结

几百年来，不可接触者对自身的处境逆来顺受，很少反抗，究

---

① Christophe Jaffrelot, *Dr. Ambedkar and Untouchability: Analysing and Frighting Caste*, Delhi: Permanent Black, 2005, p. 23.

其原因，安倍德卡尔进行了认真思考，他说："这个问题困扰我许久。我所能给予的答案只有一个，那就是：印度教下层种姓因为恶劣的'四瓦尔那制度'导致彻底丧失了直接行动的能力。他们既不能从军也缺少军队支持进行反抗。他们都是或者确切说是被迫成为扶犁者，不许铸造武器，他们没有武器……因为四瓦尔那制度，他们无权接受教育，于是不能思索甚至不能理解拯救他们的方法。他们被迫成为下层群众，不懂逃脱的方式和途径，只好妥协成为永久的奴隶，被迫接受这无法逃避的命运。"① 正是印度教传统的瓦尔那制度使处于下层种姓的人们失去了接受教育、参加军队和政治管理的机会，被迫接受永久的奴役，失去了反抗的本能。

不可接触制长期存在，很难发生革命的另一个原因是不可接触者内部的分裂。在长期的历史发展中，印度的种姓制度不断分衍，从最初的四个瓦尔那已发展出几千个分支，其体系日益纷繁复杂，而在不可接触者中也形成了不同的等级划分，也即所谓的亚种姓。因此，不可接触制不仅被种姓印度教徒所提倡和实行，而且也被贱民自己所实践。在印度，许多贱民中间也存在着不可接触制度，一部分贱民视另一部分贱民为"污秽"的，拒绝同他们接触。他们之间不可接触制的严格程度，丝毫不亚于贱民与种姓印度教徒之间的隔离。在他们之间也流行着避免身体接触之类的习惯，相互之间也彼此歧视，互不往来，有时还互相迫害。随着近代以来新的就业机会的增多，贱民内部分化加剧，利益、地位之争比任何时候都更加激烈。一部分贱民在反抗种姓印度教徒迫害的同时，也对另一些贱民进行残酷迫害，这些都使得贱民无法形成集中的力量来反对其他种姓的社会压迫。

第三个主要的原因是长期的等级划分和社会实践在贱民心中形成了一种心理定式。印度教的"业报轮回"和"净秽"等观念对贱民影响很深，许多贱民深信自己面前的悲惨处境是自己前生作恶

---

① Dr. Babasaheb Ambedkar: *Writiings and Speeches*, Govt. of Maharashtra, Vol. 3, 1987, p. 70.

所致,正是由于自己的作为或前生的罪孽使他们失去了解脱的资格,而成为不可接触者。于是,他们习惯于逆来顺受,不可接触制已经内化为他们的思想,以至于他们大多都有严重的自卑心理,言谈举止表现得谦卑恭顺,奴性十足。贱民甚至认为,倘若他们唱赞美神的诗,或诵读吠陀经典,会招致神灵的恼怒,并对他们进行惩罚,使其来世还转生为不可接触者。于是,他们宁愿接受现状而无意争取改变自己的地位,只是将改变处境的希望寄托于来世。

通过对不可接触制的成因分析,安倍德卡尔最终意识到,若想彻底解决不可接触制,改变不可接触者的精神状态和宗教信仰显得尤为重要。

第五节　佛教的近代复兴

安倍德卡尔经过 20 年的思考与比较后,为人数众多的贱民群体选择了佛教作为改信的对象。20 世纪以来,佛教在西方的兴起和在亚洲范围内的复兴潮流,与安倍德卡尔改信佛教和思想创新有着微妙而又必然的关联。

一　佛教在西方的兴起

19 世纪末期是佛教在世界范围内复兴、现代佛教发展的历史时期。安倍德卡尔对待佛教的观点受到 19 世纪以来现代佛教思想的影响,特别是西方学者的影响,即采用非历史化、浪漫主义化和东方化的观点对佛教思想进行了重新诠释。

19 世纪的最后 20 年,在西方国家,人们对佛教已不再只是纯学术的兴趣。此前,一些思想家已经开始认识到佛教思想的效用,其中尤为令人瞩目的是德国哲学家亚瑟·叔本华(Arthur Schopenhauer)。在他看来,佛教是所有宗教中最为出色的,这主要体现在佛教众生平等的思想中,他认为佛教超越了婆罗门教的种姓制度,也超越了基督教荒谬的上帝观念。虽然叔本华的佛教知识基础源于19 世纪前半叶西方所能获得的相当不完备、不精确的材料,但他的哲学观念鲜明地表现出和佛教的密切关系，可谓是一种不完整的佛教。由于叔本华哲学在 19 世纪末叶风靡一时，他对佛教的高度推崇助推了对佛教的学术研究，同时也影响了西方人认同佛教作为一种思想和生活方式。

佛教开始在西方世界传播，引起了学者们极大的兴趣。英国的埃德温·阿诺德（Edwin Arnold）爵士于 1879 年出版了他著名的诗集《亚洲之光》，诗中叙述了佛教的创始人乔达摩的生平和教义。1881 年，灵智学会的创始人亨利·斯蒂尔·奥尔科特上校的《佛教教义问答手册——据南传佛教经典》在科伦坡出版；1885 年，该书的第一部美国版在波士顿出版。1888 年，德国佛教徒弗雷德里克·齐默尔曼（Friedrich Zimmermann）出版了《佛教问答手册：佛陀教义入门》，这部著作很快被译成 10 种外国文字流传。作者以普贤比丘为笔名，他声明出版此书的目的是要回归佛陀真实教义的精神和实质，剥离一切附佛学派的思想，因为那些都是后世为阐释佛陀的说法而铺陈的附会，只会给人带来困惑和茫然、迷信和想象。

随着西方学者对佛教的研究开展，19 世纪最后 25 年间，佛教学作为一门学科建立起来，佛教的资料研究率先取得迅速进展，早期西方佛教徒对佛教的理解主要是依据南传上座部佛教传承下来的巴利文经典。佛教资料的学术研究肇始于法国学者尤金·布努夫（Eugene Bumouf），他于 1845 年出版《印度佛教通史导论》，他翻译了《妙法莲华经》，对巴利文佛教经典进行了系统评估。另外两位学者：英国人 T. W. 李斯·戴维斯（Rhys Dawids）和德国人霍曼·奥登伯格（Hermann Oldenberg）进一步推动了研究。[1] 1881 年，T. W. 李斯·戴维斯创立了"巴利圣典会"，专门出版和翻译巴利文经典的文本及有关上座部佛教的论述。这个学会在随后的

---

[1] 二人的代表作分别是戴维斯的《佛陀的通俗生活》（Davids, T. W. Rhys, *The Popular Life of Buddha*, London: K. Paul, Trench & Co, 1883）和奥登伯格的《佛陀：生涯、教义、僧团》（Oldenberg, Hermann, *Buddha*: *His Life, His Doctrine, His Order*, London: Williams, 1882）。此外，奥登伯格编辑了完整的巴利文三藏之《律藏》5 卷，由于这一贡献，至今他的研究方法在这一领域仍被奉为典范。

30 年里成功出版了大部分巴利文经典，并以精深严谨著称。[1] 学者们的研究成果使得历史上的佛陀及其教义开始以一种真实可信的面目呈现在西方读者面前，这些原始材料的转译和整理展现的是早期佛教的风貌，标志着现代佛教研究的发轫。

随着学术研究的兴盛，西方佛教徒的修持实践也越来越活跃，人数逐渐增多。欧洲第一位佛教出家人是英国人阿伦·本内特·麦格雷戈（Allan Bennett Mc Gregor），起先是神秘主义运动者的他，远涉重洋来到锡兰，1902 年又到缅甸，在阿恰布（Akyab）受比丘戒，取法名"阿难陀弥勒"（Ananda Metteyya）。1904 年，德国人瓦奥林·维图索·安东·古恩士（Violin Virtuoso Anton Gueth）成为第二个加入佛教僧团的欧洲人，他在仰光受戒，取法号"三界智"，成为世界闻名的佛教学术和修持实践方面的权威。[2]

随着西方佛教信徒的增加，一些佛教组织纷纷建立起来。1872 年，来自斯里兰卡的达摩波罗在西方创建了第一个佛教组织，即摩诃菩提协会的美国分会。[3] 1903 年，德国第一个佛教会即"德国佛教传法会"由巴利文学者卡尔·赛德斯徒克（Karl Seidnstticker）博士在莱比锡创立。同年，英籍比丘阿难陀弥勒在仰光建立"国际佛教协会"，该协会在许多国家都设有分会。第一个英国佛教协会"大不列颠及爱尔兰佛教协会"于 1907 年在伦敦创立，存续到 1926 年。早期西方人创办的大多数佛教协会存续时间都不很长，各地区佛教团体间的合作还没有发展起来，但佛教在西方的传播已露熹微之光。

佛教在西方的传播引起了人们对这种古老宗教的新的兴趣和新的认识。西方现代主义者往往把佛教描述成"理性的宗教"，用以

---

[1] 迄今为止，巴利圣典会已出版发行经典文本 154 卷，译本 78 册，及若干其他出版物。

[2] 古恩士在斯里兰卡度过大部分生涯。1911 年，他成为道登杜瓦（Dodanduwa）附近、波尔加斯杜（Polgasduwa）岛上一个寺院的开山住持。欧洲一些国家有不少人追随他出家成为佛家僧侣。

[3] 这是达摩波罗应美国佛教徒保罗·卡鲁斯（Paul Carus）之邀访问美国时所创建的。

反对诸如基督教、伊斯兰教或犹太教在他们看来盲信、教条的宗教。与佛教相比，西方传统宗教所宣传的上帝和灵魂的思想则被认为是与现代世界的理性和实在论观点不相容的而受到批评。这些具有现代主义特征的学者及佛教徒们都倾向于把"原始"佛教重新诠释为一种哲学思想体系，因此，他们重视对原始资料的发掘和考察，并用以作为解释佛陀原初教义的手段，目的是给人们指出解脱痛苦与轮回的道路。而传统佛教中的宇宙观、奇迹的信仰及其他思想成分则不为现代思想家们所接受，它们被认为是佛教在长期的历史发展过程中积淀和层累而成的，是对佛教的不必要的添加和修正。总之，佛教在西方更多地被理解成一种理性的思维方式，它反对人们对教义的盲目信仰，强调用理性的方式或通过宗教实践和沉思来发现和验证佛法的真谛。

二 斯里兰卡的佛教复兴

19世纪末期，亚洲佛教国家的知识分子也开始思考国家独立与文化身份的问题，这些在西方冲击下幸存下来的国家萌发了革命的意识。随着民族独立运动的开展，西方价值观的同化趋势受到遏制，新的文化认同开始涌现。因此，19世纪末，东南亚诸多国家在民族主义斗争的过程中往往出现宗教复兴与社会政治斗争相结合的情况，在此过程中，传统佛教国家的佛教复兴运动由此展开。东方佛教复兴和西方佛教传播的早期阶段有着密切的互动关系，这种互动关系形成了一种将佛教重新解释为一种新的思想体系的倾向，于是19世纪的亚洲佛教实际上成为一种复合的思想体系。他们提倡的佛教是依据理性主义、公平和人道主义哲学等理念，将佛教作为社会斗争的武器而更甚于复兴本身的意义。安倍德卡尔的佛教复兴运动自然地也受到这一倾向的影响。

19世纪、20世纪之交最引人瞩目的佛教改革运动是僧伽罗民族主义佛教运动。佛教文化在斯里兰卡经历了几个世纪的西方殖民统治的侵蚀和摧残却存活下来。18世纪发生了萨拉那姆卡拉（Saranamkara）鼓动下的僧伽改革，19世纪创立了改革派尼迦耶派

(Nikayas)，这些都是斯里兰卡佛教复兴的早期信号。1849年，僧人瓦莱恩·悉达多（Valon e Siddhortha）创建了斯里兰卡第一所现代僧伽学校。1873年和1875年，斯里兰卡又创立了两所佛学院作为研究佛教的学术基地。自1865年始，为复兴传统佛教文化，僧侣们与基督教士们展开辩论，用以说明佛教与基督教的差别和优劣，让民众了解与抉择信仰，探讨佛教文化的优势，鼓励佛教徒热爱、保卫自己的圣教。这种公开辩论隆重地举行了五次，其中著名的一场是1873年，由摩诃提瓦特·昆阿奈达法师与两位基督教士之间进行的，名为"潘多拉大辩论"，这场辩论成为斯里兰卡基督教和佛教关系的一个转折点。[①] 这次辩论引起了西方人士的关注。美国人J. M.皮布勒斯（Peebles）将这场辩论的文集译成英文并在美国出版，此书的出版引起了亨利·斯蒂尔·奥尔科特上校的注意，他与俄籍女贵族布拉瓦茨基夫人（Madam Blavatsky, 1831—1891）一起，关心佛教，于1875年共同创立了神智协会（Theosophical Society）。神智协会高度重视佛教，以至于被称为"神秘佛教"，它的创立和宣传有力地推动了西方人对佛教的兴趣。

1880年，奥尔科特上校与布拉瓦茨基夫人访问斯里兰卡，目睹斯里兰卡佛教的衰微现状，令他们感到非常震惊。为了振兴佛教与基督教抗衡，斯里兰卡急需一个佛教机构，于是，1880年，他们在科伦坡成立了"佛教灵智学会"（Buddhist Theosophical Society），宗旨是发扬世界人类各宗教的和平友好及保护宗教不受压迫。学会先后开办很多学校让佛教徒弟子就读，教授英文和僧伽罗语。如现在著名的阿难陀学院、法王学院、摩哂陀学院等，都是那时创立的。他们的行动吸引了很多西方学者前往斯里兰卡，发展斯里兰卡国家教育和佛教教育。

奥尔科特居士对佛教的工作是真诚而热心的。他筹募用于发扬

[①] 1873年，斯里兰卡的佛教和基督教两派在科伦坡南方帕纳杜罗以两教的善恶问题作为主题进行辩论，佛教代表古纳难陀上座以有力的言辞为佛教赢得了胜利，标志着斯里兰卡佛教复兴的开始。

佛教的基金，印刷僧伽罗语及英文的《佛教徒》(The Buddhist) 杂志。1885 年，他购地建立学会大厦，并设计佛教教旗。同年又设立"星期日学校"，次年改为普通学校，教授英文，就是后来科伦坡著名的"阿难陀学院"。奥尔科特代表西方人对佛教的崇敬和同情来到斯里兰卡朝圣，给予佛教复兴以极大的支持，在他的带领下，斯里兰卡的佛教开始复苏，一所所佛教学院和协会如雨后春笋般地涌现出来。

斯里兰卡本土佛教复兴运动早期的领袖人物是著名的大卫·休厄维他恩（David Hewavitarne），他以佛教法名阿纳伽里伽·达摩波罗闻名于世。他厌恶基督教士狂热、不宽容等"野蛮行径"，对佛教传统价值无限热爱。1880 年，奥尔科特访问科伦坡期间，与达摩波罗进行了会晤。1889 年，达摩波罗跟随奥尔科特出访日本，促成了日本佛教界与斯里兰卡佛教的最初联系。1891 年，达摩波罗访问印度，来到佛陀解脱之地菩提迦耶（Bodh Gaya）时，面对衰败颓废的佛教圣地，达摩波罗下决心要复兴佛教。他在菩提迦耶建立了摩诃菩提协会，并于次年将总部迁到了加尔各答。该协会的宗旨是宣传佛教，特别着重于复兴印度的佛教。其最初目的在于从印度教徒手中收回佛教圣迹菩提伽耶大塔，继而复兴印度及世界各地佛教。随后，印度的各大城市几乎都有了摩诃菩提协会的分会。位于加尔各答的摩诃菩提协会总部，代表该会行使一切事务，凡是去往印度的佛教徒，大多会到摩诃菩提协会拜访，或请求住宿，协会会给予种种方便。加尔各答的摩诃菩提协会还编印《摩诃菩提》(The Maha Bodhi) 的英文月刊，定时分寄给世界各地以宣扬佛教。摩诃菩提协会在斯里兰卡国内还印有僧伽罗语佛教杂志，建立多所学校，在欧美也设有摩诃菩提分会，同时派比丘至英、法等国长期弘法。1895 年，达摩波罗还曾经至中国上海访问，与中国著名佛教学者杨仁山居士商谈，相约复兴印度佛教并向世界宣扬佛法。

摩诃菩提协会的成就，使斯里兰卡人对佛教的复兴看到了希望。1893 年，由于摩诃菩提协会和神智学会的联系，达摩波罗参加了在芝加哥举办的世界宗教大会，他所著的关于佛教特征的书籍巧妙地切合了那个时代欧洲人关于佛教的观点，因此受到了西方知识分子精英的推崇，他所宣扬的佛教观点是："它（佛教）是科学的、伦理的和利他的……与天文学相协调的宇宙起源论（进化论），不需要仪式和典礼。"这个宣言使他赢得了"现代佛教复兴之父"的赞誉。

三　佛教在印度

印度佛教自13世纪遭穆斯林洗劫后，即告衰微，从此一蹶不振。近代以来，由于殖民统治，西方文化的植入带来了东西方文化交流的机会。而出于统治的需要，英国人在殖民剥削的同时，也致力于殖民地的文化传统的研究，作为印度传统文化之一的佛教自然也属研究之列。直至印度的民族独立运动过程中，佛教被视为印度传统文化的重要部分也受到印度本土知识分子的重视。在此过程中，随着印度本土佛教遗迹的陆续发掘出土、域外对梵文及巴利文佛典的考察研究，佛教便以"古老却合乎时代思潮要求的思想"被重新认识，开始在它的发源地逐渐复兴。

19世纪以来，印度的文化及思想研究成为世界学术界备受瞩目的领域之一。近代欧洲人从语言学的立场展开对于印度文化和思想的研究，由印欧语系的文献比较研究引发了对印度学的兴趣。学者们把长期研究、校译拉丁文和希腊文所发展出的先从语言、文法入手的文献方法，用于整理及归类佛教原典。与此同时，印度遗迹文物的发现也吸引了西方学者对印度的考古热情，从而促进了对佛教学（Buddhology）研究的兴起，其内容包括对佛教相关的教义、语言、文学、艺术等多方面的研究。他们发现，佛教的宇宙观与基督教的上帝创造世界完全相反，但佛教的包容性格与基督教新教相对接近，这在一定程度上刺激了欧美学者对佛教研究的兴趣。这一时期，西方人对印度哲学和佛教深入研究的具体成果有：英国著名东方学家，历史比较语言学的奠基人威廉·琼斯（William Jones）翻译了《沙恭达罗》（Sakuntala）和《摩奴法典》等梵语典籍，他后来在亚洲学会发表演讲，提出梵语与拉丁语、希腊语同源，即著名的"印欧语假说";印度总督沃伦·哈斯廷斯(Warren Hastings)为了要利用印度古老的法律来治理印度人,召集印度学者编纂法典,为此设立了亚细亚协会,开始了名副其实的梵语、梵文学术研究;其间以埃德温·阿诺德(Edwin Arnold)的成名之作《亚洲之光》最具代表性,作品记述了佛陀一生的故事,全书以优美的诗歌写成,其影响广泛深远,直到今日仍受到东西方人的喜爱。① 同时期在德国和法国也有多位学者致力于比较语言学等相关范畴的研究。

由此可见,若要论及印度佛教的复兴,就不能忽略欧洲人尤其是英国人对这段印度历史的影响。几个世纪以来,直到英国占领印度为止,佛教在印度一直都处于消失的状态之下,但是由于欧洲人研究印度思想及文化的间接影响,印度的佛教渐渐地以不同的形态开始走向复兴。

(一) 佛教文物的发现

印度佛教古文物的发掘始于 18 世纪中叶,这一时期可谓是佛教的复兴时期。欧洲的考古探险队在各地先后所挖掘出的阿育王石柱、石窟以及数目庞大的梵文经典等等,使得古老的佛教也伴随这些历史古迹重现于世。

大约从 1750 年开始到印度独立前后,英国人在印度各地陆续发现一些阿育王石碑、石柱及石窟。这些发现无疑给古代印度的语言或是民情风俗的研究、考证、判断等都提供了非常重要的线索。最早的是 1750 年在印度德里·密鲁特(Dehli-Meerut)发现的一个阿育王碑柱碎片,随后阿育王时期的碑柱和洞穴铭文陆续被发现。为了向世人介绍这些发现成果,1784 年,威廉·琼斯(William Jones)在加尔各答创办了孟加拉亚洲学会(The Asiatic Society of Bengal),这个学会积极从事东方学的研究,学会的宗旨是研究、收集、解读考古学、人类学、地质学和动物学等方面的成果,有会

---

① 由于埃德温·阿诺德对佛教的贡献,他曾受到印度政府及泰王的加冕,也曾被维多利亚女王赐予爵士勋章。

刊《亚洲研究》供学者发表研究文章。在琼斯的主持下，发表了一系列的论文，影响很大。1801年，霍尔上校（Captain James Hoare）首次在孟加拉亚洲学会刊物上发表了他对德里·多普拉（Delhi-Topra）碑柱的研究报告，报告引起了学者们对阿育王石柱法敕（Asokan lipi）的注意力和解读兴趣。1819年，在西印度与奥兰加巴（Aurangabad）的东北方发现阿旃陀石窟群（The Ajanta Caves），这一窟院群是印度考古中最具权威和影响的发现。石窟的洞内保存了历时千余年的僧院建筑、佛像雕刻和佛传、本生绘画等艺术形式，其规模之宏大、笔致之精妙、保存之完整，世无所匹。

　　1822年，泰德上校（Major James Todd）在基尔那尔（Girnar）发现第一座阿育王石碑法敕。1834年，伯特（T. S. Burt）在孟加拉亚洲学会的期刊上发表碑柱法敕的复制本。1836年，一些摩崖、石板和石柱诰文也在印度许多地方被发现。孟加拉亚洲学会的普林斯（Prinsep）苦心研究，至1837年解读出以普拉克利特文所写的敕文，并经过研究最终确认法敕中的关键人物就是印度历史上著名的佛教帝王阿育王。阿育王石柱敕文的解读和阿育王的身份证明，大大地丰富了印度和佛教的历史。

　　除此之外，其他佛教遗迹也相继发现。特别值得提出的是康宁汉爵士（Alexandar Cunningham），他于1851年打开了中印度博帕尔（Bhopal）的桑奇（Sanchi）三号塔，从中发现了舍利弗和目犍连的遗物。鉴于他对印度考古的贡献，印度政府于1861年指定他为考古测量局局长，而他也对印度佛教遗迹的发掘留下了许多重要的著作。[①] 1870年，他又挖掘出巴尔胡特（Bharhut）大塔，随即出版《巴尔胡特佛塔》（*Stupa of Bharhut*）吸引人们关注印度古老的佛教圣地。1881年，康宁汉根据《大唐西域记》等资料调查挖掘，又令菩提大塔重现于世。这一发现在当时引起一时轰动，甚至

---

　　① 康宁汉爵士关于佛教遗迹的著作有：*Ancient Geography of India*, *Part I*, *the Buddhist Period*, *Maha Bodhi or the Great Buddhist Temple at Buddha Gaya*, *Gorpus Inscriptionam Indicarum* 等。

也激发了后来达摩波罗来此重修佛教圣地的举动。除了康宁汉的发现外，1896 年，尼泊尔西部城镇的官员克哈德卡（Gen. Khadga Shumsher）和德国著名考古学家费约赫尔（Dr. A. A. Fuhrer）在蓝毗尼（Lumbini）发现阿育王石柱，石柱上的敕文刻有"释迦牟尼佛诞生于此地"的句子；两年后又于蓝毗尼发现一个藏有佛陀舍利子的舍利塔，塔上刻有"此乃圣人佛陀舍利的舍利子"。这两项重大的发现在当时可谓轰动世界，经过多次考察，最终确认了蓝毗尼即为释迦牟尼的诞生地点，证明了释迦牟尼存在的历史真实，也加速了佛教在印度的复兴。

如此众多的考古发现，促成了印度及其他国家竞相研究佛教的风气，从而刺激了印度文艺复兴的发生，一时间，佛教文学作品纷纷而出。以温特尼兹（Winternitz）用法文发表的《印度文学史》（*History of Indian Literature*）为发端。1844 年，鲍诺夫（Burnouf）出版了第一本关于佛教史的书籍。1852 年，法文版的《法华经》出版。丹麦学者豪斯贝尔（Micheal Viggo Fausboll）则埋首巴利文本的研究，于 1855 年出版了拉丁文版的《法句经》。1881 年，又有英译本的《经集》问世，1877 年至 1897 年，阿育王石柱上的《本生经》也被译为英文发行，同时还有巴利文律藏也以英文版问世。

（二）佛教组织的建立

佛教文物的出土及学术和文艺活动的活跃，唤起了考古学家和学者们对印度佛教研究的觉醒。1891 年至 1947 年年间，出现了一些印度佛教复兴组织，具体有：摩诃菩提协会（Maha Bodhi Assoication）、佛教圣典协会（Buddhist Text Society）、南印度佛教徒协会（South India Buddhist Association）、阿萨姆佛教协会（Assam Buddhist Association）等，这些组织在印度佛教复兴的活动中起到了重要作用，相比而言，印度本土关于佛教复兴的组织的建立则稍晚。

1891 年是近现代印度佛教史上非常值得纪念的一年，安倍德卡尔恰好在这一年诞生。这一年，斯里兰卡僧侣达摩波罗设立摩诃菩提协会，孟加拉创建了孟加拉佛教徒协会①。直接有助于当时印度佛教弘扬的是近代第一位印度比丘马哈维亚（Ven. Mahavira），他决定定居佛陀涅槃的圣地——拘尸那罗。此前的拘尸那罗毁坏严重，被当地居民传为鬼魂出没的地方。马哈维亚定居于此后，修复圣城旧貌，于1902年在拘尸那罗兴建了近代以来印度第一座佛教寺院，使印度佛教徒有机会前往朝圣，佛陀的涅槃地佛法重现。1903年，克利帕萨伦·马哈斯特维尔（Kripasaran Mahasthavir）在加尔各答建立另一所佛教寺院，这座寺院也成为孟加拉佛教徒协会的总部，自此，孟加拉佛教徒协会吸收了不少孟加拉人投身佛教。1931年11月，达摩波罗又在佛陀首次讲道的鹿野苑设立了穆拉甘陀库提精舍（Mulagandhakuti Vihara），吸引了来自世界各地的佛教信徒。

1947年后，佛教在印度已经显露出复兴的曙光。独立后的尼赫鲁政府曾举办大型的佛陀成道两千五百年纪念活动，联合国教科文组织也致力于修护佛教遗迹。为了配合佛教复兴的形势，印度政府还特别设立考古部，派遣人员四处探寻佛教遗迹，并制定保护政策，规定凡是已被发掘出土的，均加以保护并整理其周边环境，同时在加尔各答及鹿野苑等地建立博物馆，储藏和陈列佛教古物，供各国学者及朝圣者观摩参礼。

小　　结

佛教在印度的复兴深刻影响到这一时期的印度社会改革家们，他们往往将佛教作为印度传统文化来汲取力量和阐发改革思想。安倍德卡尔之前的印度社会改革家辛德（Shinde）受到普勒改革思想的影响，1906年建立了印度受压迫阶级传教会（the Depressed Classes Mission Society of India），这个组织将佛教描绘成可以替代印度教的具有积极人道主义的哲学。另一个安倍德卡尔之前的社会运动是泰米尔佛教，其奠基人是梵学家萨斯（Iyothee Thass），他深受泰

---

① 19世纪时的孟加拉仍属于印度。

米尔文学影响，反对宗教仪式和偶像崇拜。萨斯对佛教的态度与西方学者的观点是相似的，他赞同佛教是具有强烈理性、平等主义和个人主义的宗教。他认为不可接触者原来就是佛教徒，而他们的宗教身份由于几个世纪的印度教徒的宗教迫害被人们遗忘了。在他看来，理性的、人道主义的佛教在反婆罗门教的斗争中有着修辞学上的益处。1891年，萨斯领导了一个达利特代表团，遇到了神智学会的奥尔科特上校。萨斯请求奥尔科特帮助恢复重建泰米尔佛教，奥尔科特帮助他访问斯里兰卡并接受佛教启蒙仪式（Diksha）。回到印度，萨斯创建了释迦佛教协会（Sakya Buddhism Society），目的是提升佛教的地位使之成为实现低等种姓社会解放的代理者。他的组织主要集中在马德拉斯，分支机构则分散在各地。1907年萨斯还创办了一份周刊，成为释迦佛教协会的时事通讯。萨斯的运动取得很大成功，其影响一直持续到20世纪，1950年安倍德卡尔在前往世界佛教大会的途中曾经拜访了这个协会。

正是近代以来佛教在西方的兴起和在亚洲国家的复兴势头为安倍德卡尔提供了在印度重新复兴佛教的希望和动力，而近代以来佛教复兴过程中出现的佛教现代化的新趋势也为安倍德卡尔构建自己的新佛教体系提供了思想灵感。

第二章

安倍德卡尔与"达利特"运动

达利特,在梵语中意为"被压迫的",在印地语中意为"破败的,分散的",这个术语主要用来指代不可接触者,即贱民。达利特是被排除在印度瓦尔那制度的四个种姓之外的,因此他们把自己描述为班查玛(Panchama),即第五等级——不接受再生典礼的人。达利特不像其他国家、其他民族中的种族少数群体,他们是印度特殊社会结构中的少数团体,他们和高级种姓的区别不是身体上和生理上的,而是字面的和隐喻性的。达利特的贱民地位来源于印度宗教文本的描述,在《梨俱吠陀》的原人歌中描述大梵天的身体的四个部位组成了印度社会的四个等级,即婆罗门、刹帝利、吠舍和首陀罗四个次序递减的等级,而不可接触者是从造物者的身体之外生出来的,是与梵天的后代不同的物种。在《摩奴法典》中,达利特被描述为"污染的",达利特的"不洁"是与生俱来的,印度宗教体系中认为他们的存在本身就是一种亵渎。种姓制度的又一特征是与出身相关的职业世袭,达利特,他们所谓的贱民称谓也始于所从事的特殊的"不洁净"的工作,诸如清理粪便、为牲畜剥皮、制革、清道夫、清理死尸等被视为污染的工作,这种对于"污染""不洁"表示畏惧的强迫性心理深深植根于婆罗门等种姓印度教徒的心中。由于种姓制度和印度教的固化作用,达利特成为"耻辱的承受者"已经有三千多年,生活在印度种姓等级的最底层,他们永远被视为是肮脏的。

第一节 社会改革与政治斗争

安倍德卡尔是一个真正的实践者。他积极投身社会运动，在实际斗争中适时地调整策略为贱民争取政治、经济和社会权利。同时他积极参与政治生活，倡导社会改革，在现实中为贱民政治地位的提升和社会境遇的改善奔走呼号。他始终以推翻种姓制度为目标，为贱民改善生产、生活条件，争取平等和自由。他的斗争目标和出发点使得他与甘地为代表的印度社会主流发生矛盾，他所采取的一些斗争方法也引起印度社会上层的强烈反对，招致非议和误解。

一 印度历史上为贱民争取平等的斗争

事实上，印度几千年的发展历程中，对于婆罗门教和种姓制度的反对之声一直没有停息，也涌现出了众多的思想和流派为贱民争取平等权利。公元前6—前5世纪曾经出现了反对正统婆罗门教的沙门思潮。其中，佛陀和耆那大雄都致力于寻找建立在平等主义基础上的慈悲理念和简单信仰来反对婆罗门教的等级观念和复杂仪式。佛教是印度历史上最为著名的印度教社会的革命运动，由于它的平等主义的主张吸引了大批信徒，获得重大发展，这也导致日后婆罗门教不得不改革自身，吸收佛教等其他宗教思想，转变成为后来的印度教。因此从某种意义上来说，印度古代历史也可称为佛教与印度教的斗争史。

中古时期，巴克提运动在14—15世纪兴起，涌现出了诸多流派和代表人物，比如卡比尔和米拉拜，他们都试图否定婆罗门祭司的权威，倡导去除不可接触制，最突出的特点就是平等主义思想。然而巴克提运动没能最终改变种姓制度的运行，主要原因是这些"圣人"在精神上没有脱离正统信仰主体，而是陷入了某种神秘主义边缘，尽管他们曾经流行一时且影响巨大，但是没能对这种延续三千年的信仰造成根本威胁。

近代以来，随着西方殖民扩张，基督教传教士成为挑战种姓传统的先遣力量。一些学者研究认为，种姓作为一个概念范畴被挑战是在基督教传教士到来之后才开始的，传教士们通过扩大达利特的教育的机会，激发了他们激进的理念和反抗精神。在传教士的倡导和英国殖民当局的管理之下，最早的向不可接触者开放的特殊学校建于19世纪40年代，正是从这些学校产生了第一批达利特积极分子、作家和政治家。殖民时期，虽然大多数达利特人还从事以前的职业，但是有一些开始成为东印度公司的军队服务人员，例如马哈尔人，这使得他们能够达到生活富裕的程度，成为达利特人中的中坚分子、精英成员。近期有达利特作家就达利特如何受到关注的这一历史过程认为"英国人来得太晚也走得太早了"。它从一个侧面也证明了这样一个事实，即如果没有英国殖民统治，达利特人可能永远得不到进入学校的权利。

19世纪，印度传统的巴克提运动和来自西方的理念相遇，兴起了一系列社会改革运动。社会改革首先由一部分受过教育的高等种姓精英倡导，当他们接触到西方民主和理性的观念之后，保护寡妇权利，禁止萨蒂制度①和拒绝种姓的斗争开始了。印度的反种姓抗争始自佛教、耆那教和巴克提教派，发展到近代的自由人道主义形式，是从普勒（Jotirao Phule）在马哈拉施特拉的斗争以及后来托马斯瓦米·奈克尔（E. V. Ramaswami Naicker）在马德拉斯的斗争开始的。

普勒（Jotirao Phule，1827—1890）曾发表强硬的言论反对种姓制度和婆罗门，他借用基督教传教士的论据"拒绝印度教中的虚构世界"。1873年，他建立"求真社"（Satyashodhak Samaj）发表激进观点，认为婆罗门利用了他们在殖民统治下获得的宗教权威和行政权力压迫其他部分的社会成员。虽然"求真社"的活动主要局限在马哈拉施特拉，但是他的理念作为反对种姓的意识形态，其影响力在随后印度的社会斗争中浮现出来。

---

① 萨蒂制度（Sati）就是寡妇跳入火烧丈夫的柴堆里陪葬，人们习惯称之为陪葬制度。

普勒之后，可以被视为安倍德卡尔运动的先驱的是托马斯瓦米·奈克尔（E. V. Ramaswami Naicker，1879—1973），奈克尔发起了"自尊运动"，倡导对种姓，特别是"雅利安婆罗门"进行强力打击，他发起了强行进入印度寺庙的运动，坚持无神论，烧毁了《摩奴法典》。① 普勒和奈克尔都将自己定位为不仅反婆罗门而且反对种姓制度，亲近贫困阶层，他们为安倍德卡尔的运动风格提供了背景。

其后，甘地领导的运动以及最终安倍德卡尔领导的强大的达利特运动组成了意义更加重大的反种姓传统的革命，使得这场革命波及的不仅是受过教育的印度教精英分子，还有更广大的、普通的被压迫的下层群众。尽管甘地和安倍德卡尔彼此敌对，在寻找解决贱民问题的原因和道路的问题上各走各的，但二人都是在这种社会背景下成长的。

正如安倍德卡尔所说，印度历史出现了许多圣人想除去不可接触制，吸引和提升"颓丧阶级"，但是每一个都失败了，"圣雄"来了也走了，但是不可接触者还是不可接触者。他认为甘地的哲学是为富裕阶级和有闲阶级服务的；甘地的运动是保守的、是由上层种姓、资本家发起的，他们拒绝印度社会的全方位转变。而安倍德卡尔认为没有社会革命的政治民主是无意义的，这种观点对于国大党的上层种姓来说则太过激进。安倍德卡尔是一个精力旺盛的领导者，发动了一系列充满想象力的激进的反抗斗争——从禁止贱民从寺庙池塘取水喝，烧毁《摩奴法典》，直至1956年改信佛教作为对印度教的最后弃绝，他的行动照亮了达利特群体。

二 非暴力抗争

安倍德卡尔发动的第一场反对印度教的斗争是在马哈拉施特拉的马哈德（Mahad）。1927年3月，在他的领导下，贱民在历史上

---

① 奈克尔在当今印度仍有追随者和影响力，但是印度一些学者认为一些号称追随奈克尔的政党却已经偏离了他的理性主义和无神论，堕入了各种形式的印度教蒙昧主义。

首次宣示他们在公共池塘取水的权利，碰巧马哈德当局1924年突然开放仇达尔（Chowdar）池塘给贱民，但是种姓印度教徒不许他们使用池塘。1927年3月19日，1000名贱民响应安倍德卡尔的号召，在马哈德集会，在大会的致辞中，他号召人们为权利而战。他说："我们只有学会自助才能获得自我提升，恢复自尊，得到自知之明。"① 第二天，贱民从会议地点向池塘行进，一路上平静而有秩序，在安倍德卡尔的带领下，来到仇达尔池塘，要求他们从池塘取水的基本人权。安倍德卡尔说："镇上的印度教居民看到这样的场景，被风暴吸引了，目睹从未见过的景象他们被惊呆了，那一刻，他们似乎被吓得手足无措。很快，这些印度教徒意识到发生了什么，他们狂怒地对那些敢于染指水源的贱民实施了各种暴行。"② 后来，这些印度教徒在婆罗门祭司的吟诵中，用108只陶罐盛满了牛粪、牛尿、牛乳和牛奶浸在池塘中来净化水。这更加激怒了贱民们，他们再一次包围马哈德，要求他们从公共池塘取水的权利。

1927年10月25日，有超过15000名志愿者再次在马哈德集会。安倍德卡尔在这次大型会议上致辞说："这次大会召开的目的是要打出平等的旗帜，可以联系到1789年法国召开的国民大会。我们的目标是在社会的、宗教的、公民的和经济的事务中同样取得成功。我们要公然地打碎种姓制度的钢铁框架。"③

安倍德卡尔致辞完后，大会通过了一些决议。在第一个决议中，否决了印度教社会中的不平等的有害原则，否决了印度教的一些等级享有的社会和宗教利益，否决了所有对于贱民的思想和行为所强加的宗教、社会和经济自由的种种限制；要求必须不能妨碍人们使用公共道路、公共水井和池塘，公共神庙以及所有其他公共设

---

① Dhananjay Keer, *Ambedkar: Life and Mission*, New Delhi: South Asia Books, 1990, p. 71.

② *Dr. Babasaheb Ambedkar: Writings and Speechs*, Vol. 5, Government of Maharashtra, Bombay, 1989, p. 250.

③ Dhananjay Keer, *Ambedkar: Life and Mission*, New Delhi: South Asia Books, 1990, p. 89.

施；并且否认印度教种姓制度。

第二个决议与《摩奴法典》相关，具体内容为："考虑到这样的事实，法律是以《摩奴法典》的名义宣布的，这个印度法律的制定者、被印度教徒认可作为法典的《摩奴法典》，它的内容正在侮辱低等种姓的人，打算剥夺他们作为人的权利，压碎他们的人格。与整个文明世界所认可的人权比较而言，大会认为《摩奴法典》没有资格享有任何的尊敬，它不应当被称为圣书。最后，作为对法典包含的虚伪的宗教外表下的社会不平等制度的抗议，大会决定当众烧掉一本以示对它的极度蔑视。"[1]

最终，非暴力抵抗运动由于地区长官的调停停止了，安倍德卡尔致信大会要求代表们等待法院的裁决，经过与孟买高等法院长时间的诉讼，贱民们要求使用仇达尔水塘的要求直到1937年才最终获得许可。

安倍德卡尔领导的反对印度教的第二次主要斗争是在纳西克（Nasik）。这次斗争的目的是要求贱民进入印度教神庙的权利。斗争的地点选择在著名的卡拉拉姆（Kala Ram）神庙。从1930年3月2日开始，神庙门口的非暴力斗争坚持了五年之久，直到1935年10月，由于印度教徒毫无理由的拒绝而徒然无果。这使得安倍德卡尔更加坚信印度宗教是对平等充满敌意的，是对自由毫无概念的，是反对博爱的，而且它不可能改革，不可能改变，只能被抛弃或者被推翻，贱民要想获得解放只能放弃印度教。

于是，1935年10月13日，他在靠近纳西克的耶奥拉（Yeola）召集了会议讨论贱民未来的行动方向。在这次会议上，安倍德卡尔提出了改信的呼吁，他说："改变你们的宗教可以获得所有，什么都不会失去，除了枷锁。"对于他自己，他说："我自己已经决定改信，我改变信仰是必然的事情，我告诉你们，我改变信仰不是为了获得任何的物质利益，而纯粹出于精神的理由。"他说明了放弃

---

[1] *Dr. Babasaheb Ambedkar*: *Writings and Speechs*, Vol. 5, Government of Maharashtra, Bombay, 1989, p. 99.

印度教的原因："印度教不符合我的道德心，不符合我的自尊。"他预言道："我不幸地生而为一个印度教徒，但是我庄严地向你们保证，我绝不作为一个印度教徒而死去。"[1]

1927—1935年间，初出茅庐的安倍德卡尔号召不可接触者群众发起的各种抗争运动，都是以非暴力的方式向种姓印度教徒争取用水权和入庙权等基本权利，希望能够借此唤起种姓印度教徒的良心，以平等的态度对待不可接触者。但事与愿违，经过多年斗争后仍无所获，这使得安倍德卡尔对印度教深感失望，彻底丧失了在印度教内部进行改革的信心，也使他萌生了放弃印度教信仰，改宗其他宗教的想法。因此，他最终决定停止有关改革印度教的工作，开始致力于通过政治斗争和经济斗争提高贱民的社会地位和生活水平，同时，他研究各种宗教和思潮，力求为贱民寻找到一个可以提供自由、平等和博爱的新宗教。

三　借助外部力量，改善贱民处境

贱民斗争之初，由于力量尚薄弱，安倍德卡尔不得不寻求与外部优势力量合作来为贱民争取利益，这种合作主要体现为与英国人的合作。西方现代理念的输入给印度传统社会带来了巨大冲击，引起了印度国内人士尤其是一些领导人对英国产生了不同态度。由于出发点不同，安倍德卡尔与甘地就对待英国殖民者的态度上发生了分歧，安倍德卡尔认为英国人的统治会使"印度拥有一个统一的中央政府；且这个国家中无论信仰何种宗教的人都会认为自己是这个政府所管辖的一部分"[2]。而"敌视英国人的统治将会给印度人民带来更多的灾难，同英国人合作是一个审慎的决定，这样可以使低等种姓的权利得到保障"[3]。二战爆发时，国大

---

[1] Dhananjay Keer, *Ambedkar*: *Life and Mission*, New Delhi: South Asia Books, 1990, pp. 252 – 253.

[2] Ibid., p. 322.

[3] Dhananjay Keer, *Ambedkar*: *Speech in Bombay Lagisiation Assembly*, Bombay, 1938, p. 306.

党对于英国总督未征求印度人民的意见擅自宣布对德作战不满，各省政府官员纷纷辞职。1939年10月，安倍德卡尔领导的印度独立工党投票决定与英国人合作，参加反对纳粹德国的战争。安倍德卡尔期望通过无条件帮助英国来获得其对印度社会改革的支持。

战争期间，安倍德卡尔加入了英国驻印度总督委员会，成为劳动部的成员。这个职位使得他能够更加直接、有力地帮助不可接触者改善境遇。他在任职期间制定了《印度工会修正法案》，在法案中强迫印度各企业承认工会的合法性，并要为工会的发展——尤其是代表权方面——提供充分的保障。1943年11月，他代表贱民向英属政府提出政治权利的要求，他强调："政府之中应有不少于8.33%的席位属于表列种姓……而且在教育技术部门也要保留这些席位；在制宪会议中也要增加一个（低等种姓）席位，在高级种姓掌控的议会中也要为（低等种姓）保留一个席位。"[1] 为了让更多贱民参与政治，他努力在政府职位中争取增加不可接触者的数量。他对殖民当局提出要求，应当将不可接触者也作为一支少数派力量，像印度的基督教徒、穆斯林、锡克教徒和袄教徒一样，在议会中拥有固定的席位。然而英国殖民政府却漠视他的要求，没有为不可接触者保留任何席位。为此安倍德卡尔对英国殖民当局的做法表示了抗议，他说：殖民当局的做法"将我带回到过去那段黑暗的日子，这是我们无法容忍的，我们决定坚决抵制任何灾难降临到我们的人民身上"[2]。

安倍德卡尔在英国殖民政府任职期间为贱民争取政治权利做出了不懈的斗争，取得了一些成绩，也使印度贱民开始了拥有政治权利的基本意识。但是，他试图借助英国人的力量推翻种姓制度的愿

---

[1] Christophe Jaffrelot, *Dr. Ambedkar and Untouchability: Analysing and Fighting Case*, London, 2005, p. 98.

[2] *Dr. Babasaheb Ambedkar: Writings and Speechs*, Vol. 5, Government of Maharashtra, Bombay, 1989, p. 447.

望并未实现，1945 年 5 月，他提出任命一位贱民议员的要求，未获通过。安倍德卡尔为了贱民的利益还曾致信一些其他国家的领袖，如丘吉尔和艾德礼，丘吉尔以保守党名义回复他，声称将保护南亚次大陆贱民的未来，并将以美国《独立宣言》为基础为贱民提出更加宽泛的——人人生而自由平等，理应享有追求自由和幸福——的权利。1946 年 7 月，安倍德卡尔在给亚特兰大大学杜比亚斯（Dubious）教授的信中，请求他在联合国大会上提出解决贱民出路的问题，但由于英国迅速宣布印度独立而未能实现。[①]

二战结束后，随着英国在印度的力量逐渐减弱，国大党开始控制局势成为印度的政治主导力量。迫于形势，安倍德卡尔不得不同国大党妥协，与之合作，寻求贱民的解放之路。1947 年，印度独立后，鉴于安倍德卡尔的政治影响力，他被尼赫鲁总理任命为第一任司法部长，并同时被任命为宪法起草委员会的委员长，主持了印度独立后第一部宪法的制定工作。最终由于这一特殊贡献他赢得了"现代摩奴"的美誉。由他草拟的宪法中，不可接触者应该享受的基本人权以法律的形式被确定了下来。与此同时，安倍德卡尔坚持将不可接触者认定为印度政治中的少数派，呼吁在中央政府和地方政府中实行单独选举，为此他多次向政府提交备忘录，但均被以可能分裂印度国家为由拒绝了。

四　政党斗争

与英国殖民政府和国大党的合作失败使得安倍德卡尔看到了通过与政府合作来解放贱民是不可能的，其根源在于贱民自身力量弱小，无法在政治领域获得发言权。随着安倍德卡尔的领导地位的巩固和贱民力量的壮大，他开始转而依靠贱民自身力量进行斗争。为了最大限度地团结下层群众，形成自己的组织和优势力量来为下层群众争取政治权利，安倍德卡尔为贱民建立了一些政党，试图以政

[①] Dr. Braham Parkash, "B. R. Ambedkar-Fuel of Modernization in India", *The South Asian Academic Research Journals*, Vol. 3, Issue 6, June 2013, p. 101.

党政治来团结贱民，组织斗争。

（一）独立劳工党

安倍德卡尔认为，在印度，工人受到上层种姓和资本主义的双重压迫，而资本家和上层种姓属于同一社会阶层。于是，1936年，由他主导成立了第一个地区性政党独立劳工党（LIP），劳工概念涵盖了印度所有的受剥削阶级，范围明显大于贱民。其目的是在法律允许的范围内争取到相当数目的议会议席，最终主导政权，为大众谋取福利。与此同时，印度的共产党也成立了，印度的共产主义者以马克思主义为指导，团结劳动者进行斗争。印度共产党认为劳资双方的矛盾为现代工业社会的主要矛盾，经济问题是印度社会最根本的问题。安倍德卡尔也承认劳资矛盾的重要性，但是与共产主义者不同的是，他认为种姓的宗教矛盾才是印度社会的最主要的矛盾，若不首先废除种姓制度，不铲除印度教，劳资矛盾永远不可能解决。印度的共产主义者认为首先应该铲除资本主义，而不是种姓制度，经济上的不平等是种姓的根源，而不是种姓制度。安倍德卡尔对印度社会的分析则是：阶级并不是印度社会的基本单位，种姓才是。种姓之间斗争的重要性要大于阶级斗争。如此，安倍德卡尔领导的独立劳工党与印度共产党在斗争理念上产生了巨大差异，安倍德卡尔公开地批评印度共产党的目的是要利用下层人民实现自己党派在政治上的胜利，它对下层人民的感情不是真实的，而是一种自私的利用。安倍德卡尔还反对在印度实施马克思主义式的革命斗争，他认为这种革命方式不适合印度国情，他说，"人们不会加入一场仅仅是为了财产平等的革命，除非这场革命会带给他们种姓的平等；（除非）这场革命后，人人会得到平等的对待"[①]。

印度独立劳工党的主要目标是推翻种姓制度，而印度共产党的主要目的是为了推翻剥削阶级。安倍德卡尔对马克思主义和印度共产党的质疑源于其个人深刻的个人体验，因为按照经济条件、教育

---

① B. R. Ambedkar: *Writings and Speeches*, Vol. 5, Bombay: Govt. of Maharashtra, 1989, pp. 101–102.

背景等因素，接受过欧美高等教育、在政府中享有相当政治地位的他本应受到人们的尊敬，上升为上层阶级，但是在印度他仍然摆脱不了由于出身贱民而遭受歧视的命运，这使他能够看到印度的种姓制度所具有的特殊性，即经济上个体的差异并不能决定种姓上、宗教上个体的差异。因此在他看来，经济革命是不可能改变印度受压迫者的命运的。

然而，独立劳工党在争取议会席位的斗争中表现得并不尽如人意，种姓制度成了独立劳工党斗争的最大障碍。由于安倍德卡尔出身于马哈尔，独立劳工党得到了马哈拉施特拉邦的马哈尔人狂热的支持，而来自非马哈尔的贱民的支持却很少。在全国范围内，独立劳工党也处于劣势。独立劳工党所谓的联合所有劳动者的目标远没有实现，最终发展成为一个仅可以联合贱民种姓的政党；此外，由于安倍德卡尔在政党组织管理方面缺乏经验，使得"独立劳工党内部没有年度会议，也没有任何例会，甚至没有一个有效的组织机构来领导整个政党……整个党只听他的，他想集中所有党员的时候，只需要简单给他们打个招呼。整个政党好像雨季里疯长的庄稼，毫无组织，一盘散沙"①。最终，独立劳工党无法代表整个劳动阶级，逐渐失去了马哈尔以外其他种姓的支持，其政治影响力逐渐减弱下去。1942年，独立劳工党宣布解散，被表列种姓联合会取代。

(二) 表列种姓联盟 (SCF)

1942年3月通过的克里普斯方案显示，代表种姓教徒的国大党可能完全统治印度，却未采取任何措施保护被压迫阶级，而是把问题留待英国政府与印度制宪机构解决。这加深了被压迫阶级对国大党统治的恐惧，加深了被压迫阶级与种姓印度教徒之间的隔阂。②这一方案的实施保证了印度穆斯林的地位，然而与穆斯林地位相当的贱民集团的地位问题仍没有解决，贱民情绪受到极大刺激。于是，全印不可接触者在那格浦尔举行大会，来自印度各邦的大约

---

① Dhananjay Keer, *Ambedkar: Life and Mission*, New Delhi: South Asia Books, 1990, p. 300.

② 郭俊超:《"克里普斯方案"对被压迫阶级的影响》,《边疆经济与文化》2007年第2期。

7万名贱民代表参加了此次会议，会议的宗旨是确定今后印度贱民的斗争方案，其结果是成立了泛印度的贱民种姓联盟——表列种姓联盟。表列种姓联盟的建立使印度贱民种姓第一次联合起来登上了政治舞台。联盟宗旨是：作为一个少数派组织，希望联盟像穆斯林一样被承认，表列种姓联盟将为贱民争取权利，不仅仅要取得独立选举权，而且要争取到独立领土。①

但是表列种姓联盟的斗争同样不顺利，存在的问题有：①印度选举制度对贱民组织获取席位不利。②英国殖民当局不信任表列种姓联盟的能力，没有给予必要的支持。③安倍德卡尔把自己的精力更多投入了学术研究中，无暇关注表列种姓联盟，而联盟过于依赖安倍德卡尔个人以至于组织涣散。④联盟的政治影响力弱，无法与实力强大的对手国大党抗衡，国大党利用时机将安倍德卡尔描述为"不爱国者"，影响其公众形象及联盟的影响力。由于种种原因，导致表列种姓联盟在大选中屡遭挫折，争取不到足够的选票，最终政治影响力有限。

（三）印度共和党（RPI）

表列种姓联合会的成立虽然使贱民的政治意识显著增强，但是另一方面它却使贱民难于和其他群体沟通，逐渐游离于社会之外。安倍德卡尔建立政党的目的并不单纯是为了解决贱民受压迫的问题，他的目的是使所有受压迫者能够联合起来。经过独立劳工党和表列同盟的失败，1956年，安倍德卡尔呼吁建立一个新党，他希望这个新党能够不拘泥于种姓，能和其他社会群体合作，借以实现政治上的目标。他的目标是这个新党能够和其他团体，主要是受压迫团体联合起来，以便能够在大选中获取足够的选票，从而为受压迫团体争取到更多的政治权利。为此，安倍德卡尔进行了积极的筹备，然而，安倍德卡尔生前并没能在看到共和党的成立，在他去世后的次年（1957）10月，印度共和党宣布成立，并成为后来领导贱民斗争的主要政党。

---

① 从1926年开始，安倍德卡尔就建议贱民应该开发新的疆域；1929年，他呼吁贱民寻找并开发、占领可以种植的无主土地。

五 宪法斗争

安倍德卡尔领导的斗争是始终以为贱民集团争取政治权利为第一要务,然而他的政党政治搞得不是很理想。印度独立后,安倍德卡尔由于其政治影响力被选为尼赫鲁内阁的第一届司法部长,并被任命为宪法起草委员会委员长。安倍德卡尔在印度宪法制定过程中至关重要的作用得到了多数学者甚至是他的反对者的认可。独立后的印度,政治精英们深受西方民主思想的熏陶,因此印度在制定宪法时并没有过分歧视下层社会群众,在处理政务方面基本体现了人人平等、民主自由的现代原则。在讨论宪法制定问题时,虽然以印度教为主的国大党仍然占据主导地位,但是少数派议员也不甘示弱。如穆斯林势力就提出如若宪法不考虑穆斯林的利益,他们将不承认宪法。其他少数派别也提出相似看法。在这种形势下,安倍德卡尔提出的解决方案获得大多数的支持。因此宪法委员会选择了安倍德卡尔。如此看来,正如一些学者所认可的,安倍德卡尔之所以取得宪法委员会委员长这一重要位置,来自他的个人才能和政治影响力以及艰苦斗争的结果,而并非简单源于尼赫鲁的恩赐。

在整个宪法起草的过程中,安倍德卡尔的作用是举足轻重的。正如宪法委员会的成员之一克里什阿姆特瑞(T. K. Krishnamachari)在宪法大会上所说"议会可能注意到,在你们向宪法起草委员会提名的七名议员中,一名已离开议会由他人取代,一名去了美国,其职位空缺,还有一位忙于国家事务而无暇理会宪法的事情,其余的一个或者两个则由于健康问题可能不在新德里。因此,实际上起草宪法的重任最终落在了安倍德卡尔一人肩上"[1]。由此可见,安倍德卡尔几乎掌控了整个宪法的制定过程,他坚守岗位,最终在宪法制定过程中扮演了决定性的角色,也正是由于这一时期的过分劳

---

[1] Christophe Jaffrelot, *Dr. Ambedkar and Untouchablity: Analysing and Fighting Cast*, C. Hurst & Co. Ltd., 2005, p. 108.

作，损害了他的身体健康，在一定程度上导致他后来过早离开人世。安倍德卡尔坚持维护自己的议案，主张一个西化的、民主的、世俗的宪法。在宗教方面，他坚决反对伊斯兰教和印度教企图在宪法中明确地位的建议，同时，本着公平平等的原则，他认为表列种姓和部落应该得到特别的照顾。由于他的坚持，这些建议基本得到肯定并被写入了宪法。由于安倍德卡尔在宪法制定过程中的特殊贡献，虽然他出身于贱民阶级，但是在印度却享有"现代摩奴""印度宪法之父"的美誉。

六 宗教革命

起草宪法后，安倍德卡尔继续致力于通过制定法律的方式来保护受压迫者和妇女的权利。然而，由于阶级立场的差异，他与当政的以国大党为代表的利益集团在制定法典方面发生了严重分歧，甚至与尼赫鲁及国大党代表发生了争吵。最终，安倍德卡尔提出的一些法典提案未获通过，失望之余，安倍德卡尔宣布退出内阁。

多年的政党斗争和法律斗争的经验和教训使安倍德卡尔意识到，仅仅靠政治斗争来解放贱民是远远不足的，贱民受压迫的深层根源来自自身，即根深蒂固的种姓意识，它使贱民集团形成了长期逆来顺受的心理定式。因此，他认为在印度这样一个宗教国家，要想实现社会革命首先要经历一场宗教革命，宗教革命是社会革命和政治革命的先导，要想实现贱民的解放就要首先从改变贱民的宗教身份和宗教心理开始。从1935年宣布离开印度教起，安倍德卡尔一直致力于研究各种宗教和思潮，希望找到一种能够包含自由、平等、博爱这样的现代理念的新宗教来作为解放贱民的武器。最终，经过多年潜心研究之后，他认可了佛教作为改信的对象。

1950年5月，安倍德卡尔参加了在斯里兰卡的康提举办的世界佛教友谊会第一届大会。此后，他经常公开讨论佛陀和佛教。1954年10月3日，在一次全印度广播讲话中，他说："我的社会哲学铭记三个词：自由、平等、博爱。我的哲学植根于宗教而不是政治科学，是从我的导师——佛陀的教义中获得的。"①

1956 年 5 月 12 日，在伦敦 BBC 的讲话中，他说："我选择佛教是因为它将三个原则结合在一起，这是其他宗教所没有的。佛教教给我们般若、慈悲和三摩地（平等心）。这是一个人的幸福生活所需要的，神和灵魂都不能拯救社会。不幸的是佛陀的教义没有得到完全的阐释和理解，以至于他的信条成了未被充分理解的教条和社会改革的混合体。一旦人们认识到佛教是社会真理，它的复兴将会接连出现，世界将会意识到为什么佛教给每一个人带来巨大的吸引力。"②

1954 年 12 月，安倍德卡尔到缅甸参加了第三届世界佛教联谊会仰光大会。在会议致辞中，他说："我不得不痛苦地说，在伟大的佛陀出生的这块土地上，他的宗教已经衰落了，这件事的发生是任何人都难以理解的。"说到这里，他的眼眶中满含泪水，不得不中断演讲几分钟。此次会议上，他还简单介绍了复兴佛教的计划。

从缅甸回来后，安倍德卡尔集中精力着手改信仪式的计划。他为这一历史性事件精心选择地点，并请求来拘尸那罗的缅甸和尚大长老 U. 钱德拉玛尼（U. Chandramani）作为他加入佛教仪式的引导人。最终选定 1956 年 10 月 14 日在那格浦尔举行仪式，这一天是十胜节。③

在那格浦尔宏大的集会上，安倍德卡尔作为一个佛教徒满怀深情地说："我从 1935 年开始与印度教断绝关系，此后，我一直不断斗争。这次改信给了我无法想象的满足和快乐，我觉得自己似乎从地狱中获得了解放。"④

---

① D. C. Ahir, *Dr. Ambedkar's Vision of Dhamma: An Assessment*, Delhi: BRPC Ltd., 1998, p. 10.

② Ibid..

③ 选择这一天是因为安倍德卡尔认为它是"佛法的荣耀"的吉利日子，公元前 262 年的这一天，伟大的阿育王皈依佛教，并宣布从此他将用仁爱和信念而不是使用武力来统御人民。

④ D. C. Ahir, *Dr. Ambedkar's Vision of Dhamma: An Assessment*, Delhi: BRPC Ltd., 1998, p. 12.

第二章 安倍德卡尔与"达利特"运动

安倍德卡尔带领他的跟随者立下 22 项誓言来保证他们完全放弃旧的宗教而成为佛教徒。这些誓言中，前 8 项是要人们在开始信奉佛教时不再崇拜印度教的神和女神；不要再将佛陀视为毗湿奴的化身；不要执行传统的印度教的葬礼；不要在任何仪式和典礼上雇佣婆罗门祭司；接下来的 2 项誓言重点提出了全人类的平等。第 11—18 条誓言号召新加入佛教的人们实践八正道（正见、正思维、正语、正行、正命、正精进、正念、正静心）和十波罗蜜（即道德、慈悲、平等心、放弃贪欲、精进、忍耐、真实、意志果决、智慧和慈爱），号召人们要过有知识的、行为正确与同情心和谐地交织在一起的生活。最后 4 条誓言责令新加入者放弃印度教，因为印度教是建立在不平等基础上的；并将佛教改为自己的宗教；他坚信佛陀的法是真正的宗教；他坚信自己正在经历精神的再生；他庄严保证自己今后将按照佛陀的教诲生活。[①]

安倍德卡尔带领约 50 万人改信佛教，由此创造了一个奇迹。在此之前的历史上还没有任何宗教拥有如此众多的人，在一个人的主张下，来改变他们的宗教。1956 年 11 月 5—21 日，在尼泊尔加德满都举行的第四届世界佛教友谊会上，安倍德卡尔受到热烈欢迎。从尼泊尔回来时，他朝拜了佛教圣地，参观了菩提迦耶、鹿野苑和拘尸那罗，11 月 29 日回到德里。一周后，1956 年 12 月 6 日，星期二的清晨，他在睡梦中平静地离开了人世。

按照佛教仪式，他的遗体被带回孟买进行火葬。12 月 7 日，有 50 多万人参加了葬礼，这是孟买城从未出现过的大场面。安倍德卡尔本来计划 12 月 16 日在孟买举行大规模的改信仪式，为了完成他的愿望，有 10 万人坚持加入佛教，因此，在葬礼现场进行了改信仪式，参加者举行了三皈依和五项誓戒的仪式。

---

① D. C. Ahir, *Dr. Ambedkar's Vision of Dhamma: An Assessment*, Delhi: BRPC Ltd., 1998, p. 13.

小　结

最早使用"达利特"这个词汇的是 19 世纪浦那地区的社会改革家普勒（Jyotirao Phule），他使用达利特作为不可接触者的术语，并提出印度的历史就是佛教和婆罗门教的斗争史。1935 年，英国殖民政府人口普查期间将所有被认为污染的团体，颓丧阶级（depressed class）统称为"不可接触者"（the untouchables），在安倍德卡尔领导贱民斗争期间，达利特这一名称再次得到推广，同样倡导贱民解放的甘地则称达利特为"哈里真"或者"神的儿子"。印度独立之后，随着贱民运动性质的转变，达利特逐渐演变成一个政治术语。20 世纪 70 年代，达利特困豹党运动[①]兴起，使得达利特这一称谓再次表现出生气，而甘地的"哈里真"则被视作与美国的"汤姆叔叔"等同的称谓，在达利特看来，"哈里真"是一个处于家长式的、居高临下姿态的分类方法，仍然是将贱民置于印度教主导的固化的社会结构中，这个标签较以往虽然表现出对贱民态度的变化，但是仍然居于印度教的社会结构中。因此，今天的不可接触者大多更倾向于使用"达利特"作为他们确定的身份，宁愿选择用"达利特"作为自己身份的指称。安倍德卡尔作为达利特中真正的一员，带领贱民进行解放斗争，由于他的引导使得达利特人的时代真正到来。安倍德卡尔试图用政治权利来武装他们，改善他们的社会、经济、教育和文化条件，从修辞学意义到现实社会生活逐步解放达利特，使他们从被剥夺到走向进步，从背负社会"污名"到接受社会尊敬、安慰和平等对待。

第二节　起源问题与身份重构

安倍德卡尔将毕生精力都奉献给了印度贱民解放的事业，他是一位理论家兼实干家。作为一名接受过西方高等教育的学者，安倍

---

① 困豹党（Dalit Panther）是 1972 年在马哈拉施特拉建立的贱民政治组织。

德卡尔对印度社会进行了深度研究和剖析，写作了大量著作和文章，为贱民提升自己的地位提供思想基础和理论指导。安倍德卡尔运用历史分析方法为贱民的起源问题进行了历史重构，并为贱民脱离印度教提供了一个新的宗教身份，成为贱民解放的精神皈依。从这一层面而言，安倍德卡尔从修辞学的意义上为贱民寻求平等身份和精神提升。

一 安倍德卡尔的历史观

安倍德卡尔声称他借鉴了马克思主义对于古代历史的理解作为史学方法，重构印度历史以便为贱民解放构建理论基础。他从宗教观点出发来考察印度社会，在评估宗教的原则和实践时以"理性"为指导原则。事实上，为了构建完整的印度历史，他充分利用了"他的时代"几乎所有令人信服的观念，从自由主义到马克思主义，更多的则是采用了实用主义的方法。他的历史方法是从印度教社会受害者——即贱民等下层人民的角度来重新呈现印度的历史，其根本目的是为了给首陀罗和不可接触团体找到一个有尊严的历史位置。

安倍德卡尔的"历史方法"试图为印度社会中的下层群体构造属于他们的历史和谱系，以此来质询民族主义的精英和占统治地位的婆罗门给予下层群体的历史定位。他以贱民为出发点的作品解构了印度社会占统治地位的理念构架，因此也激怒了他那个时代的学者、民族主义运动的政治家和正统印度教徒，而他对自己的立场非常自信，宣称这是以"新的洞察力和新的视角"来看待印度的历史和哲学。

安倍德卡尔认为，历史学家应当是精确的、真实的和公正的；摆脱热情，不为兴趣、恐惧、怨恨和喜好所左右，忠实于真实；历史学家应当是历史的见证者和未来的引导者，他必须有开阔的心胸。但是，他也认识到由于历史学家社会角色的不同，会造成对一个案例来说是自然的情感，而对于另一个来说却显得非常的不自然。例如，尊敬和崇拜印度教的神圣文献对于一个婆罗门学者是自然的，但是对于一个非婆罗门学者来说却是非常不自然的。① 在《谁是首陀罗》中，他将这一点表述得更清楚：在面对相同的印度教神圣的文献时非婆罗门学者和婆罗门学者之间的区别，婆罗门学者的态度是毫不批判地赞扬，而非婆罗门学者的态度则是严厉地谴责。安倍德卡尔认为这两种态度对于历史研究都是有害的。因此他说，"我认为我在研究中已经将自己置于这种偏见之外，在关于首陀罗的写作中，在我的头脑中除了'纯历史'之外什么都不考虑"。

安倍德卡尔认为学者们的责任就是无论是以神圣还是世俗的态度来对待文献，最终目的都是要追求真理。他认为婆罗门学者将印度教圣典视为神圣，赋予极大的尊敬和崇拜是非常自然的。因为圣典存在的目的就是保持婆罗门的优越和特权用以反对非婆罗门，那么婆罗门学者不可能对神圣的文献提出批判。同样，他认为非婆罗门学者在精神上保持真实也非常困难，他们往往倾向于在考察那些未经证实的古代文献的真伪时带有非婆罗门的政治精神。对此他表示了自己的态度："（当人们）理解了所谓的神圣经典包含了一个令人憎恶的社会哲学，它对社会退化负有责任时，非婆罗门对此的反应是和婆罗门的反应截然不同的……而我是一个非婆罗门，不但是一个非婆罗门，还是一个贱民。"②

在安倍德卡尔的历史观中，人是历史的缔造者。为此，安倍德卡尔在分析历史变化的原因问题上选择了三种代表性的历史观进行评价，分别是奥古斯丁、巴克尔（Buchle）和马克思。他认为：三者之中，按照奥古斯丁的说法，历史只是神性计划的展开，因此，人类的历史就是不断地遭受战争和苦难直至末日审判——神的计划结束。对于这种历史观，除了神学家外大多数人

---

① Ambedkar, "Who were the Shudras? The Untouchables?" in *Dr. Babasaheb Ambedkar Writings and Speeches*, Vol. 7, Bombay: Department of education, Government of Maharastra, 1990, p. 16.

② Ambedkar, *Dr. Babasaheb Ambedkar Writings and Speeches*, Vol. 7, Mumbai: Government of Maharastra, 1990, p. 16.

是不能接受的。按照巴克尔的观点，历史是由地理和物理现象造成的。依据马克思的观点，历史的发展是经济力量的结果。安倍德卡尔认为这三种观点的共同的局限性在于，他们都不认可历史是伟人的传记，即他们忽视了人在创造历史中的作用。他承认在巴克尔和马克思的理论中确实存在真理，但却认为他们的观点并不能代表全部真理。他认为在历史的所有层面都支持非人为力量而不将人视为历史的创造者是错误的。这些非人为力量是历史发展的决定因素是不容否认的，但是非人为力量的作用也依托于人这一点也应当被承认。[1]

在史学方法上他宣称自己追随歌德的观点，"历史学家的职责是将真实从错误中分离出来，将确定从不确定中分离出来"。他认为历史学家的职责是在特定的情境下重构真实的历史，于是他以贱民身份为出发点来重构印度历史。面对获取文献的困难，他说："当重构历史而没有文献时，或者有文献却不能直接对应这个问题时，（历史学家）所能做的就是努力祛除文献中隐藏的神性，而不是轻易断言（自己）已经发现了真实。（历史学家）能做的工作是收集过去的残存物，将它们集中在一起使之能够告诉人们曾经发生的故事。这就类似于考古学家从一些破碎的石头中建构一个城市，而古生物学家则用散乱的骨头和牙齿（化石）复原出一个灭绝的动物，画家从地平线的线条和小山斜坡的痕迹勾勒出一幅风景。"[2]

关于如何理解印度的社会历史现象和社会道德基础，安倍德卡尔非常重视宗教在其中的作用。他强调宗教的必要性，宗教作为一种制度或者社会要素，不仅缠绕在印度历史的方方面面，也包裹了印度人的头脑，印度人生活的每一瞬间都被宗教所规定着，要想使印度社会发生变革，印度宗教首先需要经历一场革命。他认为，种

---

[1] Ambedkar, "Ranade, Gandhi and Jinnah", in *Dr. Babasaheb Ambedkar Writings and Speeches*, Vol. 1 Mumbai: Government of Maharastra, 1989, p. 212.

[2] Valerian Roudrigues, ed., *The Essential Writings of Ambedkar*, Delhi: Oxford University Publications, 2004, p. 116.

姓是存在于圣典中的特定的宗教利益的自然结果，取消种姓的威权，就必须首先破除印度教圣典和吠陀的权威，必须破坏天启书和传承的宗教。简单来说，他认为理性和批判分析是用来研究宗教的方法。

安倍德卡尔不仅提倡宗教应当符合理性，而且试图将宗教和政治原则相联系。安倍德卡尔认为种姓是理解印度社会的关键之点。因为种姓是印度社会最为重要的一种制度，整个印度社会体系都是建立在种姓之上的，所有人的行为都取决于种姓，种姓拥有社会的、政治的和经济的含义。简而言之，种姓是印度社会最基本的制度，而且其他的制度诸如国家、民族、家庭、学校等都直接或者间接与它联系或者受它影响。

安倍德卡尔的贡献不仅在于他对于印度历史的研究和写作，更在于他提出了一种甚至比同时代的历史学家们更为中肯的方法来研究印度历史。一方面，他认识到并试图证明历史学家的社会关系在表述历史方面扮演了重要角色，这一点他通过引用婆罗门的情形加以证明。另一方面，通过分析印度的社会经济和历史的变化，他发现印度的这些历史现象总是通过宗教革命反映出来。因此，对于安倍德卡尔来说，宗教在构建和表达印度历史时成为最为重要的范畴，而其中以道德为基础的宗教则代表了理性。他进一步借用马克思主义的方法来分析印度历史，提出以历史辩证法来考察和理解宗教。于是，他带着"印度社会受害者的历史"的观点对贱民起源和佛教历史进行了重构。

二 对种姓制度起源问题的探究

安倍德卡尔是以一位学者的身份出现在印度的政治舞台的，他较早地对印度的种姓制度进行了深入研究。克里斯多夫·贾弗雷多（Christophe Jaffrelot）在《安倍德卡尔博士和不可接触制：与印度种姓制度的斗争》（*Dr. Ambedkar and Untouchability: Fighting the Indian Caste system*）一书中说，安倍德卡尔开始调查种姓制度的起源比印度第一位出版这方面书籍的戈文德·萨达希夫·古德耶

(Govind Sadashiv Ghurye)① 早十年。安倍德卡尔的第一部学术著作是1916年他在哥伦比亚大学戈登·怀瑟（A. A. Goldenweizer）的人类学研讨班上提交的论文，题目为《种姓在印度：它的机制、起源和发展》，直至他去世后出版的《佛陀及其教法》，安倍德卡尔写作和发表了大量的著作和论文讨论种姓制度，尤其是印度贱民耳熟能详的《消灭种姓》。这些著作对印度的种姓制度进行了种种学术剖析，给不可接触者带来了思想上的指导。

在安倍德卡达尔进入哥伦比亚大学之时，西方对于印度种姓制度起源的研究已经形成了几种类型的理论。② 其中在美国较为流行的是"雅利安人入侵论"，它是以种族论来解释印度种姓制度的形成。这种理论认为，种姓制度源于肤色差别，是种族征服的结果。种姓制度形成于雅利安人入侵时期，因为雅利安人为白人，所以将印度土著的有色人种列为下等人，由此形成了以人种进行区分的种姓制度。这种观点尤以美国学术界为代表，因美国自身存在严重的种族问题，因此他们对印度社会也存在类似的看法。对此安倍德卡尔提出自己的不同见解，他认为种族论并不适用于印度社会，种姓制度形成的原因是"模仿"。因为印度婆罗门在获得了统治地位后，形成了一个封闭的阶级集团，这个集团拒绝和其他集团通婚、交往，并将这种封闭性世代传承了下来。而其他集团也纷纷效仿婆罗门集团，目的是为了维护本集团的利益和地位。这一模仿过程后

---

① 戈文德·萨达希夫·古德耶（Govind Sadashiv Ghurye）所著的《印度的种姓和种族》（*Caste and Race in India*）出版于1932年。书中论述了印度人的种族、地区分布以及同种姓集团之间的对应关系。

② 对印度种姓制度的研究，起自19世纪下半叶欧洲"印度学"的兴起。二战之前的研究主要以解释为主。学者们致力于探讨种姓制度的起源。形成了众多观点，其中有代表性的有"瓦尔那论""职业论""种族论""宗教论""雅利安家庭制度论""土著文化论"等。其中影响较大的"雅利安种族优越论"的代表人物是人类学家李斯累（H. H. Risley），其观点为种姓起源于肤色差别，即种姓征服，并以美国历史上黑人的地位为证并得出结论：种姓是种族歧视的结果。参见尚会鹏《种姓与印度教社会》，北京大学出版社2001年版，第13—22页。

来亦称为"梵化"①。

　　安倍德卡尔是第一个以历史分析的方式将种姓概念系统化的思想家，他的大部分的作品都讨论种姓问题。在他之前人们对种姓的讨论往往是基于人种学的和描述性的，而他的方式则是政治的而非民族学的。他试图解释种姓制度的起源和运行方式，目的是让人们能够更清楚地理解种姓制度的受害者们的生活状态。人们一般认为古代印度雅利安人社会是建立在瓦尔那制度上的，社会被分成了婆罗门、刹帝利、吠舍和首陀罗，它以劳动和遗传为基准。安倍德卡尔之前的印度学者一般都将种姓制度看成一种合理、和谐的制度，认为四种姓制度以劳动分工为基础，是科学的，认为它是印度社会最好的组织结构。安倍德卡尔则反驳这种说法，他认为四种姓制度不仅分割了社会，而且分割了劳动者，更有甚者，四种姓违背了自然法和人类进步的精神。安倍德卡尔痛斥种姓制度的不平等，认为它对印度社会是极其有害的。如他所说，印度社会起初是划分为四个瓦尔那——阶级，四个瓦尔那的基础是价值，但是随着时间推移，瓦尔那变成了以出身为基础的瓦尔那即四种姓。安倍德卡尔认为种姓制度是对同一种族的社会分割，不仅是劳动分割也是对劳动者的分割，它强迫人们从事不符合个人兴趣的职业。以瓦尔那制度为基础导致印度社会的重组是不可能的也是有害的，瓦尔那制度已经退化成为种姓制度。四瓦尔那制度阻止首陀罗获取知识，获得经济收益和承受武力，其结果是他们从未发生过暴动，并且从内心极为顺从，他们将这种奴隶状态看作是自己无法逃脱的命运。总之，种姓制度使人麻痹、软弱、失去了活力。他说："在这个制度中，最高统治者是婆罗门，其次是刹帝利，再次是较高级的吠舍，之后是首陀罗，最后则是不可接触者。他们中的每一等级都受到上一等

---

　　① "梵化"概念后经 M. N. 斯里尼瓦斯提出，成为探讨印度社会变化有影响的概念之一。意指一个低等印度教种姓或部落或社会集团，在一个高种姓的引导下改变其习俗、礼仪、思想意识和生活方式，经过一代或者几代人的努力，低等种姓便会接近高等种姓，从而提高自己种姓集团的地位。参见尚会鹏《种姓与印度教社会》，北京大学出版社 2001 年版，第 25—26 页。

级的压迫，较高的等级想推翻上一层却不会和下一层联合起来，因为他们惧怕下一等级的人变成和他们地位相同的人。因此在这个体系当中，除了金字塔最底部之外，没有被完全剥夺权利的人。每一等级的人都享有每一等级的特权，即使是处于下层的人，较之于比他们地位更低的人，也享有一定的权利。如此每一个等级都享有属于自己等级的特权，于是，每一个等级也就竭力维持这种体系。"①正是这种等级间的不平等使得每一个大的种姓分裂为若干小的种姓，这些小的种姓之间相互不承认，相互看不起，因而发生斗争，而每个种姓都竞相模仿上层种姓，争取梵化成为上层种姓，而对同等地位的其他种姓予以排斥，这给种姓之间的联合尤其是下层种姓之间的联合造成了极大的障碍，这就是印度社会之所以很少发生改革和革命的原因。

安倍德卡尔通过他的历史考察认为：种姓制度从源头就不是优生的。它是这样一个社会体系：它体现了印度教中傲慢和自私的堕落层面，那些凭借种姓制度拥有优越社会地位的人使之流行，并利用他们的权威将种姓制度强加给地位低的人。从经济角度看，它也不可能带来经济效率，因为在种姓制度下职业选择不符合人的自然才能。

通过对印度古代文献的历史考察，安倍德卡尔得出结论：种姓是一个概念，是一种精神状态。印度人发现种姓带来的钳制不是因为他们是不人道的和执迷不悟的，而是因为他们是非常虔诚的。发现种姓本身并没有错，错误的是给他们灌输种姓概念的真正的敌人——印度教圣典，正是它们交给了印度人种姓的宗教。因此，安倍德卡尔号召印度人打破对印度教圣典的虔诚，破除圣典和《吠陀》的权威、神学和神性。

---

① B. R. Ambedkar, "Untouchables or the Children of India's Ghetto", in *Dr. Babasaheb Ambedkar: Writings and Speeches*, Vol. 5, Bombay: Govt. of Maharashtra, 1990, pp. 101 – 102.

三 对首陀罗和贱民起源问题的重新诠释

为增强下层群众尤其是贱民参与斗争的自信心，安倍德卡尔对首陀罗和贱民的起源问题发表了自己的观点。关于首陀罗的起源问题，安倍德卡尔的解释是：最初在雅利安人社会中只存在三种瓦尔那，首陀罗不是单独的种姓而是刹帝利的一部分。首陀罗国王和婆罗门之间曾经存在着长期的斗争，婆罗门被这些首陀罗国王羞辱和虐待，于是婆罗门开始对他们进行报复，后来开始将"神"和"无限"的概念附着在宗教法律上，最终成为神圣的法律。婆罗门憎恨首陀罗到了极点以至于拒绝授予首陀罗圣线，圣线在古代社会被预定为一个高等的社会和经济地位①。由于没有圣线，首陀罗社会地位下降，被降至第四级瓦尔那，安倍德卡尔援引印度教神话作为证据予以阐明。

关于贱民的起源问题，安倍德卡尔1948年10月出版了著名的《不可接触者：他们是谁？为什么他们会成为不可接触者》一书，他抨击了西方的雅利安入侵论和种姓和谐论，并对贱民的形成过程进行了详细的分析。他说，贱民的历史可以追溯到遥远的过去。在古代印度遭受的历次入侵中，社会结构不断调整和重组，其中一部分人在不断的欺凌和压迫下脱离主流群体，这一人群被安倍德卡尔称作"破落之人"（Broken men）。根据安倍德卡尔的说法，印度的原始社会最初是游牧社会，人们的唯一财富是牛，他们为了寻找新的牧场而跟随牛四处流动。但是当土地、耕种技术等新的财富类型被发现，社会趋于定居生活，那些定居的部落由于拥有谷物和牛而变得富有，游牧部落和农耕部落之间的战争使得战败的部落被分解，形成小股"破落之人"，这些小股的"破落之人"感到寻求庇护的重要，而定居部落也认为有必要找人承担照看他们的保卫工

---

① 雅利安人在举行"再生"礼后要佩戴"圣线"，"圣线"由3股拧成，材质不同，以示等级差别。法典规定婆罗门男孩佩带棉线，刹帝利男孩佩带亚麻线，而吠舍男孩佩带毛线，作为前三种种姓的标志，没有圣线，则说明他可能来自低种姓或贱民，或者是非印度教徒和信仰其他宗教的印度人。

作，于是这些群体为了解决他们各自的问题达成了共识。"破落之人"承诺负责监视和保卫工作，而定居部落也给予他们避难之处。二者达成协议，一方负责看守和防御游牧部落的袭击，一方则提供粮食和居所作为报酬。鉴于不同的血缘关系，出于策略的考虑，这些"破落之人"被安排居住在定居部落村庄的旁边居住，故而也被称作 Antyaja 或者 Antyavasin，即住在村外的人，这群人就成为贱民的来源，这可能也是后来不可接触者被迫居住在村外的最初原因。[1]

安倍德卡尔进一步从宗教角度分析认为不可接触制的形成是佛教与婆罗门教斗争的结果。他做了两点历史的说明：一是"破落之人"的信仰与村落部落不同，他们的信仰是佛教，他们不承认婆罗门是他们的祭司，从而引发了婆罗门的愤怒，将他们视为不可接触者。[2] 二是佛教曾一度比婆罗门教更为流行，婆罗门为了使其宗教能与佛教对抗，决定食素并停止以动物作为牺牲，并把牛视为圣物，禁止宰杀和食用。而信奉佛教的"破落之人"由于贫穷，仍然食用自然病死的牛肉（佛教中的三净肉），于是，婆罗门便借此将他们隔离，并将他们贬低为不可接触者。[3] 后来，由于受到不公平待遇，这些"破落之人"利用佛教进行斗争，失败后，彻底丧失了地位，沦为种姓金字塔的最底层。于是，安倍德卡尔得出结论：不可接触者就是那些信奉佛教又吃牛肉的"破落之人"。贱民是印度的土著，他们是印度土地的最初所有者，他们生来是和其他高等种姓平等的，而不是印度教所谓的生来就是污秽的、下贱的，而佛教是他们的最初宗教。

安倍德卡尔运用他的历史观，从贱民作为印度社会受害者的视角出发追溯首陀罗和不可接触制的起源，具有十分明确的目的性，那就是要让现实中受压迫的不可接触者与历史上曾经被婆罗门教排挤的佛教徒形成情感上的联结，让处于印度社会底层的人们获得平

---

[1] Dr. Babasaheb Ambedkar: *Writings and Speeches*, Govt. of Maharashtra, Vol. 7, 1990, pp. 275–279.
[2] Ibid., p. 315.
[3] Ibid., pp. 318–320.

等身份的认可和精神解放的自信，以期给不可接触者皈依佛教给予合理性和正当性。

四 对佛教兴衰原因的探讨

安倍德卡尔十分清楚佛教在印度的现状，1950年5月，他在科伦坡的一次演讲中谈及佛教在印度的兴衰，他说："我同意佛教的物质形式已经消失了，但是作为精神力量它仍然存在。"[①] 他认为印度教的发展有三个阶段：吠陀宗教、婆罗门教和印度教，正是在婆罗门教时期佛教诞生了，婆罗门教宣扬不平等，而佛教宣扬平等。他认为佛教并不是在商羯罗[②]之后就在印度消亡了，而是继续存在了很多年，事实上商羯罗和他的老师都是佛教徒。至于佛教在印度衰落以至于消失的原因，他的观点是："一是那些接受了佛教礼仪的毗湿奴和湿婆的信徒大肆宣扬反对佛教；二是在阿拉乌丁·克济（Allauddin Khilji）穆斯林入侵期间，几千名佛教徒被屠杀，结果有一些逃往西藏、中国和尼泊尔，而大部分佛教徒则改信印度教；第三个原因是佛教教义复杂，很难实践，而印度教与之不同。第四个原因是印度的政治氛围不利于佛教的进步。"[③]

安倍德卡尔关于古代印度的社会环境对佛教产生的影响的论断是建立在他对印度历史分析的基础上，他的论断影响了迄今为止的达利特的佛教文献。通过政治语境的描述安倍德卡尔为佛陀时代的政治气候和他所处时代的政治背景构建了相似的情形。通过他的表述，印度已经为佛教复兴做好了准备，从而给予他的追随者以复兴佛教的历史使命感。

---

① Nagendra Kr. Singh, *Ambedkar on Religion*, New Delhi: Anmol Publications Pvt. Ltd., 2000, p. 351.

② 商羯罗：约788—820年，印度中世纪最大的泛院哲学家、吠檀多的著名理论家，他吸收了佛教的一些教义后对后者的婆罗门教进行了改革，改名为印度教，印度教徒很快占据印度，佛教从此一蹶不振。

③ Dhananjay Keer, *Ambedkar: Life and Mission*, New Delhi: South Asia Books, 1990, p. 401.

小　　结

泽利奥特对于安倍德卡尔引导贱民改信在印度历史上的独特性这样评价:"始于 1956 年的佛教改信运动在许多方面有别于伊斯兰、基督教、雅利安社和锡克教的群众改信——它发生的时间是在独立后,它几乎覆盖了整个一个大的种姓,它依靠的是来自整个种姓的一位领导人,它缺乏与任何外界的传教组织的联系,特别是在它的自我意识中将寻求平等与寻找一个新的身份相结合。"[①]

安倍德卡尔相信改信能够作为一种具有明显社会意义的修辞行为产生效用,改信包含了个体和团体身份的自我转换。安倍德卡尔希望与过去完全决裂,通过改信佛陀的法,建立起一个以前不可能的新的身份。但是事实上,改信再生了一个旧的身份,因为对于安倍德卡尔来说,印度的大部分的古代历史是被婆罗门作家故意神化的历史,其目的是便于提高他们的精英地位。安倍德卡尔寻求去神圣化(或者可能是再神圣化更准确)印度的历史,通过他所谓的"佛教证据"试图就贱民在印度历史上的起源问题进行一个更为精确的描画。[②]

安倍德卡尔并没有凭借自己的历史想象发明关于贱民的起源神话。恰恰相反,历史上长期的反婆罗门的宣传中,特别是在位于种姓和南部次大陆的低等种姓中有关于非婆罗门的神话性的历史阐述,这为安倍德卡尔的历史想象提供了基础。由此,安倍德卡尔确立的关于佛教起源的历史重构,最终为他的种姓群体马哈尔接受的是:佛教是一个古老的、土生土长的、倡导平等的宗教,从它起始就是反种姓和反婆罗门的。在古代佛教时代的印度,没有剥削,不

[①] Eleanor Zelliot, "The Psychological Dimension of the Buddhist Movement in India", in G. A. Oddie, *Religion in South Asia: Religious Conversion and Revival Movements in South Asia in Medieval and Modern Times*, 2nd revised and enlarged edition, ed., MO: South Asia Publications, 1991, pp. 191 – 214.

[②] T. H. P. Chentharassery, *Ambedkar on Indian History*, Jaipur: Rawat Publications, 2000, pp. 12 – 13.

存在可接触者和不可接触者之间的对抗；任何人，不论出身于高等或者低等种姓家庭，都可以信奉佛陀的法，所有人都被平等相待；而贱民就是古代的佛教徒的后裔。

对于安倍德卡尔来说，使贱民获得一个新的神话的起源只是他的斗争方法中的一部分。他明白贱民要想获得新的身份还必须依靠社会力量和政治力量。因此，作为宪法委员会的主席，安倍德卡尔力求不可接触制从法律上被取缔，并力求法律条款在那些不愿意接受新印度的地区同样能够得到实施。另外，他还希望能够给予贱民以议会权利，为此需要建立新的政党，贱民地位的改善需要切实的实践斗争和社会改革来实现。

第三节　改信之路和信仰抉择

安倍德卡尔生活的时代是印度社会巨变的时代，经历过英国殖民统治的印度开始了觉醒，摆脱殖民统治，实现了民族独立，印度的社会思潮交织着传统、西方、现代等等因素，而安倍德卡尔本人出身于印度教传统，却接受西方教育，在美国和英国完成了他的学业。在追求贱民解放的事业中，安倍德卡尔经历了思想的艰难选择，为了给贱民寻找可供指导的意识形态，他考察了那个时代最为流行的各种思潮，以及印度历史流传的各种宗教和思想，甚至于对马克思主义进行了研究和吸纳，试图找到一条适合印度贱民也适应整个印度现代发展的道路，最终，经过二十多年的思索，他选择了改信佛教。

一　离开印度教

在结束国外学业回国后的最初十年里，安倍德卡尔对印度政治和经济的变化保持着乐观态度，他认为获得教育、选举权等权利足以使低等种姓融入印度的主流社会，此时的他并没有着手宗教问题。像他那个时代的其他"左倾"的改革家一样，他首先倡导体制改革，期望印度能将宗教和文化领域分割清楚。但是贱民为了行使从水井中取水的权利而进行的痛苦斗争，争取印度教神庙向贱民开放（普纳和纳西克的神庙进入运动），以及他和甘地就非种姓者的独立选举权的殊死争论（著名的 1932 年的《浦那协定》，甘地获胜），这一切使得他意识到如果没有普遍的对于印度教的核心价值观的革命，贱民地位的提升是不可能的。在 1927 年马哈德的不合作运动之时（在这次运动中他焚烧了《摩奴法典》），安倍德卡尔仍然相信可以将所有印度教徒融合为一个种姓，为此，贱民将为印度国家和印度教团体付出最大的努力。但是，随着代表上层种姓民族主义者的国大党将从英国殖民之下获得独立的重要性凌驾于任何内部的社会变革的紧迫性之上，安倍德卡尔对印度教的希望彻底破灭。

安倍德卡尔最初提出离开印度教、改变信仰始于 1935 年。1935 年 10 月 13 日，贱民团体的领导人在靠近纳西克的耶奥拉（Yeola）召开了一次会议，据说大约有一万多人参加了会议，会议通过了如下决议："受压迫阶级应当离开印度教加入其他能够给予他们社会平等和宗教平等的宗教。"安倍德卡尔鼓励和督促受压迫阶级的领导人选择能为他们提供平等地位和待遇的宗教。他发表了强有力的言辞："因为我们拥有称自己为印度教徒的不幸，我们被如此对待。如果我们是其他信仰的成员，谁敢这样对待我们？如今我们需要改正自己的错误，选择能够给予我们平等地位和待遇的其他宗教吧。我不幸拥有了生而为贱民的耻辱，然而，这不是我的错误，但是我将不会身为一名印度教徒而死去，这是我力所能及的。"[1]

安倍德卡尔要求改信的激进言论造成了激烈的反对，他说："宗教是为人的，而不是人为宗教。如果你想要自尊，那么改变你的宗教吧。如果你想创造一个合作的社会，改变你的宗教吧。如果你想得到力量，改变你的宗教吧。如果你想要平等，改变你的宗教

---

[1] Eleanor Zelliot, ed., *From Untouchable to Dalit: Essays on the Ambedkar Movement*, New Delhi: Manohar Publishers & Distributors, 2001, p. 206.

吧。如果你想得到独立自主，那么改变你的宗教吧。如果想要造就一个使你幸福生活的世界，那么改变你的宗教吧。"① 1936 年 5 月，孟买的一次会议上，安倍德卡尔清楚地表达了他号召改信的双重动机："印度教不符合我的道德心，它不符合我的自尊心。然而，你们的改信将给你们带来物质收益，同时带来精神收益。有些人嘲笑改信的观点，认为它是为了物质利益，我会毫不迟疑地称之为傻瓜。我非常明确地告诉你们所有人，宗教是为了人，而不是人为了宗教，为了得到人的待遇，改变你们自己吧。改信是为了变得有组织，改信是为了变得强大，改信是为了保护平等，改信是为了获得自由，改信才能使你的家庭变得幸福。我认为作为一名领袖应当不害怕并乐于告诉人们对他们来说哪些是好的，哪些是坏的，这就是我的职责。告诉你们什么是对你们好的，即使你们不喜欢它，我必须履行我的职责，如今我已经这样做了，现在轮到你们做决定和履行职责了。"②

安倍德卡尔为他的团体提出了他所欣赏的、可称为"功能宗教"的详细特征：宗教必须符合科学。如果宗教不符合科学，它必定会失去人们对它的尊敬并因此成为笑柄，因而不仅仅失去作为掌控生命原理的力量，或者终有一天会瓦解甚至消失。换句话说，一个宗教若要运行，必须符合理性，它是科学的另一个称谓。宗教作为社会道德的符号必须经得起这样的检验，即：宗教只是由道德符号组成是不够的，它的道德符号必须也认可自由、平等和博爱的基本信条。除非一个宗教认可这三个社会生活的基本原则，否则注定失败。宗教不能使贫穷神圣化和高贵化。那些拥有财富的人放弃财富是受祝福的，但是贫穷永远不能受到祝福。宣称贫穷受到祝福的

---

① Dhananjay Keer, *Ambedkar: Life and Mission*, New Delhi: South Asia Books, 1990, p. 255.

② D. C. Ahir, *Ambedkar's Conversion and Its Impact*, in *Ambedkar on Buddhist Conversion and Its Impact*, ed., Sanghasen Singh, Delhi: Eastern Book Linkers, 1990, pp. 4 – 10, 5 – 6.

就是滥用宗教，是使罪恶永恒，是赞同世间成为人间地狱。①

在宣布改信的早期，安倍德卡尔并没有表现出与印度教的完全决裂，而是试图将印度教与历史上的婆罗门教区别开来。1935年11月，在给来自纳西克的种姓印度教代表团的答复中，安倍德卡尔指出：尽管有些人认为宗教不是社会必需的，但是我不持这种观点。我认为宗教基础对于社会实践和生活是必要的。他强调自己拥有非常强烈的宗教情感但是却不信任印度教，因为印度教很久以前曾经是传教者的宗教，接受和欢迎所有人，然而，随着"婆罗门教和它的种姓制度以及祭司技艺的提高"，一整套反民主的价值被介绍进印度教中。事实上，此时的安倍德卡尔追溯久远的历史讨论这些问题，目的是为了说明他想要去除的是历史上所谓的"婆罗门教"，而此时的他仍然对印度教抱有幻想，准备接受印度教代表团的建议将自己与"印度教"再拉上关系。他认为印度教之所以堕落，其根本原因在于祭司，于是他提出了一种方法将印度教从婆罗门教中解脱出来。譬如：打破"祭司职位继承"的理念，通过授予那些通过规定测试（祭司职业考试）的印度人以委任证书使祭司职业民主化，并减少祭司的人数等，这样可以更好地扼制婆罗门教并拯救印度教。② 安倍德卡尔认为要想消灭婆罗门教，必须连根拔除它的糟糕的性别歧视和精英对它的支撑。③

随着他宣布改信，安倍德卡尔收到在他看来"自负的婆罗门"的邀请，他被请求留在印度教内，然而他并没有被他们所描述的印度教的辉煌和伟大所打动，他对印度教的态度逐渐开始变得更强硬，他开始把印度教称作"等级不平等的宗教"，认为"这个等级不平等不是偶然或者意外的，它就是印度教本身。等级不平等是印

---

① Dhagwan Das, *Revival of Buddhism in India and the Role of Dr. Baba Saheb B. R. Ambedkar*, Lucknow: Dalit Today Prakashan, 1998, p. 53.

② V. T. Rayeshekar, *Ambedkar and His Conversion*, Bangalore: Dalit Sahitya Akademy, 1983, p. 27.

③ 安倍德卡尔的这种认识可能源自他之前的普勒（Phule）以及泰米尔人拉马萨米（Ramasami），他们都反对婆罗门教，并将祭司集团视为印度教堕落的根源，并反对崇拜婆罗门教经典文献。

度教的正统教义"。他先后写作了《消灭种姓》《印度教哲学》《印度教的谜团》《佛陀及其教法》等著作来批判印度教，在各种演说中揭示种姓制和印度教的实质，指出这是印度社会中一切不平等现象的根源所在，并肯定种姓制度是印度教的全部。关于四个瓦尔那制度为根基的等级不平等，安倍德卡尔批评道："它是神圣的，没有印度教徒会考虑废除它。因此，印度教集体中的多数，和它的等级不平等的宗教一样，不是一个中间阶段。它是不变的事实和永远的威胁。"[①]

安倍德卡尔在他的著作及在改信佛教前后的许多文章、演讲和谈话中深刻地分析了种姓制给印度社会造成的种种危害，从中可以看出他放弃印度教的根本原因在于种姓制度是印度教的全部和实质。他对于印度教的批判可从如下角度概括：

第一，工业化时代，种姓制度的存在阻碍了印度社会经济的发展。安倍德卡尔认为，印度教徒职业世袭的方式压制了人类的自然本性，使得劳动力不能人尽其才，从而导致印度社会整体社会效率大大降低，对社会经济发展造成极大危害。安倍德卡尔以他的经济学知识分析认为，工业社会是动态的，在此环境中生存的人们应当能够自由地选择职业，才能适应工业化社会快捷迅速的变化。但是在印度所能看到的则是，人们宁愿饿死也不从事不属于自己种姓的职业。他批评说："在工业体制下，最大的毒瘤不是贫穷，而是许多人从事的是强加于己而非自愿接受的工作。"[②] 这种奇怪现象背后隐藏的真正原因是印度教的作用使人们不愿违背教义，甚至对其他种姓所从事的职业形成鄙夷和轻视，这是造成印度大量劳动力失业的原因。不仅如此，种姓制下深深植根于人们心目中的等级观念也使得印度人不愿意同低于自己种姓的人一起工作。从而极大地妨

[①] Bhagwan Das, *Ambedkar's Journey to Mass Conversion*, in *Politics of Conversion*, Devendra Swarup, Delhi: Deendayal Research Institute, 1986, pp. 307 – 323.

[②] B. R. Ambedkar, "Annihilation of Caste", in S. V. Printers, Pahar, Ganj, *Social Justice and Political Safeguards for Depresssed Classes: Dr. B. R. Ambedkar*, New Delhi, 1991, p. 36.

碍了印度发展大工业，进行协同合作。因此，"由于压制人的自然能力而倾向于苛求社会规则，种姓制度对社会经济结构造成了极大的危害"①。

第二，种姓制阻碍社会内渗，不利于印度民主社会的实现。安倍德卡尔的理想社会应当是内渗（Social endosmosis）②的，人们相互之间的关系应当是相互关联的。然而种姓制度将印度人封闭在各自的群体内部，它使各种姓之间的关系也如同死敌，势不两立。安倍德卡尔对于种姓之间的关系做了如此形容："一个种姓唱圣歌反对另一个种姓的就如同德国人唱反对英国人的歌一样。"③ 这种反社会的精神使得人们"只关心自己种姓利益"的现象随处可见。由于这种隔离作用，各种姓之间的相互攻讦，彼此排斥，深深危害着印度社会，它不利于印度民主社会的实现。

1950年，在《佛陀和他的宗教的未来》④一文中，安倍德卡尔列举了印度教的罪恶：

（1）印度教剥夺了道德生活的自由。

（2）印度教只强调服从命令。

（3）印度教法律是不公正的，因为它们对于不同的阶级是不同的。

按照安倍德卡尔的说法，"被印度教徒称为宗教的不过是一大

---

① B. R. Ambedkar, "Annihilation of Caste", in S. V. Printers, Pahar, Ganj, *Social Justice and Political Safeguards for Depresssed Classes*: *Dr. B. R. Ambedkar*, New Delhi, 1991, p. 36.

② 这个词语最早是由法国哲学家亨利·柏格森（Henri Bergson）使用的，之后是威廉·詹姆斯（William James）用来描述头脑和自然之间的交互作用，杜威借用它来作为符号描述社会、群体之间的交互作用。在科学领域，"内渗"是指"一种液体在内部通过一个多孔的隔膜与另一种液体在内部发生混合的过程"。这对于安倍德卡尔关于民主的思考是一个生动的比喻，它传达了流动性，通过通道（管道），团体和个体在民主中被串联起来。因此，一个民主社会的秩序应当存在使发生的变化向各处散发的管道，同时也有各种各样的自由的连接点。

③ B. R. Ambedkar, "Annihilation of Caste", in S. V. Printers, Pahar, Ganj, *Social Justice and Political Safeguards for Depresssed Classes*: *Dr. B. R. Ambedkar*, New Delhi, 1991, pp. 40–41.

④ 此文发表于1950年摩诃菩提协会期刊中。

堆命令和禁忌"。

1935年,安倍德卡尔在耶奥拉会议的讲话中表达了这样的意思:他相信贱民在印度社会所处的"虚弱而低下的地位"仅仅是因为他们是印度教社会的一部分。当试图在印度教社会内部赢得平等地位和基本人权的努力失败后,安倍德卡尔认为,对贱民来说,寻找一个能够给予"平等地位、平等权利和公平待遇"的宗教是必需的。

第三,种姓破坏了印度社会伦理。

安倍德卡尔认为种姓对印度的伦理有坏的影响。它扼杀了公共精神,破坏了公众的慈悲心,限制了民意。它强迫人们忠诚于种姓,印度人的操守和道德中充斥着种姓意识,导致种姓印度人不欣赏其他种姓的优点。人类社会是一个独立的整体,而群体存在于所有社会,就相互影响、交流和包容性而言,其他社会的群体和印度社会的种姓是根本不同的。在印度社会中,每一个种姓只为它自己而生存,尽管印度人在习俗、信仰和思想方面具有相似性,但是他们并不是真正意义上的一个社会或者国家,他们只是种姓的集合。种姓是印度的祸害,种姓使印度病入膏肓,它毁坏了印度种族,破坏了印度社会,使其道德败坏、毫无生气。道德净化在种姓制度下是行不通的,因为种姓意识扼杀了印度教的传教精神,因此哪里有种姓哪里就不可能有道德的净化。

二 对印度各种宗教的考察

贱民决定改变信仰的言论很快散播出去,不久安倍德卡尔获得了世界各地宗教领导人的支持。为了给贱民选择一种能够实现平等的宗教,安倍德卡尔开始了对各种宗教的考察和思索。

(一) 基督教

安倍德卡尔的求学之路使他深入接触到西方社会,他对基督教有着较为深刻和理性的认识,他认为自己是《圣经》的忠实学生,甚至也将自己比作将人们从奴役中解放出来的摩西。安倍德卡尔承认自己被两个伟大人物所吸引,即佛陀和基督。

他看到基督教中所持的人类道德责任感与他的自由、平等和博爱的终极价值是相称的。然而，他也认识到对于社会价值的实现来说，基督教在理论和实践之间仍然有很大的差距。他考察了马哈拉施特拉和印度其他地区的许多教堂，发现在这些教堂中，低等种姓的人被集中安排坐在教堂的某个地方，而高等种姓者坐在他们的前面。于是安倍德卡尔尖锐地指出，作为一个团体，除了一些热衷于社会活动的传教士之外，印度的基督教徒"从来没有为废除社会的不公正做过斗争"①。印度的基督教堂里恶劣的种姓制度足以证明这点。在他1938年发表的题为《改信的条件》一文中，他对在印度基督教堂中发现的种姓现象提出了控诉："事实上基督教并没有成功地在改信基督教的人中消解掉种姓制度，接触者和不可接触者的区别可能被限制在某个角落。教会学校可能对所有人都敞开，但是无法反驳的事实是：种姓对于基督教徒生活的控制和对印度教徒控制的程度是一样的。存在着婆罗门基督徒和非婆罗门基督徒之别，非婆罗门基督徒中有马拉地人基督徒，马哈尔基督徒，芒（Mang）基督徒和班吉（Bhangi）基督徒。同样，在南印度，有珀瑞尔（Pariah）基督徒、莫罗（Malla）基督徒和马迪嘎（Madiga）基督徒。他们不互相通婚，也不共餐，他们遭受着和印度教徒一样的折磨。"②

安倍德卡尔对基督教的另一个批评是它太过于个人主义。有一次他对老朋友，孟买的主教皮克特（Dr. Pickett）抱怨道，"印度的基督教皈依者，毫不在意之前的种姓伙伴的遭遇，只要他们和自己的家人或者那些和他们在一起的人获得成功，成为基督徒，那么，对于他们原属的种姓团体来说，他们最关心的则是隐藏自己曾经与

---

① Dhananjay Keer, *Ambedkar: Life and Mission*, New Delhi: South Asia Books, 1990, p. 490.

② *Dr. Babasaheb Ambedkar: Writings and Speechs*, Vol. 5, Bombay: Government of Maharashtra, Education Department, 1989, pp. 454 – 456.

之属于同一群体的事实，我不想加入这些基督徒中去"①。这表明，安倍德卡尔看到了印度基督徒，尤其是贱民皈依者，不关心印度低等种姓的社会现实，而且他们从不为消除社会的不公正而斗争。于是，在安倍德卡尔看来，基督教体现的个人主义理念，个人与上帝的关系，与他想要引导一支政治和宗教的群体力量来反对种姓歧视的目标是背道而驰的。

（二）伊斯兰教

同样，安倍德卡尔也对伊斯兰教进行了种姓问题的考察。调查结果是"穆斯林中不仅有种姓还有不可接触制"。安倍德卡尔具有强烈的妇女平等主义观念，他说，"我以妇女所获得的进步来衡量一个团体的进步"②，他认为将妇女完全排除在所有生活要素之外是对现代化的抵制③。

此外，安倍德卡尔考察分析后认为，在穆斯林团体中存在一定程度的社会发展停滞，其原因主要是穆斯林的主导兴趣在于"穆斯林政治世界唯一的、仅有的统治原则就是宗教"。安倍德卡尔觉得伊斯兰宗教过分关注《古兰经》和圣训以及传统的保留，从而缺乏宽容精神，以至于压制了人们的理性思维，它不允许人们对伊斯兰教义中可能存在冲突有任何理性的思考。实际上，印度的穆斯林政治和社会停滞的原因是多方面的，而在安倍德卡尔看来，这些问题部分是因为伊斯兰缺乏完全的知识自由。

基于这些原因，安倍德卡尔选择拒绝了伊斯兰教。

（三）耆那教

采纳一个非印度传统的宗教特性将给安倍德卡尔的运动带来极大的不利。作为印度传统宗教之一的耆那教尽管出自印度传统，但

---

① Thepdore S. Wilkinson & Madathiparampil M. Thomas, eds., *Ambedkar and the Neo-Buddhist Movement*, Madras: The Christian Institute for the Study of Religion and Society by the Christian Literature Society, 1972, pp. 60–61.

② *Ambedkar: Writing and Speechs*, Vol. 3, Bombay: Government of Maharashtra, Education Department, 1989, "India and the Pre-requisites of Communism", p. 10.

③ 安倍德卡尔在他的文章《印度和共产主义的先决条件》中，列举了《摩奴法典》中许多压迫妇女的条文来证明印度教的不足。

是同样缺乏安倍德卡尔寻找的社会责任感，耆那教无谓地恪守非暴力的承诺对安倍德卡尔来说没有吸引力，安倍德卡尔更乐于接受将适当的暴力作为争取社会公正的可行方案。他认为，战争不应废弃，哪怕仅仅是因为受到攻击而予以还击，若要放弃战争，就要赢得战争，建立真正的和平。[①] 安倍德卡尔将非暴力作为终极目标，但是赞成以合理的暴力作为赢得最终目标的手段。因此，耆那教不符合他选择宗教的标准。

（四）锡克教

安倍德卡尔为贱民团体寻找新的身份的特征最趋近于接受锡克教。锡克教积极参与社会生活，有社会责任感，属于印度传统，又有军事的历史。印度黄金寺管理委员会副主席萨达尔·达利普·辛格·多布里亚（Sardar Dalip Singh Doabria）曾打电话给安倍德卡尔，希望给他留下印象，即锡克教符合他的需要。他说："锡克教是一神教，是博爱的，而且给它的所有追随者以平等的对待。"安倍德卡尔送他的儿子耶施望特（Yeshwant Rao）和其他十五个马哈尔领导人去阿姆利则与锡克教徒谈判。在1936年夏天《印度时报》的一份声明中安倍德卡尔表示：在某一个时间点，他接近于和锡克教结盟。如果纯粹从印度教徒立场观察这些可供选择的信仰，哪个是最好的——基督教还是锡克教？显然，锡克教是最好的。因为，如果受压迫阶级加入伊斯兰教或者基督教，他们不仅离开了印度教，而且离开了印度文化。而如果他们成为锡克教徒，他们就留在印度文化中，改信伊斯兰教或者基督教会使贱民丧失国籍。如果他们改信伊斯兰教，穆斯林的人数就会翻倍，穆斯林统治的危险就会变成现实。如果他们选择基督教，那么基督教徒的人数力量就会变成五百万到六百万，这会加强英国对印度国家的控制。而如果他们拥抱锡克教，他们既不会危害国家的命运又会对国家命运有帮助，他们也不会丧失自己的国家。反之，他们会对国家的政治进步有帮

---

① Dhananjay Keer, *Ambedkar: Life and Mission*, New Delhi: South Asia Books, 1990, p. 356.

助。如此说来，如果贱民等级改变他们的信仰，应当选择锡克教，这是符合国家利益的。①

安倍德卡尔说他曾经收到很多印度杰出人物的建议，建议他改信锡克教。印度教领导人和安倍德卡尔本人一样都将锡克教看作是"印度教"这棵大树的一个分支——也许它是印度教这棵树上开出的不同的花朵——但是仍然被当作"印度"的宗教和文化的一部分。

但是，安倍德卡尔对于锡克教崇尚武力的特征和自己的家庭长期参与军事的态度似乎出现了矛盾。在这个问题上，就安倍德卡尔本人来说，他出自军人家庭并由于和英国以及印度军队的联系直接受益，通过在军队供职，他的父亲和祖父得以支持整个家庭，而他也因此获得了受教育的机会，这些确实给安倍德卡尔的思想产生了影响。正如有些人指出的，安倍德卡尔似乎并不是一个完全的和平主义者。他拒绝了耆那教，因为他觉得耆那教不杀生的教义太过于极端，会使耆那教成为"无权的"宗教最终使他的追随者很难接受。然而，安倍德卡尔"想加入的并不是一个分离主义的宗教方式。锡克教是一个鼓励战争和斗争精神的宗教，在这个方面它和更加和平的佛教的教义传统无法相比，安倍德卡尔追寻的是一个更加平等主义的宗教，它应当拥抱整个社会"②。所以可能是基于这样的原因，安倍德卡尔最终并没有选择锡克教作为改信的对象。③

---

① Dhananjay Keer, *Ambedkar: Life and Mission*, New Delhi: South Asia Books, 1990, pp. 56 – 57.

② Mark Juergensmeyer, *Religion as Social Vision: The Movement against Untouchability in 20th Century Punjab*, Berkeley: University of California Press, 1982, p. 162.

③ 达南吉·科尔（Dhananjay Keer）在《安倍德卡尔：生命及使命》（*Ambedkar: Life and Mission*）中，提到安倍德卡尔曾派遣追随者前往阿姆利泽去考察研究锡克教，这些人在逗留期间都皈依了锡克教，但是当他们回到孟买后，却受到马哈尔贱民冷淡的对待，这给了安倍德卡尔放弃锡克教的依据，熄灭了他对锡克教的兴趣。泽利奥特则认为安倍德卡尔与锡克教团体的关系仍然是积极的，因为传说位于孟买的卡尔沙大学是安倍德卡尔和锡克人协作的结果。

三 拥抱佛教

安倍德卡尔对他判断基督教、伊斯兰教、锡克教和佛教的标准作了清楚的阐述。他认为宗教必须符合理性和科学，它必须支持自由、平等、博爱的基本原则，必须不能将贫穷高贵化和神圣化，他认为宗教必须具有强烈的道德感，他还发表了宗教和政治不可分的声明。他根据宗教的道德和社会效用进行深思熟虑的评估，来为他的人民寻求最好的宗教。对于安倍德卡尔的这些标准来说，甘地认为"所有宗教都是平等的"，"所有宗教都是真实的"，这种立场就站不住脚了。对甘地关于这一问题的回应，安倍德卡尔毫不含糊地表示："没有比认为所有宗教都是真实的更加错误的命题了。"①

耶奥拉（Yeola）会议之后的第二年，1935年，在普纳召开了另一次贱民会议讨论"耶奥拉决议"。这次会议标志着贱民改信的兴趣是复兴曾经的旧的宗教，而不是拥抱一个新的宗教。会议的召集人，一位马德拉斯贱民司瓦拉吉（Sivaraj）号召复兴古老的达罗毗荼人宗教。如果不同意复兴古老宗教传统的，司瓦拉吉建议可以发明自己的新的宗教。②

安倍德卡尔的耶奥拉宣言发表后不久，摩诃菩提协会的秘书与他进行了接触，发给他一封电报："获悉您决定放弃印度教的消息非常震惊……请重新考虑您的决定……但是如果您坚持接受另一个宗教，最真诚地欢迎您和您的团体信奉佛教。"英国僧人僧护（Sangharakshita）在担任摩诃菩提协会领导人期间曾多年与安倍德卡尔保持通信联系，但是两人直到1952年年底才见面。当两人在安倍德卡尔孟买的家中见面时，安倍德卡尔争分夺秒地对摩诃菩提

---

① B. R. Ambedkar, "The Buddha and the Future of His Religion", *Maha Bodhi*, April – May, 1950, p. 202.

② 安倍德卡尔从未表示要发明一个完全新的宗教，他在《佛陀和他的宗教的未来》一文中说："必须记住圣人时代已经过去了，世界不可能再有新的宗教。所以必须在那些现存的宗教中作出选择。这个问题必须被限定在现存的宗教中。" B. R. Ambedkar, "The Buddha and the Future of His Religion", *Maha Bodhi*, April – May, 1950, p. 203.

的领导进行攻击,他质问道:"你们作为一个拥有婆罗门派主席的协会,能对我们做些什么呢?"① 从中可以看出,安倍德卡尔对于出身婆罗门的摩诃菩提协会的领导人不予苟同,他坚持自己寻找合适的道路给贱民。即使是选择佛教,对于以摩诃菩提协会为代表的传统佛教,安倍德卡尔也并没有完全接受,尤其当他在协会中也看到种姓制度的影子时。

最终他决定改信佛教并选定了以那格浦尔作为改信地点。在给改信群众的演讲中,他说明了为什么选择在那格浦尔为群众举行改信仪式:研究过印度佛教史的人知道开始传播佛陀的宗教的人是纳迦人(Nagas)。正是纳迦人将佛陀的宗教传播到世界各地。这些人是那格浦尔的主要居民。有一条名叫"Nag"的河流穿越这个城市,显然纳迦人生活在这条河的岸边,这就是选择那格浦尔作为这次伟大事件地点的原因。②

在启蒙仪式的那天早上,对新闻记者的讲话中,安倍德卡尔宣布他准备开拓一条全新的佛教道路,他称之为"一个新乘"。在改信的这一天,安倍德卡尔同时建立了印度佛教协会,协会的目的是在印度——尤其是在表列种姓中——宣传他的佛教的观点。改信仪式的第二天,安倍德卡尔在那格浦尔发表了一个讲话,他说:"我从1935年开始这场运动,放弃印度教,从此后进行了艰巨的斗争。这场改信给了我无法想象的巨大的满足和快乐,我感到似乎从地狱中获得了自由。"作为在那格浦尔仪式上改信的大约30万—60万人的代表,安倍德卡尔断言,公开地从印度教中逃离出来对于表列种姓来说迈出了重要的第一步,"我们正在努力走向成熟"③。

10月15日,改信后的第二天,尽管安倍德卡尔的身体状况很糟糕,甚至无法自主站立,他还是坚持对新改信者发表了讲话:

---

① Terry Pilchick, *Jai Bhim! Dispatches from a Peaceful Revolution*, Glasgow: Windhorse Publications, 1988, p. 73.

② D. C. Ahir, *Buddhism in Modern India*, New Delhi: Sri Satguru Publications, 1991, p. 145.

③ Ibid., p. 31.

"只有一种声音可以用来反对分离主义，同时反对不可接触制，那就是佛陀的声音"，"佛陀从未宣称他自己是神性的，也未宣称他的宗教是绝无谬误的，佛教是建立在理性基础上的，是灵活的"①。他的演讲强调接受佛教作为自己的宗教将给穷人带来希望，并为他们提供了提升自尊的基础。其原因在于自1935年宣布改信以来，他的最明确任务就是为贱民寻找一个新的身份，而此时完成了。

小　　结

安倍德卡尔改信佛教有多重动机：一是他要寻找某一宗教作为内控人的直觉和社会行为的工具，以此为贱民寻找信仰支撑；二是他有社会需要，在达利特打破了印度教锁链之后为他们配置一个文化身份。同时他也意识到要融入佛教就不得不对传统佛教重新定义，使之表现出理性特征。因此他总结和利用了许多学者关于佛教的理性论述，如高善必（乔尝必）承认生活中的物质现实，赞同因果律，认为依靠佛教的仁慈、理性可以解释世界，并渴望通过佛教最终改造世界。这无疑契合了安倍德卡尔的观点，于是他宣扬佛教可以取代马克思主义或者其他解放哲学。

因此，安倍德卡尔的改信是具有重大社会意义的行为，它包含了对于贱民个体和团体身份的自我转换。由于改信的完成，安倍德卡尔终于为受压迫的贱民重新获得了一个身份，一个宗教身份，同时也是政治身份。他最终在佛教中找到了符合他的理想宗教的特征，并重塑佛陀的法使之适应现代社会。

第四节　宗教改革与"理想宗教"

安倍德卡尔选择改信的过程是艰难痛苦而又经过深思熟虑的，他是一位值得同情的反叛者。经过痛苦的挣扎之后放弃对印度教的

---

① D. C. Ahir, *Buddhism in Modern India*, New Delhi: Sri Satguru Publications, 1991, pp. 200–201.

希望，从精神上试图与其剥离，但是又对印度的文化传统无限眷恋，仿佛置身其中的唯一一个清醒的人，制度明明可怕却让身处其中的人们视而不见，他哀其不幸，怒其不争。因此，在他看来，具有浓厚宗教特色的印度社会要想步入现代社会，贱民要想摆脱受压迫的命运，必须首先经历一场宗教革命。

一　宗教改革的思想

在《消除种姓》一文中，安倍德卡尔宣称："历史证明这样一个命题，'政治革命往往是以社会和宗教的革命为前言的'。历史早在古罗马时期就是如此，由路德肇始的宗教革命成为欧洲人民政治解放的先驱。在英国，清教主义导致了政治自由的建立，并且建立了新的世界，正是清教主义赢得了美国独立战争，清教主义也是一场宗教运动。这种情况对穆斯林帝国也是适用的，在阿拉伯人成为一支政治力量之前，他们经历了由穆罕默德领导的彻底的宗教改革。甚至印度的历史也能够支持同样的结论：旃陀罗笈多领导的政治革命是以佛陀领导的宗教和社会革命为先导的；西瓦吉（17世纪马拉地帝国的建造者）的政治革命是由马哈拉施特拉的圣徒领导的宗教和社会革命为先导的；锡克教的政治革命是由古鲁·那纳克（Guru Nanak）领导的宗教和社会革命为先导的。"[①]

安倍德卡尔认为，一个社会或者个人的发展都不能没有标准，但是标准必须不断随着时间和环境的变化而变化。没有一个标准是永远固定不变的。必须总是留有空间对我们的规范重新估价。[②] 因此社会需要做出变革，而社会道德是所有的权利——基本的或者非基本的权利的维护者。[③]

[①] D. C. Ahir, *The Legacy of Dr. Ambedkar (Bharat Ratna)*, New Delhi: B. R. P. C., 1990, p. 300.

[②] D. C. Ahir, *Buddhism in Modern India*, New Delhi: Sri Satguru Publications, 1991, p. 299.

[③] D. C. Ahir, *The Legacy of Dr. Ambedkar (Bharat Ratna)*, New Delhi: B. R. P. C., 1990, p. 304.

安倍德卡尔的理想社会是建立在自由、平等和博爱基础上的。这个理想社会应当是机动的,应当有足够多的途径将发生在某一个地方的变化传递到其他地方去。一个理想社会中,利益应当被有意识地交流和共享,应当存在多种多样的、能够自由地与其他团体接触的方式与机会。也就是,那里应当是社会内渗的。因此,安倍德卡尔对民族情感的观点是:它是一种同一性的共同情感,那些受它控制的人会感到他们是朋友和亲属。他对民族主义的理解是:"为那些由亲属关系集合起来的人们建立独立的国家。"① 作为印度宪法之父,安倍德卡尔的理想是一个民主的、世俗化的、平等的国家,他不希望印度被扯入阶级和种姓战争,应当为每一个社会阶层留出空间,宪法应体现出尊重每一个个体尊严的精神,无论种姓、教义和性别。

在印度的历史上,反对社会和经济的不公平的斗争已经持续了几个世纪,却并没有些许改善。安倍德卡尔预见到了为受压迫的阶级,进而为所有印度人争取一个共同和平等的社会应当是印度社会斗争的最终目标。他强调,为了贱民境遇的改善和所有人的解放,达利特应当与最贫穷的人——无论其所属种姓或者宗教——成为整体,作为一个社会整体共同发展。因此,为了全印度的整体发展,需要一场宗教革命成为政治革命的先导。

二 改信的本质和含义

安倍德卡尔1935年宣布放弃印度教,绝不在死的时候仍然做一名印度教徒,1936年5月30—31日,在一次马哈尔人的大会上,他的演讲中用马拉提语详细表述了改信的思想。他说:改信不是游戏,不是消遣的命题,它解决的是人们怎样成功地生活的问题。如同一个船夫在开始航行之前要做好所有必要的准备,所以我们也不得不做好准备,除非我能够知道有多少人愿意离开印度教,否则我

---

① D. C. Ahir, *The Legacy of Dr. Ambedkar* (*Bharat Ratna*), New Delhi: B. R. P. C., 1990, p. 298.

不能开始准备改信。

安倍德卡尔明白，对于一个普通人来说改变信仰是非常重要的问题，改变信仰很难被普通人接受和理解。为了使贱民充分认识到他的改信宣言的真实含义，他对于改信的本质和意义进行了如下具体解释：

（一）不可接触制的实质是阶级斗争

改变信仰有两个层次：社会的和宗教的；物质的和精神的。无论是哪个方面，哪种思考方式，都有必要首先理解不可接触制的本质以及它是如何实施的。为了对不可接触制有清晰的认识，安倍德卡尔请受压迫者们回忆自己所遭受到的暴行，并注意现实中很少有人意识到会发生这些暴行的根本原因是什么？这对于贱民来说具有非常重要的意义。

他说：贱民问题不是对手之间的不和，而是阶级斗争的问题。它是种姓印度教徒与贱民之间的斗争；它也不是个人之间不公正的问题，而是一个阶级对另一个阶级不公正的问题。这个"阶级斗争"与社会地位相关联。这个斗争要表明的一个阶级应当怎样保持与另一个阶级的关系，当人们开始要求和其他人一样的平等待遇时这场斗争就开始了。

（二）不可接触制是永久的，要改变它需要勇气和外界的支持

安倍德卡尔解释说，不可接触制不是一个短时期的、临时性的社会特征，它是永久的，直说就是印度教和贱民之间的斗争是一个永恒的现象。说它是永恒的，是因为将贱民放在社会最底层的这个宗教本身是永恒的，无变化的。不可接触者今天处在社会的最低一级，他们未来也将永远是最低等的。贱民该如何通过斗争生存下去呢？他提示不可接触者，除非你们仔细思考，否则无路可走。那些想要遵照印度教的命令生活的人，那些想要继续奴隶生活的人，他们不需要思考这个问题，而那些希望过自尊、平等生活的人，必须思考这个问题。在任何一场斗争中只有那些有勇气的人才能成为胜利者。一个没有勇气的人，不要期望成功。

他告诫贱民们，是否有勇气通过这场斗争生存下来，必须考虑

这些问题：即三种类型的力量：人力、财力、智力。贱民们拥有哪一种呢？很显然，就人力而言，贱民是弱小的。在孟买辖区，贱民数量仅仅是人口总数的1/8，由于种姓制度造成的现实中的隔离，他们是没有组织的，分散在各个乡村，彼此联系不紧密。这种情况使得在斗争的关键时刻，以这么少的人口作为斗争力量是没有用的。财力方面也是如此，虽然贱民们拥有少量的人力，但却没有任何财力。他们没有贸易，没有生意，没有服务，没有土地，高等种姓丢下的面包就是他们的生活资料，他们甚至没有食品和衣物，何谈财力呢？除此之外，由于受到歧视，他们也没有能力从法院获得救济，成千上万的贱民忍受着高等种姓的侮辱、暴行和压迫而毫无怨言，原因之一是他们无力承担诉讼的费用。至于精神力量，情形同样糟糕，对侮辱和暴行的毫无抱怨扼杀了反抗和回击的意识，信心、活力和雄心已经从他们身上完全消失了，贱民们变得无助又无力，到处弥漫着失败主义和悲观主义的气氛，甚至能做点什么的小小的想法都无法进入他们的头脑。

从以上的分析，安倍德卡尔引导贱民得出清晰的结论：一是面对暴行没有力量不行；二是贱民无法掌握足够的力量来面对暴行。有了这两个结论，第三个结论也就自然而然地出现了，即面对各种暴行，自身又没有力量，那么就需要外界的保护。怎样获得这些力量确实成为一个重要的问题，因此只有通过与其他一些社会组织建立密切联系来获得，除非加入了其他的宗教，否则贱民不可能得到外界的力量，即贱民必须离开目前的宗教与其他社会同化，否则，他们不可能得到来自社会的力量，如果没有力量，贱民和他们的后代将继续生活在同样可怜的状态里。

（三）印度教中没有平等，贱民是种姓体系之外的人

安倍德卡尔告诫他的人民：在世界其他任何地方都找不到如此活生生的不平等的例子。在人类历史上不是任何时候都能找到这样的不平等——比不可接触制更强烈的不平等。贱民之所以被抛进这样的境遇是因为他们一直是印度教徒。而反观其他宗教的人，例如那些被称为穆斯林的人，印度教徒对待他们既不是不可接触者也不

是不平等的。同样，在那些被称为基督教徒的身上也可以看到类似情况。

因为宗教与人的行为有着直接的联系，导致了印度教可以跻身于残酷者之列，由于宗教的原因，他们的言语与行为有天壤之别。他们口蜜腹剑，他们说话像个圣人行为却似屠夫。

由于种姓制度，贱民不仅在印度教徒眼中是低下的，而且在整个印度是最低等的，而这种待遇正是印度教给予的。贱民如果要摆脱这样的可耻境况，只有一条路，就是抛弃印度教的枷锁，离开束缚他们的印度教社会。只要贱民留在这个宗教中，留在这个教人歧视他人的宗教中，那么深深植根于人们头脑中的由于种姓而具有的歧视感就不可能祛除。因此，消灭种姓和不可接触制，变换宗教是获得解放的唯一方法。

为了打消贱民对改信的疑虑，他提醒贱民要认清楚自己和印度教的关系，即贱民并非印度教徒，实际上贱民和穆斯林以及基督教徒一样是和印度教分离的。贱民和那些印度教徒的社会是两个截然不同的群体。那么，通过改信实际上没有发生什么新的变化，并不意味着社会就此被分解了，因此，对于改信不应该有什么顾虑和害怕。

（四）改信是获得平等最简单的方法

安倍德卡尔说，改信宗教就像改名字，而通过改变名称而改变宗教是有益的。只有天生的傻瓜才会说一个人必须只能依附于某一个宗教，仅仅因为那个宗教是祖先的宗教。他举例说明，古代雅利安人的宗教是吠陀宗教，它有三个明显特征：食牛肉、喝酒和寻欢作乐，当时有成千上万人追随它，时至今日仍有人梦想回到那时的社会。如果仅仅是因为古代的宗教就要坚持，那为什么他们自己却离开吠陀宗教呢？为什么有人会离开印度教而接受佛教呢？因为从历史来看，印度教不是贱民祖先的宗教而是强加给贱民的奴役。

改信的目的是获得自由，既然印度教社会与贱民没有关系，因此贱民也没必要承担起改革印度教的责任。贱民需要平等，这个平等不可能在印度教内部成功。如果想留在印度教内部获得平等，只有当种姓间实现共餐和通婚时平等才可能发生，这就意味着四等级制和婆罗门教必须拔除，而这是不可能的。既然如此，就只有通过改信离开印度教是最好的道路。

改信是简单的方法，改变宗教不仅给贱民也给印度教徒带来了福祉。如果贱民留在印度教，就不得不为了社交礼仪、为了食物和水、为了种姓间的通婚而斗争，只要这些争论继续，贱民和印度教徒就永远是敌人。通过改信，这些争论的根源就会消失，所以如果能够通过改信获得平等的待遇，也会带来印度教徒和贱民之间的和谐，那么为什么贱民不采纳这种保护平等的简单而幸福的方法呢？从这个角度来看待这个问题，可以看到改信的这个方法是唯一正确的、自由的方法，它最终带来平等，所以改信不是怯懦也不是逃避。

（五）改信是必需的，它是经济发展和政治保护的保障

安倍德卡尔告诫贱民：改信对于贱民的必要性就像自治对于印度一样，两者的最终目的是相同的，那就是获得自由。如果自由对于人类生活是必要的，贱民的改信无论如何也不能被视为是无价值的。

对于贱民应该首先实现经济发展还是改变信仰的疑问，安倍德卡尔不同意经济发展优先的观点。他认为，不可接触制是贱民发展道路上永久的障碍，除非移走它，否则经济发展的道路不会是安全的。不改信，这个障碍无法去除，因此，如果贱民要求获得有价值的地位，必须抛弃不可接触制的枷锁，这就意味着必须改变宗教。

有了政治保护还需要改信吗？关于政治权利和改信的关系，安倍德卡尔认为，贱民地位的改善仅仅依靠政治权利是不完全的。政府给予的政治保护是有条件的，而且这种保护不可能永远持续，在某个时候必然要终止。按照英国政府的共同议定书，贱民的政治保护的期限是20年。没人敢说它会永远持续下去，那些依靠政治保护的人，应当思考这些保护有一天撤销后，贱民的权利不存在时会发生什么？贱民将不得不依靠贱民自身的社会力量，而这个力量没有改信是不可能获得的。

改信成为贱民通往永恒之福的唯一道路。对于贱民对改信后会不会对他们已经获得的政治保护造成损害这样的顾虑，安倍德卡尔解释道：改信不会给政治保护带来危害。因为，如果你成为一个穆斯林，你将获得穆斯林的政治权利；如果你成为一个基督教徒，你会得到作为基督教徒的政治权利；如果你成为锡克教徒，你会拥有如锡克教徒的政治权利，而贱民的政治权利会伴随你们。但是，如果继续做印度教徒，贱民的权利会安全么？假设印度教通过了一个法令来禁止贱民制度，它的实施是具有惩罚性的，那么他们会对你说，"我们已经通过法律取消了贱民制，你不再是贱民了"，透过这个远景，改信是加强政治权利的方法而不会成为障碍。如果你想拯救他们，离开这个宗教。只有通过改信，政治保护才是永久的。

通过以上分析，安倍德卡尔得出结论：印度教不符合我的道德心，不符合我的自尊。然而，改信将使我们获得物质收益和精神收益。有些人取笑说改信的想法是为了物质利益。我毫不犹豫地称这些人是愚蠢的。

三 佛教是"理想宗教"

成年后的安倍德卡尔逐渐确信一点：宗教具有给人以希望和尊严的潜能，但是也具有奴役人的潜能。个人深刻的人生经历使他越来越相信，印度教是一个给许多人希望和尊严但是却使另一些人沦为奴隶的宗教。相比之下，印度的许多贱民的社会处境甚至比美国的黑人奴隶更糟糕。他说，世界上恐怕不可能找到其他任何一个地方像印度的低等种姓和贱民这样遭到系统迫害的。他言辞激烈地指出：这种系统压迫的发动机就是印度教，正是印度教鼓励人们盲目崇拜神而削弱了人们的道德感，那些神是存在于神圣印度文献中的，毫不节制情欲的恶棍的生活，还有愤怒、嫉妒和骄傲以及卑鄙等占有了很大成分。在印度的众神之中，找不到一个可以被认为是值得尊敬的人类的特征。在那些神圣文献中，神和英雄都被描绘成拥有巨大性力的怪物，他们进行着残忍的武力战争。印度教就是建立在无数的神话故事的基础上，而现实社会的不平等是与之息息相关的。反之，历史上曾经与婆罗门教相对立的佛教更加符合他的理想宗教的标准。

(一) 理想宗教的标准

很明显，印度教不持有任何属于"破落之人"的价值观，因此安倍德卡尔穷其一生研究世界上的各种各样的宗教，最终发现最适合他的宗教是佛教。也可以说，佛教迎合了安倍德卡尔。

在发表在1950年的文章《佛陀和他的宗教的未来》中，安倍德卡尔将他对理想宗教的观点表述如下：

第一，社会必须由法律的制裁和道德的制裁共同来维持。缺少了任何一个，社会必定瓦解。第二，宗教若要继续存在，必须符合理性，即将之视为科学的代名词。第三，宗教只由宗教符号组成是不够的，宗教符号必须认可自由、平等、博爱的基本信条。第四，宗教不能美化和神化贫穷。

在安倍德卡尔看来，佛教满足了他对于理想宗教的这些要求，因此是所有现存的宗教中唯一适合世界的宗教。在1950年的佛诞日，安倍德卡尔在德里发表了一个演讲，抨击印度教中的神话，并赞扬佛教是一个建立在道德原则上的宗教。并且指出，与其他宗教奠基者把自己当作神的使者不同的是，佛陀仅仅把自己当作一位导师，这是佛陀的伟大之处；印度教代表的是不平等，而佛教代表了平等。

1956年5月，安倍德卡尔在伦敦英国广播公司公开谈话，题目为："为什么喜欢佛教？在当前情况下佛教对世界如何有益？"他说：我喜欢佛教是因为它给了我三位一体的原则，这是其他宗教所没有的。佛教教给我们般若（智慧，用来反对迷信和超自然主义）、慈悲（爱）、三摩地（平等），这是人们的美好生活和幸福生活所需要的。除此之外，无论是神或者灵魂都不能拯救社会。

在他1956年5月24日在孟买发表的最后一次演讲中，他宣布决心皈依佛教，他说：印度教信仰神，佛教中不存在神；印度教信仰灵魂，佛教中则不存在灵魂；印度教信仰四等级说和种姓制度，佛教没有种姓制度也没有四等级说。

(二) 改信的时机

经过二十年（1935—1956）的努力，安倍德卡尔终究在社会改革、政治情势、宗教信仰和个人条件等各方面时机成熟之时，带领贱民一同皈依佛教。

社会改革方面，安倍德卡尔的斗争策略经历了从起初带领贱民进行非暴力不合作运动的抗争，到政党斗争、争取立法等政治斗争，然而这两种策略都无法真正解放贱民。独立后，安倍德卡尔虽争取到在宪法中废除贱民制度，但是仍无法改变印度社会现实中对贱民的歧视，乃至贱民本身是否能从根本上，从心理和行为上，消解身为贱民的惯性，都成为亟待解决的问题，最终安倍德卡尔不得已选择改信方式来解决贱民的宗教身份和宗教心理问题。

政治形势下，与印度独立伴随而来的印巴分治，以及斯里兰卡新佛教运动的成功，令安倍德卡尔更加倾向于以佛教作为社会改革及人权解放的工具。

从宗教信仰的角度来看，由于过去百余年来印度佛教文物的出土和欧美学者对佛教的研究热潮，佛教组织在印度及世界各地普遍成立，佛教自身发展大有复兴之势，这给贱民改信佛教提供了重要的背景。

从个人角度来说，经过多年研究，安倍德卡尔意识到佛教符合他关于理想宗教的标准，佛教的教义体现了他的思想的核心"自由、平等、博爱"的精神。他对佛教的传统思想进行了现代化的改造，完成了《佛陀及其教法》的写作，而由于健康状况的恶化，不得已选择带领贱民集体改信。

(三) 改信佛教的综合考量

安倍德卡尔为什么最终选择佛教作为改信对象？根据他自己的解释，概括起来主要有如下几个方面：①佛教在历史上是同婆罗门教、印度教以及种姓制度做斗争的宗教；②佛教经得起现代科学的批判；③佛教不美化贫困，它认可人们通过努力改善物质生活；④佛教是印度的原生性宗教，并曾经在印度历史上繁荣一时，改信佛教无损于印度文化传统；⑤作为世界宗教之一，佛教在印度以外的地区受到很高评价，改信佛教可以期望得到国际佛教组织的援助和支持。

按照安倍德卡尔的选择标准，他对佛教的综合考量可以具体可从几个角度来分析：

第一，从宗教性格的角度来看，佛教符合安倍德卡尔关于理想宗教的标准。

佛教符合自由、平等、博爱的标准。安倍德卡尔选择宗教的评价标准是：①拒绝阶级化的社会秩序，因为它们否定自由、平等以及博爱。②所有事情都要通过验证和理性的判断才可以被接受。③道德是法的本质，道德是人类互爱的要素，法（道德）不是必须要得到神的应许，也不是为神而做，人们互爱是为了人类的利益而为之。

什么是宗教？什么是宗教必备的？安倍德卡尔的回答是：给人们以教导的就是宗教，这是宗教的真实定义。宗教应当教会人与人如何相处。而"在印度社会里没有所谓的个人，印度教是由阶级观点构成的。印度教没有教人如何与他人相处。一个宗教若不承认个人，就不值得为人们所信仰"[1]。由此可见，安倍德卡尔把反对阶级差别，承认个体存在、尊重他人作为宗教的必备要素。因此自由、平等、博爱成为他选择宗教的标准。他在《佛陀及其教法》中说：一个宗教必须具备自由、平等、博爱的精神，这不是来自法国大革命的概念，而来自伟大的导师——佛陀。

佛教是最符合科学和理性的宗教。安倍德卡尔的理性宗教的第二个评判标准是：基于理性主义，反对信仰绝对权威的神。他认为和印度教相比，佛教是更加符合理性的宗教，甚至是最理性的宗教。他对印度教最主要的反驳是它基于四等级说而导致的不可接触制的神圣化，而佛教反对四等级说，支持平等。在他看来，佛教拒绝神和灵魂而强调道德，且没有种姓制度、仪式、迷信或超自然的

---

[1] Nagendra Kr. Singhn, *Ambedkar on Religion*, New Delhi: South Asia Books, 2000, p. 4.

信条，因此，只有佛陀教诲的般若、慈悲和平等是人类美好幸福的生活所需要的。安倍德卡尔之所以将基督教、伊斯兰教排除在考虑之外，也是因为这些宗教都信仰唯一的、拥有绝对权威的神和上帝，这不符合安倍德卡尔对宗教的理性态度，也无法提升贱民对人权平等的自信。所以，安倍德卡尔倾向于选择一个"如佛教般以道德为主要观念的无神论宗教"[①]。

佛教是基于道德伦理的宗教。安倍德卡尔认为佛教以道德代替了神的角色，亦即道德，在佛教中占有不可取代的地位，佛教将道德体现在戒法的受持上。他说："贱民改变信仰，不只是身体和语言上的改变，也包括心理。心理的改变，无异于一种启示，在那一刻，佛法便以道德的形态被表现出来。"[②] 在《佛陀和他的宗教的未来》一文中，他说："道德即是佛法，佛法即是道德。"将道德之于宗教的重要性推向极致。

第二，从政治斗争的角度考虑，佛教符合贱民解放斗争的需要。佛教在历史上就是作为婆罗门教和种姓制度的对立面出现的，且曾经一度在印度繁荣一时，它的传统教义之一就是宣扬平等，反对社会不公，这一点最为符合贱民斗争的主旨。

安倍德卡尔选择发源于印度本土、属于印度文化体系的佛教。他寄希望于佛教的平等精神不仅能够吸引贱民改宗，而且源于印度文化的佛教也能够激发起印度其他种姓的民族情绪，共同参与社会改革。在《佛陀及其教法》一书中，他满怀信心地表示："此次改宗运动，在不久的将来会为印度社会带来惊人的冲击。因为在种姓制度的上层等级中，不乏思想正直者，他们也会支持改信佛教运动。"[③]

佛教源于印度，而在印度之外发扬光大，成为世界性宗教之

---

① Nagendra Kr. Singhn, *Ambedkar on Religion*, New Delhi: South Asia Books, 2000, p. 7.
② Ibid., p. 373.
③ Ambedkar, *Buddha and his Dhamma*, http://www.ambedkar.org/ambcd/45A/, August 8, 2010.

一,在国际上有着重要地位和广泛影响。近代以来,随着西方知识分子对佛教的兴趣导致研究热情高涨,在传统佛教国家中也兴起了复兴佛教之风,因此,改信佛教有利于贱民运动获得国际方面的支持和帮助。

第三,从国家统一、民族文化角度考虑,选择佛教更为有利。

安倍德卡尔选择佛教而没有选择其他外来宗教,是出于他对印度传统文化的热爱。他反对印度教,但是并不反对印度传统文化。安倍德卡尔认为,从民族性而言,贱民改信基督教或者伊斯兰教,是将不可接触者置于印度文化之外,剥夺了他们的民族性。而从国家统一的角度来看,贱民改信伊斯兰教则会引发印度社会被伊斯兰教支配的危险。对此,学者纳金德拉·K.辛格评论道:"身为历史学家、哲学家、社会科学家的安倍德卡尔非常了解接受伊斯兰教所代表的意义,只要他偏向伊斯兰教,他可以撼动整个国家。"[①] 同样,改信基督教不仅会影响贱民的民族性,还有可能会强化英国在印度的支配性。

印度独立之初,民族意识高涨,如果能在印度传统文化体系中为贱民选择一个信仰,那么对贱民、对印度国家来说都将是最好的安排。原本安倍德卡尔曾考虑锡克教,锡克教属于印度文化体系而与印度教有着不同的信条,是从印度教衍生出来的一个改革教派。但是也有人认为锡克教是印度教的一支[②],就这一点而言,安倍德卡尔曾表示,若贱民改变的信仰仍属于印度教教派之一,就是失去了改宗的意义了。

基于以上考虑,具有深刻民族情结,又热爱本土文化的安倍德卡尔没有考虑选择这几种宗教,而是选择了同样属于印度文化系统的佛教。

佛教自13世纪在印度衰微后,传统佛教在印度已经式微,影

---

① Nagendra Kr. Singhn, *Ambedkar on Religion*, New Delhi: South Asia Books, 2000, p. 410.

② 20世纪初,英国殖民当局曾宣布锡克教是印度教的一支,锡克人是留胡子的印度教徒。

响和信仰人数都远不及印度教，不足以对印度教构成威胁，也不足以对独立后的印度造成任何撼动性的影响，而且在世界各大宗教中，佛教也是最不具备"伤害性"的宗教。因此，选择佛教无论对于贱民还是印度国家，以及各教派之间的和谐共处都是最无害的。

以斯里兰卡佛教复兴运动为借鉴，两国都曾遭受英国殖民统治，在反殖民统治、争取民族独立的进程中，斯里兰卡的知识分子和城市中产阶级反对象征外族权力、文化的基督教而拥护象征本国民族精神文化的佛教，从而给传统佛教赋予了新的政治意义。安倍德卡尔以发源于印度本土，属于印度文化体系之一的佛教作为意识形态的选择，不只吸引贱民改宗，还可能激发其他种姓的民族情绪，一起投入社会改革、复兴佛教的行列。

小　结

贱民离开印度教后，安倍德卡尔为什么要选择改信，为什么必须要选择离开印度教进入另一个宗教？究其原因，笔者认为：一是因为印度是宗教大国，宗教无处不在，宗教是印度人精神生活的核心，贱民很难接受其他思想的影响，例如马克思主义的影响。二是对于安倍德卡尔来说，其本人有着深刻的宗教情结，安倍德卡尔反对印度教，但是并不反对宗教本身。贱民占印度约1/6的人口，如此庞大的群体在种姓制度的控制下，过着猪狗不如的生活，作为有责任的宗教改革者不能无视这种现象，对于出身于贱民的安倍德卡尔而言更是难以忍受。三是在安倍德卡尔的时代，佛教在它的发源地已消失了七百年，而来自锡兰、泰国、缅甸和孟加拉的南传比丘却表现出一种不过问世事的态度，对印度的现实，特别是贱民受压迫的现状无动于衷，这也是安倍德卡尔的宗教情感和社会责任感所不能接受的。四是安倍德卡尔之前所进行的以政治途径解放贱民的努力并未取得成功，他遇到两大难题：①印度教社会主流对贱民解放运动的抵制，印度社会根深蒂固的种姓观念无法改变其他种姓对贱民的认识；②由于宗教维系下的种姓意识根植于贱民内心，无法改变贱民自身"生而卑贱"的观念。由此，安倍德卡尔认为在印度要想实现社会革命首先要经历一场宗教革命。他改信的目的就是要在宗教教义里为贱民寻找到人权思想的理论基础，提供一种足以取代印度教地位的宗教，打破困围贱民精神的枷锁。于是，安倍德卡尔经过长期思索和研究，最终选择了改信的方式，而选择改信的对象即为佛教。

第五节　安倍德卡尔与甘地

同为20世纪独立运动时期印度社会改革的重要领导人，甘地和安倍德卡尔一起成为众所周知的政治家和宗教思想家，也都是印度贱民解放的倡导者和践行者，然而，他们之间的关系却一直是最具争议的。由于对不可接触制的理念及解决方式的不同，两人时有争辩，甚至尖锐对立。出身于吠舍阶层、身为印度教虔诚信徒的甘地虽然也反对不可接触制，但是作为印度独立运动的领导者，对于甘地而言，整个印度国家、民族的发展具有更重要的意义。他不赞成破坏印度的种姓制度，而是寄希望于通过印度教内部改革，消除婆罗门的特权，实现不可接触制的自然消亡。反之，出身贱民阶层的安倍德卡尔，亲身经历了社会现实中不可接触者的种种不堪处境，使他认识到贱民受压迫的根源来自种姓制度，而种姓制度的宗教载体就是印度教。因此，贱民要想获得解放，除非脱离印度教，摆脱贱民的身份。他期望通过政治、经济、教育等社会改革的手段来解放贱民，通过解放贱民促进整个印度国家的进步。然而，现实中印度根深蒂固的等级差别思想和政治环境的困难使得他在斗争中屡遭挫折，最终他选择了皈依佛教的方式来达到解放贱民的目的。

一　对贱民问题的实质和解决方式的不同认识

甘地虽然认为贱民制度不好，但是却一直为种姓制度唱颂歌。他认为印度教种姓制度是一种分工，有利于印度社会和谐，人们各安本分。他强调真正的印度教是非暴力的，没有也不应该有不可接触制的内容，贱民制度是后人歪曲种姓制度的本意而强加于它的。

他承认种姓制度中存在歧视，不可接触制是印度教的一个污点，但是他认为那不是瓦尔那制度的本意，并认为这个缺点是可以克服的。他主张对种姓制度进行改革，去除贱民制这个污点而使种姓制度"完善"。总之，甘地站在印度教徒的立场上，不否定种姓制度，而是要否定贱民制，保留种姓制。

与甘地的态度相反，安倍德卡尔明确指出贱民受歧视、受迫害的根源在于印度教的种姓制度，有种姓制就有贱民制。贱民要摆脱受压迫地位，获得社会经济和政治上的平等地位，就必须从根本上否定种姓制，铲除这个使人们相互对立，制造分裂、堕落的"怪物"。安倍德卡尔采纳了杜威的词语"社会效能"（Social efficiecy）作为标尺来评判印度社会，他认为社会的效能就是要使一个人能够选择和从事他自己胜任的职业，而这个原则在种姓制度下被违背了。"在种姓制度下挑选职业的基础不是个人的能力，而是源自出身的社会地位。这种职业原理是有害的……作为一种劳动分工，种姓制度具有一种严重的缺陷，这种通过种姓体系伴生的劳动分工不是建立在选择基础上的，而是建立在预定论基础上的，个人的感情、个人的偏好无处可存……事实是，许多人从事某一职业，但是那些职业对于他们没有吸引力，以至于他们不断地被这种职业激怒，产生厌恶、敌意，并且试图逃避。"[1] 安倍德卡尔认为一个社会的正常秩序应当是有效的、不浪费人力资源的，而种姓制度强迫人们服从预定的职业，不仅阻碍了个人的自由，也成为社会成长和进步的阻碍。当甘地和国大党领导人坚持认为种姓制度只是一个社会问题，它与从殖民统治下赢得自由的政治斗争无关，安倍德卡尔则把它纳入国家自由和个人权利选择的问题中，他并不认为印度的政治独立和贱民的社会独立是矛盾的，也不认可后者必须等待前者的成功。反之，他以"社会效能"替换甘地的"社会罪恶"的说法，如此，恰恰是种姓制度成为印度现代化和社会进步的重要障碍。

---

[1] Dr. B. R. Ambedkar, *Aninihilation of Caste*, Delhi: Balaji Offset, 2008, pp. 47–48.

对于安倍德卡尔来说，自己选择职业的权利是民主的一个最主要的方面，"无论处于种姓制度还是处于资本主义制度中，人们被强迫从事一种工作，这既不是出于人类本心也不能使他们把心思放在工作上，因此作为一个经济组织来说，种姓是有害的，因为它干涉了人类与自然力之间的主从关系"①。安倍德卡尔试图说服以甘地为代表的印度精英，古代的瓦尔那制度的四个等级中，婆罗门位于顶端，贱民处于底部，是与民主不相符的，也会使社会陷于低效，但是未被理睬。1936年7月18日，甘地对安倍德卡尔的《消灭种姓》发表评论，他说："瓦尔那的法律教导我们每个人要通过服从祖传的职业去赚得面包，它规定的不是我们的权利而是我们的责任……事实上直到现在为止每个村庄中仍有一条无形的线在保证这个法则的健康运行。"②甘地坚持认为每个人都应服从各自的祖传职业，甘地还在其他场合为印度祖传职业体系优于欧洲选择理念进行辩护，他认为正是这种职业体系防止了印度的阶级冲突，瓦尔那制度是减轻社会摩擦的重要手段，它对于社会互动、职业分配与人员管理等提供了一个安全的保护结构。于是，在安倍德卡尔看来僵死的病态的制度对于甘地来说则是社会健康的标志。

对于理想社会，甘地关注过去，呼唤神话中的拉姆国王的理想统治作为自由印度统治的模范。③ 印度种姓制度阻隔了不同种姓阶级间的自由往来，并限定贱民的社会参与，如此而言，就贱民或整体印度社会来说，种姓制度无疑都是有害的。

对安倍德卡尔来说，自由、平等和博爱是三位一体的。自由不能与平等分离，平等不能与自由分离，同样，自由和平等不能与友爱分离。如果没有平等，自由可能会造成少数人凌驾于多数人之上的霸权；而没有自由的平等会扼杀个体的主动性；没有友爱，自由

---

① Dr. B. R. Ambedkar, *Aninihilation of Caste*, Delhi: Balaji Offset, 2008, p. 48.
② Mohandas K. Gandhi, "Dr. Ambedkar's Indictment (1936)", in *Dr. Babasaheb Ambedkar's Writings and Speeches*, Vol. 1, 1990, p. 83.
③ 拉姆国王（King Ram）建立国家拉吉亚（Rajya），被称为甘地的理想国，它是由神建立的充满正直和诚实以及平等的理想世界。

和平等就不可能顺理成章地自然发展。① 安倍德卡尔认为政治权利对于一个团体的生命力来说是最宝贵的，尤其是当这个团体（贱民团体）的位置总是面临挑战，那么它需要政治权利来应对挑战。政治权利是唯一的能够保持团体地位的手段。② 基于此，安倍德卡尔为贱民集团积极争取政治权利。

然而，经过1931年圆桌会议与甘地的交锋以及1932年甘地以绝食反对给贱民以单独选区，安倍德卡尔认识到，高等印度种姓、国大党的领导层没有兴趣支持贱民的政治权利，他试图寻找能将高等种姓印度教徒和贱民一起带入和谐社会的方法。在1932年给塔伽尔（A. V. Thakkar）③ 的信中，他就甘地的协会如何帮助贱民提出几点建议，他说："应当试图消解那些极端的憎恶，这是接触者面对贱民的感觉，这是为什么两个阶层保持如此分离以至于形成相互分隔的、完全不同的实体的原因。我认为达到目的最好的办法是建立两者之间的紧密联系，只有参与共同的圈子可以帮助人们克服与他人接触时的陌生感。没有什么比我的观点更有效，那就是接纳低等种姓到印度教徒的家中去做客人或者当佣人，这种生活联系的建立将使我们拥有一个共同关联的生活，并将为我们共同奋斗的统一开辟道路。"④ 安倍德卡尔再三强调，"共同的相互关联的生活"是人们产生共同的政治意识的先决条件。在信中他尽量以谦虚的语气提出建议，但是并未得到回复。显然，甘地不认为国会成员会允许贱民出现在家中，无论是客人还是仆人。事实上，甘地的贱民福利协会并不企图努力将不可接触者一起带入印度的政治空间，而仅仅是为贱民建立单独的水井和单独的学校而工作。

安倍德卡尔最终对这个协会感到失望，其中一个非常重要的原

---

① D. C. Ahir, *The Legacy of Dr. Ambedkar*, New Delhi: South Asia Books, 1990, p. 296.
② Ibid., p. 299.
③ 塔伽尔是甘地组织的一个贱民福利组织（Harijan Sevak Sangh）的秘书。
④ B. R. Ambedkar, *What Congress and Gandhi Have Done to the Untouables*, Bombay: Thacker & Co., Ltd., 1945, p. 138.

因是甘地拒绝让贱民加入协会的董事会,当安倍德卡尔和许多其他团体的代表向甘地质询这种排斥时,甘地解释说:"为贱民谋福利的事业是一项苦修,印度教徒为了消除贱民制度的罪恶不得不去做这样的苦修,印度教徒为此捐献的钱已经收集起来了,从两种观点来看印度教徒都应单独运营协会,即从伦理和正义两方面都不能证明贱民要求在协会董事会获得一个席位是正确的。"安倍德卡尔则批评道:"现实是,甘地没有意识到他的教条对贱民带来了多大的侮辱,这个巧妙的措辞并不能成功隐藏它的粗俗的本质。"①

1945年,安倍德卡尔写了文章"国大党和甘地对贱民做了什么?"他引用了大量甘地的作品来证明甘地支持瓦尔那制度,支持资本主义工厂主和大地主,安倍德卡尔公开宣称甘地不信任民主,谴责国会是被"资本家、地主、放贷者和反动派经营的",并且只为"国家自由"而战斗,而不是为"政治民主"而战斗。②他告诉外国读者:"一个被污染的议会民主制的意识形态不会意识到在没有社会民主和经济民主的地方政治民主是不可能成功的……社会民主和经济民主是组织和纤维,组织和纤维越坚韧,身体的力量就越强大,民主就是平等的另一个称谓。"他批评印度的议会民主制已经忘记了平等的原则,因此"自由吞没了平等,使民主成了一个虚名和一场闹剧"③。

最终,安倍德卡尔与甘地在贱民问题上形成了明显的分歧。甘地认为贱民问题是印度教内部的问题,任何解决办法都要以不妨碍印度教和全民的团结为前提。安倍德卡尔则认为种姓印度教徒并不把贱民当作印度教徒看待,甚至待他们不如狗猫,因此贱民必须作为一个单独的少数集团求得自身的权利。在第二次圆桌会议前,甘地斥责安倍德卡尔把贱民与种族印度教徒从政治上分离是分裂祖国的自杀行为。安倍德卡尔则针锋相对地说:"你认为我有祖国,实

---

① B. R. Ambedkar, *What Congress and Gandhi Have Done to the Untouables*, Bombay: Thacker & Co., Ltd., 1945, p. 142.
② Ibid., p. 236.
③ Ibid., p. 447.

际上我没有祖国。为什么要把待我们不如猫狗，连一口水都拒绝给予的国家乃至宗教当成自己的呢？"谈到废除种姓制度，安倍德卡尔这样表述："印度教徒必须想想，是否到了该承认没有任何事是一成不变的，没有任何事是永恒的和永远的；每一件事都处于变动中，个人和社会的生活法则也在改变。……在一个变动的社会下，必然会对旧有的价值观产生一些变革。印度教徒必须了解，假使有些什么准则去估量人的行为，那么人们也必然会去修改这些准则。"①

对于解放贱民的方法，甘地主张用教育的方法，启发种姓印度教徒的良知，使他们逐渐认识到不可接触制的罪恶，认识到自己先前对贱民的歧视是不义之举而加以改变。他赞成贱民在必要时可以实行坚持真理的斗争，但是反对使用任何暴力。安倍德卡尔则认为甘地只是否认贱民制度，然而却公开赞扬四种姓制度的神圣，以此作为矫正西方个人主义的良药。安倍德卡尔批评甘地想要当救世主，而自己则对种姓印度教徒改变态度不抱希望，至少认为这是一段相当长的时期内做不到的事。他说：贱民不是印度教失控时产生的畸形儿，不可能通过良好的工作、道德的说服或者法律的规范而根除。相反，贱民制度是印度教对于"业"的特殊理解的逻辑必然结果。对于印度教来说，"业"是关于因果关系的理论，它将因果从意识（精神）世界向自然（物质）世界转换，反之亦然；如此，在现在或者过去生命中的不道德的业报（恶业）激发出五种比例不同的属性，使得每一个人与生俱来具有或多或少的纯洁性。从这一层面上说，印度教将不平等自然化和神圣化了。因此，安倍德卡尔认为不可接触制的移除需要"一个概念上的变化，一个心理状态的变革"。安倍德卡尔不相信种姓印度教徒真的愿意解救贱民，他认为甘地也并非真的要拯救贱民，而是出于民族斗争的需要，做表面工作。因此，他主张贱民要靠自己救自己，他们应当组织起来，开

---

① Ambedkar, *The Essentail Writings of B. R. Ambedkar*, Edited by Valerian Rodeigues & Valerian Rodrigues, New York: Oxford University Press, 2002, p. 304.

展坚决的斗争,迫使种姓印度教徒承认贱民的平等权利,贱民运动只能由贱民自己来领导,否则就没有胜利的希望。

二 关于贱民独立的政治、宗教身份的分歧

安倍德卡尔和甘地都希望能够解放贱民,但是在动机上存在着巨大的差异。安倍德卡尔社会改革的目的是将贱民彻底抽离出种姓制度,改变两千多年的不平等待遇。而甘地则以解放贱民作为印度摆脱殖民取得独立的部分进程。

安倍德卡尔与甘地的分歧之一在于:在民族独立运动的社会背景下,国大党是否能够代表贱民。事实上,甘地的民族主义的议程代表的是印度社会的精英分子和印度教改良主义者,安倍德卡尔对于甘地的批评集中在他以宗教作为国家特征的基础,他认为这是将国民身份分离开来,从而明显地导致了印度教徒和穆斯林的分离。[①]安倍德卡尔认为,如果印度要成为统一体,那么印度人所拥有的那些共同的东西就要被强调。[②] 要培养共同的身份感,对国家来说就是必须创造社会和经济的民主体系,并且认识到社会分层的多重类型,例如种姓、性别和阶级的差别,从而创造一个现代的民主化国家。

安倍德卡尔认为政治革命需要解决印度社会结构的现实问题,应当对社会不平等做出回应,在他看来,社会和宗教的革命是政治革命的先驱。国大党左翼认为如果经济不平等消失了,社会不平等也会随之消失,然而,安倍德卡尔则认为社会不平等可能支配物质不平等,因为富人会在那些"身无分文的圣人和苦行僧"的控制下摇摆不定。[③] 更有甚者,某些特定的社会类型,尤其是依据宗教的

[①] Ambedkar, "Pakistan or the Partition of India (1940)", *Ambedkar. org*, 2006/ Dr. B. R. Ambedkar, Dalit E-Forum, http://www.ambedkar.org, August 29, 2010.

[②] Ibid..

[③] B. R. Ambedkar, "Annihilation of Caste: With a Reply to Mahatma Gandhi (1936)", *Ambedkar. org*, 2006/ Dr. B. R. Ambedkar, Dalit E-Forum, http://www.ambedkar.org, August 29, 2010.

社会类型的统治，破坏了社会平等。

安倍德卡尔进而认为，政治结构的革命要想发生，"除非（人们）懂得在这样一场革命胜利后他们将被平等对待，并且将不再有种姓和教义的歧视……应当从一个更深的基础上给予程序上的保证，也就是，同胞面对彼此时的精神态度贯穿着个体平等和友爱的精神"①。因此，要想完成政治结构的革命必须首先改变社会秩序，社会公平是政治革命的前提，但是甘地或者国大党愿意承认这一点。②

甘地认为贱民从印度教中分离出去，对印度政治是极度有害的；而安倍德卡尔则认为印度教的种姓制度不可能给予不可接触者应有的保障。甘地则表示："不可接触者是印度教徒，将不可接触者在政治上与印度教种姓制度分离，这无异于一种自杀的行为。"③

在第二次圆桌会议中，针对选举制度二人的对立表现得更为激烈。甘地不愿意看到印度境内产生更多的政治、族群和宗教的分裂。对于少数族群要求的分别选举权，甘地主张即使承认穆斯林和锡克教徒的分别选举，也不需要给予不可接触阶级及其他弱势族群以特别的政治权利。甘地公开表示这样的分别选举会使不可接触制永久化，并造成印度教徒之间分裂。为了抗议英国殖民政府即将给予不可接触者以分别选举制，甘地一度在狱中绝食。他在给印度事务大臣萨穆尔·霍尔爵士的信中写道："若给予贱民以分别选举权，对贱民、对于印度教徒都将是有害的……印度教徒的选举权一旦划分，只会令他们分崩离析……若政府决定为贱民另外建立选举权，

---

① B. R. Ambedkar, "Annihilation of Caste: With a Reply to Mahatma Gandhi (1936)", Ambedkar.org, 2006/ Dr. B. R. Ambedkar, Dalit E-Forum, http://www.ambedkar.org, August 29, 2010.

② 甘地认为以理想化的四种姓制度为基础的传统印度社会秩序优于其他形式的社会结构，而国大党则认为政治和经济革命将战胜社会的不平等。

③ 山崎元一：《インド社会と新仏教：アンベードカルの人と思想》，东京刀水书房1979版，第36页。

我必绝食至死。"①

但是在安倍德卡尔看来，不可接触者是应被给予个别对待、特别保护的族群，他主张赋予贱民分别选举权及保留席位。安倍德卡尔在《国大党和甘地为不可接触者做了什么?》一书中，对甘地反对将贱民从印度教团体中分离出来的态度提出了异议。他认为将不可接触者从印度教社会中分离出来的恰恰是印度教的种姓制度。安倍德卡尔对于甘地的绝食及其态度表示质疑，"甘地没有为要求印度教废除不可接触制而采取绝食行动，却为何因为要阻止贱民提出的权利要求而绝食呢？……大多数的族群都认同分别选举制，为什么甘地反而为了不可接触者的分别选举要绝食到死呢？对于不利于不可接触者的事情，我是不会妥协的。"②

由于双方僵持不下，为了挽救甘地的生命，也考虑到贱民利益，安倍德卡尔最终做出了妥协，他说："被印度教徒视为神的化身的甘地，若在此时绝食死去的话，印度各村庄恐怕会掀起大量虐杀不可接触者的可怕风暴吧。"③ 经过协商，最终双方于1932年9月24日签订《浦那协定》，许诺给贱民148个席位，代表那些人数占多数的受压迫者生活的地区。问题是贱民只能推举4人代表选举，而且当贱民要选出他们的4名代表时，选区内所有的人无论何种种姓都有投票权。④《浦那协定》对于甘地来说可谓是他的政治攻势的一次成功，正如他在1933年对安倍德卡尔的评论："接受《浦那协定》，你就接受了你是一个印度教徒。"⑤ 安倍德卡尔试图为贱民保留一个像穆斯林一样的独立的政治身份，但是被甘地的绝食破坏了。《浦那协定》的一个关键结果是建立了一个包含所有印

---

① ［美］费希尔：《甘地传》，许章真译，远景出版事业公司1985年版，第202页。此信写于1932年3月。

② 山崎元一：《インド社会と新仏教：アンベードカルの人と思想》，东京刀水书房1979年版，第42页。

③ 同上。

④ Christophe Jaffrelot, *Dr. Ambedkar and Untouchability: Analysing and Fighting Caste*, Delhi: Permanent Black, 2005, pp. 64 – 65.

⑤ Ibid., p. 67.

度人的反贱民制联盟。但是，安倍德卡尔又就联盟如何运行问题与国大党发生冲突。安倍德卡尔认为联盟应当维护公民权利，特别是使用水源、学校，获准进入村庄广场和使用公共交通工具的权利，他还进一步呼吁给予贱民平等的就业机会，并计划通过让种姓印度教徒接受贱民"进入他们的家庭做客或者做仆人"来鼓励社会交往。① 但是以甘地为代表的联盟未予采纳，甘地对待贱民制度的方法是与安倍德卡尔提升贱民地位的目的不调和的。甘地相信贱民制度是种姓印度教的一个罪恶，因此他们（种姓印度教徒）应当承担起"哈里真阶级协会"的领导责任。而具有讽刺意义的是：这个在组织中保留着种姓等级制度的联盟，它的最初的目的是要征服种姓压迫。

如此看来，安倍德卡尔试图采取立法的途径为贱民争取法律上的平等，甘地则希望改变印度教徒对贱民的观念与态度来解放贱民。甘地认为只要建立了民族政权，包括贱民问题在内的一切内部问题都可以迎刃而解。他将民族斗争置于首位，不希望因为拯救贱民问题而导致印度民族内部发生分裂。就甘地的立场来说，他在权衡印度的发展和贱民解放二者关系时，认为贱民是印度社会的一部分，唯有印度取得独立，获得发展，贱民的未来才有发展。安倍德卡尔则认为民族斗争是需要的，但是仅仅建立民族政府是不够的，只要贱民制度在印度社会没有废除，甘地的行为都只是口号而已。他说："我们必须有这样一个政府：它的掌权者能够顺应正义的迫切要求，不畏惧改变社会的和经济的生活方式，英国人从未起到这种作用，只有属于人民的、为人民的、由人民掌管的政府……才能做到这点。"他还说："光有政治民主是不够的，印度的政府必须在社会领域也实行民主，并在平等、自由、博爱的民主原则基础上改造社会结构和人际关系。"② 1947年，印度独立后，安倍德卡尔

---

① Gail Omvedt, *Ambedkar: Towards an Enlightened India*, New Delhi: Penguin, 2004, pp. 49-50.

② 林立：《甘地、安培德卡尔与拯救贱民运动》，《南亚研究季刊》1993年第3期。

接受总理尼赫鲁的邀请加入独立的印度的第一届政府,作为司法部长领导"起草委员会"筹拟宪法,尽管在委员会做了大量工作,但委员会最终在某些方面采取了妥协。到了 1949 年,安倍德卡尔对印度的议会民主制感到非常灰心,他愤怒道:"我要亲自烧了宪法!"[1] 他对印度社会的担忧表露在 1949 年 11 月 25 日他在国民代表大会的演讲中:"我们必须使我们的政治民主同时也是社会民主。如果不在社会民主的基础之上,政治民主不能持久。社会民主是什么?它是一种生活方式,它承认自由、平等、博爱是生活的原则……(宣布宪法后)我们将进入矛盾的生活,在政治生活中我们有平等,但在社会和经济生活中我们将没有平等……我们一有机会就要消除这个矛盾,否则那些遭受不平等的人们将彻底毁掉我们费尽力气建立起来的政治民主的大厦。"[2]

从安倍德卡尔与甘地关于贱民独立身份的争议中可以看出,作为民族独立的领导人,甘地在贱民问题上却明显具有保守性。他一厢情愿地以反对贱民独立选举权的方式来维护团结,但却保留甚至是要恢复已经明显属于被时代淘汰的旧事物、旧制度。他对印度未来社会的理想带有鲜明的复古色彩,对瓦尔那制度的肯定与他的民族团结的目标并不符合,无怪乎他被安倍德卡尔批评为是改良而非革命。而安倍德卡尔原本寄希望于印度教内部通过改革解决问题,但是发现此路不通后,无奈之下求助于英国当局对贱民利益予以保护是自然而然的事,他想利用殖民统治来为贱民争取平等的身份和政治权利,为实现贱民解放的目的服务。这不可避免地给英国当局挑拨离间提供了机会,然而安倍德卡尔本质上是一位爱国的政治家,他并不认同英国在印度的殖民统治,国大党有人污蔑他是殖民统治的帮凶则言过其实。

---

[1] Gail Omvedt, *Dalit Movement in Colonial India*, New Delhi: Sage Publication, 1994, p. 325.

[2] James Massey, "Dr. Ambedkar's Vision of a Just Society", in Mohammad Shaurie, ed., *Ambedkar on Law, Constitution and Social Jutice*, Jaipur: Rawat Publications, pp. 168 – 169.

三 对改变信仰的不同态度

1930 年安倍德卡尔在龙城举行的全印度被压迫阶级会议上演讲时宣布，不管种姓制度带给他多少困难，他都不会弃绝印度教。但是经过多年争取社会平等的斗争失败后，安倍德卡尔不得不承认，种姓制度的阶级划分是不会改变的。其中有两点原因：一是印度教和种姓制度是不可分的，不可接触制是种姓制度的附属品，只要种姓制度存在就有贱民。贱民在种姓制度中无法获得解放，因此在印度教中也不可能获得解放。二是因为"人们的行为是对法典的信仰结果，如果他们不停止对法典神圣性的信念，就不会改变自身的行为"[①]。安倍德卡尔看到：只有改变信仰才能改变贱民的贱民身份，也才有可能改变贱民逆来顺受的心态。

对于圆桌会议和《浦那协定》的结果的幻想破灭了，安倍德卡尔与甘地的下一个对抗是安倍德卡尔号召改信。1933 年 2 月，他告诉甘地：他无法诚实地称自己为印度教徒，因为，如果他以身为印度教徒为荣，为何印度教将他贬低到这种地位？[②] 安倍德卡尔给曼达尔（Jat-Pat-Todak Mandal）[③] 会议的发言和他在 1935 年 10 月 13 日耶奥拉会议上，号召贱民离开印度教，因为在印度教中不可能解决种姓剥削。1936 年 5 月，他对贱民说："贱民制的问题是种姓印度教徒和贱民之间的阶级斗争的问题。这是一个阶级反对另一个阶级的不平等问题。这个斗争关系到社会地位……在他们的眼中你们的地位是低下的，你们是不纯洁的，你们必须保持最低等的状态，只有他们允许你们才能生活得幸福。一旦你们跨越了（他们规

[①] Ambedkar, *Annihilation of Caste*, http://ccnmtl.columbia.edu/projects/mmt/ambedkar/, August 30, 2010.

[②] Sangharakshita, *Ambedkar and Buddhism*, New Delhi: Windhorse Publicatins, 2000, p.59.

[③] 桑特·拉姆（Sant Ram, 1887—1988）建立的反种姓制度的组织，成立于 1922 年，组织的目标是通过实施不同外姓之间的婚姻来破坏种姓制度。曼达尔是雅利安社中一个更为激进的反种姓分支，起初与雅利安社关系密切，最终由于意见不合与雅利安社决裂，成为独立组织。

定给）你们的界限，斗争就会发生。"①

安倍德卡尔的改信方法是简单而直接的。因为歧视的源头建立在宗教禁忌的基础上，安倍德卡尔得出的唯一方法就是"洗净这个污秽……也就是抛开印度宗教和社会的锁链的禁锢"②。对于安倍德卡尔鼓励贱民脱离印度教的行为，甘地予以反对，他认为：信仰是一个人完整的自我的一部分，宗教信仰不能像房子或者衣服一样随心所欲时常更换；若要评判一个宗教，必须从这个宗教的优点来评估，而不是从其缺点来检视。他认为大部分的宗教都是在启发真理，或许本身不够完美，但是对于自己信仰的宗教的缺点应当设法改善，而非弃之不顾，应吸纳其他宗教的长处融入自己的宗教内。然而，甘地也表示种姓并不真正是印度宗教的一部分。"种姓对于宗教无关紧要。它是一个习俗，我不知道它的起源也不需要为了满足我精神上的饥渴而了解它。但是我知道无论对于人的心灵还是国家的发展来说它都是有害的……所有人都是好的，合法的，拥有绝对平等的地位。"③ 甘地承认安倍德卡尔批评种姓印度教徒所实施的对贱民的不公待遇是正确的，他也主张取缔种姓印度教徒对贱民的不公平做法，他同意阶级差别是印度社会进步的阻力，也是印度教受到批判的主要原因，因此主张改革印度教。

安倍德卡尔则不赞同甘地的宗教观，他认为，并不是所有的宗教都是真理，每个人都有权利表达自己认可的真理。"印度教对我们无益。不平等是它的基础，它的伦理就是受压迫的阶级永远无法获得充分的人权。我同意甘地先生所说宗教存在有其必要性的说法，但不同意他所说的，如果一个人发现他所信仰的古老宗教并不

---

① B. R. Ambedkar, "The Path to Freedom (1935)", in D. C. Ahir, *Selected Speeches of Dr. B. R. Ambedkar (1927 – 1956)*, New Delhi: Blumoon, 2000, p. 16.

② Ibid., p. 18.

③ M. K. Gandhi, "A Vindication of Caste by Mahatma Gandhi" in "Annihilation of Caste: With a Reply to Mahatma Gandhi (1936)", *Ambedkar*, *org*, 2006/ Dr. B. R. Ambedkar, Dalit E-Forum, http://www.ambedkar.org/, August 29, 2010.

能作为规范他行为的标准，或作为鼓励他进步和福祉的源泉时，还要继续信仰这个宗教。"① 安倍德卡尔认为："道德不需要神的认可。人必须具有道德，但不是为了要取悦神，而是为了人类自己的好，人必须爱他人。""宗教作为社会道德的规范，必须具有自由、平等、博爱的基本信条。一个宗教除非具备社会生活的这些准则，否则它将消亡。"②

甘地反对贱民舍弃印度教信仰，改宗其他宗教。他批评贱民没有充分认识其他宗教的能力，他说："（贱民）改信都不是精神行为，而是为了利益。'哈里真'分辨相对优势的能力比一头牛好不到哪里去。'哈里真'没有头脑，没有智慧，分不清神和非神。"③他曾经批判基督教会劝诱贱民改信的目的，认为基督教是以物质和社会福利吸引贱民改信，如同"贩售商品"。他说："教会所做的社会服务并不是为教会而做，而是为了救助那些需要接受社会福利的人……当你们从事医疗救助时，却期待那些病人能成为基督徒来报答你们"，"要相信你不是来这里贩售宗教商品，而是要与大家一同分享世界上的物品，分享那些你恰巧比别人拥有的更多的物品。这样你就会心无芥蒂地工作，其实也就与大家分享了你的精神财富。若你心中有所保留，你就是期待那个人能为了报答你的服务而改变信仰"④。对于伊斯兰教吸收贱民甘地并不反对，甚至提出协调的方法。这或许是考虑到"国家前途""穆斯林的势力"和"贱民的解放"三者的平衡，不得已而给予穆斯林多一些的政治利益。

安倍德卡尔对于改宗基督教和伊斯兰教的看法是：基督教提供的社会福利和医疗照顾只考虑了高等种姓，对于贱民并无多大助

---

① Nagendra Kr. Singhn, *Ambedkar on Religion*, New Delhi: South Asia Books, 2000, p. 425.

② K. N. Kadam, *The Meaning of the Ambedkarite Conversion to Buddhism and Other Essays*, Mumbai: Popular Prakashan, 1997, p. 26.

③ Nagendra Kr. Singhn, *Ambedkar on Religion*, New Delhi: South Asia Books, 2000, p. 383.

④ Ibid., pp. 383-384.

益。而贱民在改宗基督教后，也并没有因此改善他们在种姓社会中的地位。由于贱民数量众多，若选择改信穆斯林将直接影响到印度社会的安危，考虑到伊斯兰教与印度教历史文化的冲突，及现实中穆盟和国大党对立的状况，作为一位具有爱国之心的社会改革家，安倍德卡尔并不愿意因为贱民改信对印度造成伤害。最终，经过审慎的研究选择之后，安倍德卡尔在他生命即将终结的1956年选择佛教作为改信对象。

安倍德卡尔与甘地的关键区别在于：甘地倡导的是在神面前的人人平等，而安倍德卡尔要求在法律面前的平等。甘地将瓦尔那理想化，谴责那些违反它的人。安倍德卡尔回应甘地的是他错误理解了改信的要旨，他号召改信的最终目的并不仅仅是为了宗教平等，而是人与人之间的平等。他坚持认为正是印度教鼓励了社会的不平等。"印度社会必须在认可自由、平等和友爱原则的宗教基础上重组；若要达到这个目标必须打破种姓和瓦尔那制度的宗教神圣感；要打破种姓和瓦尔那的神圣性只能通过丢弃印度教圣典的神圣权威来实现。"[①]

小　结

印度的社会问题是复杂的，真正的人民运动需要同时反对帝国主义、内部的资本主义买办、封建地主以及婆罗门等，安倍德卡尔超越了其他同时代的人，首先认识到这一点，但不幸的是以他的力量无法解决所有问题，而且他的意识形态和斗争纲领也使得他不得不把斗争焦点集中于达利特——这个社会多重剥削中的受害最严重者，这反映了安倍德卡尔斗争的局限。安倍德卡尔清楚种姓制度是建立在多重支柱上的，如印度社会的宗教——文化关系，封建关系下形成的农村土地关系，以及与之相关联的国家政治结构等，想要

[①] B. R. Ambedkar, "Annihilation of Caste: With a Reply to Mahatma Gandhi (1936)", Ambedkar. Org, 2006/ Dr. B. Ambedkar, Dalit E-Forum, http: //www. ambedkar. org/, August 29, 2010.

消除种姓就要打破所有这些。他很快意识到有必要首先利用政治权利来打破这重重障碍，对于剩下的信仰系统的变革则需要通过文化或者宗教的途径。因此他十分强调政治权利的必要性，政治权利的获得对于达利特来说是重要的一步，它可以首先克服达利特心中的恐惧，随之而来的是他们的经济、教育等状况可以得到改善。从这一点来说，他第一次把种姓问题、贱民问题从文化层面带入了政治领域，这大大超出了以往改革者主要仅仅为贱民谋求社会救济利益的斗争范畴，也超出了甘地以及国大党为代表的印度教精英们的运动框架。

安倍德卡尔对待甘地的态度部分原因是甘地的"复古"主义和改良方式，他反对甘地对瓦尔那制度的理想化的说法以及他对农村生活的赞赏。安倍德卡尔认为乡村生活是印度的祸根，乡村代表的是无知、狭隘的胸襟，那里是地方主义、社群主义的窝巢，甘地和他的国家形象在很多方面挫败了安倍德卡尔关于国家进步和贱民提升的理想。甘地的"复古"在很多方面表现为反西方，他欢迎的是传统印度的理想化的农村，拒绝西方现代观念，提倡反西方的简单生活，拒绝西方的消费至上，他视西方文明为无灵魂的，长久而言将是毁灭性的。他相信印度传统为社会中的每个人提供了一个现成的角色，在他的国家形象中，种姓被剥夺了它的负面特征，每个人在神的面前都被视为平等的。他呼吁每个人在自己的瓦尔那中勤奋工作，并在甘地式的、理想的印度教范围内严格遵守道德的生活。安倍德卡尔与甘地的冲突深深植根于对他的这种国家认同上，安倍德卡尔反对以宗教形式划分国家，他的理想是公民社会，其基础是个人平等而非群体平等，在这样一个公民社会中，人们对于同胞的态度是人与人之间的平等和友爱，要想获得这样的民主社会首先要改变社会秩序，因此首先要进行一场社会改革作为政治革命的前提。他的目标是"拆除所有人为的种姓壁垒，在与公民权有关的范围内使人与人无差别"，他认为正是印度教体系给予了种姓制度神圣性，无论多么理想化，这种建立在不平等关系上的宗教都不可能构成一个公民社会的基础。

安倍德卡尔的后人将他的肖像塑造成粉色皮肤,身着蓝色西装,代表了他对现代化的坚持,这与甘地身着印度土布、手摇纺织机的反现代化形象形成鲜明对比。另外,安倍德卡尔的形象往往手持一本书——《印度宪法》,甘地则往往手持另外一本书——《薄伽梵歌》。

第三章

安倍德卡尔的"新佛教"

第一节 安倍德卡尔的思想渊源

安倍德卡尔生活在一个变动的时代，他一生中经历了英国在印度殖民统治的末期以及印度民族解放运动实现独立的过程，也是印度社会从传统走向现代化的转折时期。与社会变化相伴随的是思想文化的剧烈激荡，传统与现代在某种程度上交织与碰撞。安倍德卡尔的思想有其自身逻辑发展的线索，也不可避免地带有时代的印记，作为贱民出身的印度知识分子、一位学者、一位改革家、一位法学家、一位政治家，他是一个具有多种角色和多重品格的人，他的思想有对传统的接纳，有对西方的利用，更有基于自己研究所进行的重新建构，这一切都与他的贱民身份、教育经历以及家庭生活有着千丝万缕的联系。

一 杜威的现代思想

从孟买埃尔芬斯顿学院毕业后，安倍德卡尔幸运地获得了巴罗达王公提供的留学奖学金，于1913年赴美国哥伦比亚大学深造，后又去英国学习，留学经历使他能够直接接触到西方思想和文化，对其思想的形成和发展产生了主要影响，使他成为印度近代少数受西方文化影响的杰出领袖之一。

安倍德卡尔在哥伦比亚大学经三年（1913—1916）的学习，获得经济学博士学位。求学期间，适逢哥伦比亚大学发展的黄金时

第三章 安倍德卡尔的"新佛教"

期,这里云集了当时名噪一时的著名学者,包括杜威、埃德温·塞利格曼[1]、詹姆斯·哈威·鲁滨逊[2]、莱斯利·A. 怀特[3]等。他利用一切所能得到的、"尽可能多的顶级的哥伦比亚大学的教授能够提供给他的,无论他们处于什么领域"。他们为他"揭示出一个乐观主义的、广阔的和实用主义的知识体系"[4]。

结束了在哥伦比亚大学的日子,安倍德卡尔继续前往伦敦经济学院,其指导教师是著名的经济学家埃德温·坎南(Edwin Cannan,1861—1935)。在坎南的指导下,安倍德卡尔完成了学业,获得理学博士学位,[5]并通过了律师资格考试,1923 年最终回到了印度。

留学期间,除了英、美经济学流派之外,安倍德卡尔也接触到了当时在西方广泛流传的马克思主义。他花费大量的时间研究马克思主义理论,对马克思主义有一定程度的了解。但由于他不赞同马克思主义关于"宗教是鸦片"的说法,最终他成了马克思主义的反对者,他认为马克思主义的斗争方法也不适用于印度国情,但是由于他对马克思主义的研究,为他以后构建新佛教思想提供了有益的

---

[1] 埃德温·塞利格曼(Edwin Robert Anderson Seligman,1861—1939),是美国著名财政学专家,作为安倍德卡尔的指导教授,他对安倍德卡尔的经济思想影响很深。在塞利格曼的指导下,安倍德卡尔先后完成了硕士、博士学位论文,他的博士学位论文于 1925 年出版,名为《英属印度地方财政发展》,这是安倍德卡尔经济思想代表作。论文批评了英国财政体系对印度发展造成的伤害,并提出了一些解决的方法。

[2] 鲁滨逊(James Harvey Robinson,1863—1936)与其影响下的同事和学生——如比尔德、贝克、巴恩斯、肖特威尔、海斯和桑代克等,一起组成了在 20 世纪上半期风云全美的"鲁滨逊新史学派"。鲁滨逊新史学派是以哥伦比亚大学为大本营、J. H. 鲁滨逊为核心形成的一个带有某种共同治学取向,具有一定的史学派别性质的史家群体。时人即有"鲁滨逊先生派""哥伦比亚史学派"之称。

[3] 莱斯利·A. 怀特(1900—1975)是美国知名人类学家,文化进化理论、社会—文化进化论以及新进化论的代表。他对创建密歇根大学人类学系发挥了关键作用。怀特于 1964 年任美国人类学协会主席。

[4] Eleanor Zelliot, ed., *From Untouchable to Dalit*: *Essays on Ambedkar Movement*, New Delhi: Manohar, 1992, p. 85.

[5] 1923 年出版了他的博士论文《卢比的问题》,一部主要解决印度货币问题的经济思想著作。坎南对此书给予了高度评价:"安倍德卡尔先生不偏不倚切中问题要害,即使我当时认为他的论点完全错误,但是我已经看到他生气勃勃的观点和推论。"引自 *Dr. Babasaheb Ambedkar*: *Writings and Speeches*, Govt. of Maharashtra, Vol. 6, 1989, p. 331.

借鉴。

在安倍德卡尔留学美国和英国期间，广泛接触到当时西方流行的各种思想，这其中以约翰·杜威对他的思想影响最为深刻。约翰·杜威（John Dewey, 1859—1952）是20世纪美国著名的实用主义哲学家、教育家和社会评论家，自1904年起，杜威在哥伦比亚大学哲学系任教长达47年。安倍德卡尔进入哥伦比亚大学后师从杜威研究道德哲学，受到杜威的实用主义启发，安倍德卡尔获益良多。身为哲学家、教育家的杜威，除了研究学术之外，也积极投身社会改革，他的影响遍及美国和其他国家，这对于立志投身贱民解放运动的安倍德卡尔，无疑具有极大的号召力和启发性。安倍德卡尔在一些演讲或者著作中，在引用杜威的思想时，常常亲切地以"我的老师"称呼之。安倍德卡尔不仅终身追随杜威的思想，并且据安倍德卡尔的妻子所述，30年后坐在当年的教室里，他还乐于模仿杜威独特的授课风格。[1]

（一）民主、平等与印度社会

安倍德卡尔的作品中大量引用杜威的著作，杜威的思想深深嵌入安倍德卡尔的意识中，甚至是常常在他的讲演中流淌出来。安倍德卡尔不仅借用杜威的概念和观点，他的方法论和论证方式也受到杜威的影响。他们都认可社会运动变化的必要性，挑战当时有关"天意"和"天定命运"的目的论的理念，认为每个时代的思想往往受制于每个时代自发的社会条件，因此，他们都偏重从历史角度反思过去对于当前问题所留下的影响和痕迹，从而确定对于当下来说过去遗留下来的究竟有哪些是于今有益的，而哪些是有害的？对崇拜传统和永恒的真理表示怀疑和批判。

按照杜威和安倍德卡尔的观点，人类社会的演变是连续不断、又不成比例的，通过教育和交流可以创造和重塑人类的世界。"他

---

[1] Eleanor Zelliot, ed., *From Untouchable to Dalit: Essays on Ambedkar Movement*, New Delhi: Manohar, 1992, pp. 79-85. 哥伦比亚大学为了奖励安倍德卡尔的贡献，在1952年授予安倍德卡尔名誉博士学位；2000年，哥伦比亚大学还在校园放置了安倍德卡尔的半身塑像。

们的人类不是原子论的、启蒙思想中的个体的人,而是总是准备嵌入社会中的个体的人,民主对于社会化的个体的生存和发展来说是最理想的社会秩序。"[1] 杜威的个体是与民主社会联系在一起的。于是关于民主的概念,杜威在《民主与教育》一书中这样阐述:"可供衡量社会生活价值的两个要点是:群体的利益让所有成员共同参与的程度;群体与其他群体之间的互动是否是全面的和自由的……一个社会若能妥善安排所有成员平等地参与全体的共同利益,并且在与其他群体互动中弹性地调整制度,(这个社会)就可以算是民主的。"依杜威所言,在一个民主的社会中,不同的团体之间应当能够全面而自由地相互往来。一个社会中只有其成员具备共同的价值观及共同目标,其成员才会为社会目标的实现共同努力并相互体恤。"要使社会存在许多共同的价值观,必须所有成员在彼此的接受和给予上都能机会均等。人们必须有很多一起从事的事务和共同的经验。否则,那些可能把一些人教育成主人的影响,会把另一些人教育成奴隶……把社会划分成享受权利的阶级和受役使的阶级,会妨碍其内向渗透。它所造成的恶果,对优势阶级而言虽然物质损失较小,也比较不明显,也是同样有害的。"在杜威看来:"民主不只是一种政治形态,主要是一种共同的生活模式,一种协调沟通的经验。本来是空间距离相隔的人们,因为参与共同的兴趣、利益而彼此在行为上互相参照,自己的行为因考虑到他人的行为而有了要点和方向,这等于打破了原来存在于阶级、种族、国家领土之间的屏障。使人们能看到他人行为的重要性……(人们之间)接触点越多,越有变化,表明个人必须回应的刺激越多样……多样的刺激能使人释放出力量。"[2]

安倍德卡尔从杜威那里借用了术语"内渗"(endosmosis),他常常在自己的文章中使用这个词语来比喻民主社会内部的沟通。安

---

[1] Arun P. Mukherjee, "B. R. Ambedkar, John Dewey, and the Meaning of Democracy", *New Literary History*, Vol. 40, No. 2 (Spring, 2009).

[2] [美] 约翰·杜威:《民主与教育》,薛绚译,译林出版社 2012 年版,第 89、76—79 页。

倍德卡尔将"社会内渗"作为一个具有启发意义的工具应用到自己的作品中。他说:"当一个社会中的团体被区分为特权阶级和服务阶级,社会内渗——拥有多种连接点的个体的自由传播(流动)就不可能再发生。社会机体的动脉硬化就开始了。"依照这种观点,安倍德卡尔认为分等级安排的种姓团体阻止了人们的自由流动和思想观念的自由运动,因为种姓社会没给人们提供交流的渠道。一个只拥有"自己的利益"的团体会被排除在与其他团体的互动之外,它的主要目标只是保护它自己所获得的利益。安倍德卡尔这样描述他的理想国:"我的理想是社会建立在自由、平等、友爱的基础上……理想社会应当是易变的(动态的),应当为这一部分向其他部分变化广开通道。一个理想的社会里,利益应当交流和共享,(人们)应当与其他协会(联盟或社团)有多种多样的自由的接触,换句话说,它们必须是'社会内渗'的,这就是友爱、民主的另一个名称。民主不仅仅是一种政府形式,它首先是与生活相关的一种模式,相互关联的交流的一种模式,它本质上是对同胞的尊重和尊敬的态度。"[①]

安倍德卡尔的民主的观点强调个体作为团体成员为出发点。他认为拥有一个团体成员的资格,决定了成员的命运。例如他出生于一个特定的家庭所以属于特定的种姓或者阶级,因此导致了他在社会团体中的成员资格。当这些团体之间存在自由的社会互动,人们就可以很轻易地穿越这些团体,我们就有一个民主的社会。而现实社会中存在的是大量保有"各自的利益"的团体,导致了社会矛盾和对民主原则的蔑视,因此,民主只能成为人们为之奋斗的理念。

安倍德卡尔认为印度社会缺少的就是这种内渗现象,他说:"一个自由的社会秩序竭力要做的是保持社会内渗的所有通道,这只有当各阶级能自由、充分地分享更广泛的共同利益、事业和财富,拥有大量的共同价值时才有可能……印度社会秩序最醒目的是

[①] Arun P. Mukherjee, "B. R. Ambedkar, John Dewey, and the Meaning of Democracy", *New Literary History*, Vol. 40, No. 2 (Spring, 2009).

禁止社会不同等级之间自由交换、自由学习，禁止共餐和通婚，《摩奴法典》甚至到了禁止普通的社交的地步。"[1]

安倍德卡尔批判在印度社会中，统治阶级是一个封闭的团体，不是出身于这个团体的人是被拒绝的，而印度的传统社会哲学和社会观点也维护这种封闭性。在这样的社会中，低等种姓是孤立的，那么怎样才能改变这种孤立呢？唯一的方式就是建立他们自己的"亲属关系"，与能从种姓精神中解脱出来的另一个团体合并，这就是亲属关系（同源关系）的重要性。

从贱民的角度出发，安倍德卡尔认为仅仅有法律也不足以支持和保障民主。1928年，在给殖民政府法律委员会提交的陈述中他抱怨印度的行政部门、警察和司法系统对待贱民的所作所为，贱民被拒绝受雇进入军队、警察部门，被拒绝进入学校，甚至侵犯了他们的公民权利也不必受到惩罚。"他们（贱民）不能过更干净和更高级的生活，因为生活在高于被规定的状态是与大多数人的宗教观念相对抗的。""于是社会礼仪残酷地执行以反对贱民阶层，贱民试图行使最基本的公民权利，其结果只能是激起大多数人以最糟糕的暴行来对待他们……而反对暴行寻求保护需要国家警察的权力来维护，但是不幸的是：在任何斗争中，贱民是一方，而高等种姓是另一方。警察权力总是和统治者的多数联合在一起，贱民无论在警局或者国家的行政机构中都无立足之地。"[2] 在草拟宪法时，安倍德卡尔虽然争取到废除贱民制度的条款，但也仅限于法律上的保障，由于印度社会存在着根深蒂固的旧习，贱民仍然无法在社会层面、在人权层面获得公平、正义的对待。在他看来，各阶级间由于缺乏共同的价值观而存在着对立，这不是真正的民主社会所应有

---

[1] Ambedkar, "India and the Pre-Prequisites of Communism" (undated manuscript), in *Dr. Babasaheb Ambedkar's Writings and Speeches*, Vol. 3, Bombay: Education Department, Government of Maharashtra, 1979, p. 113.

[2] "Ambedkar, Submission to the Indian Statutory Commission (1928)", in Ambedkar, B. R. and V. Moon, *Dr. Babasaheb Ambedkar*, *Writings and Speeches*, Vol. 2, Bombay: Education Department, Government of Maharashtra, 1979, pp. 445–46.

的，也不能为印度带来整体的社会利益。

因此，安倍德卡尔斗争的目的是要为贱民争取到真正的民主，使贱民在人权、社会地位、个人价值方面获得真正的平等与尊重，也使印度各种姓间得以相互往来，甚至是政治生活的共同参与。这样的民主不仅有利于贱民，也会使印度整个国家的潜力得以释放。在议会中为不可接触者争取选举权时，他说："政府应当是关系到个人权利的机构，而每一个个体都应该拥有参与政府管理的权利。"[①] "公民权中最重要的两个权利是代表权和公职参与权。但是不可接触者由于他们的不可接触性而无法行使这两种权利。"[②] 以当时印度的种姓制度状况而言，只要贱民制度存在，印度就不可能实现民主社会的理想。1930年由英国首相麦克唐纳召集的圆桌会议上，安倍德卡尔阐述了他的"纸上权利"的失败。他说："宪法可能给我一定的权利，但我知道有99%的印度人将不允许我行使这些权利，那些纸上的权利对我有什么用？除非宪法规定如果任何人侵犯了我的权利他将受到必然的惩罚。"[③]

杜威在《民主与教育》一书中提到："每个社会群体里都有许多与人际关系类似机器零件；人们为了自己的利益而利用他人，不顾被利用的人有什么感受和想法，是否同意被利用。这种利用行为突出的特点是在体型上居于优势，或地位比人优越，技术比人强，能用的工具不论是器具或者金钱比人充足的那些人。父母与子女的关系……统治者与被统治者的关系，如果仍是处于优劣对比的关系，那么不论彼此互动多么密切，都不会成为真正的社会体。"[④] 在杜威看来，团体中的平等关系对于一个真正的社会体来说是必要的。

---

① K. N. Kadam, *The Meaning of the Ambedkarite Conversion to Buddhism and Other Essays*, Mumbai: Popular Prakashan, 1997, p. 6.
② Ibid..
③ "Ambedkar, Dr. Ambedkar at the Round Table Conference (1928)", in B. R. Ambedkar and V. Moon, *Dr. Babasaheb Ambedkar, Writings and Speeches*, Vol. 2, Bombay: Education Department, Government of Maharashtra, 1979, p. 538.
④ [美] 约翰·杜威：《民主与教育》，薛绚译，译林出版社2012年版，第4页。

安倍德卡尔深刻了解印度种姓制度的弊病和对社会的危害。种姓制度在印度社会绵延数千年的原因其中之一就是统治阶级对被征服者的政治上的控制。历经几千年，这种优劣对比关系仍未改变。依照杜威的理论，由于种姓制度的存在，印度社会还不是真正的社会体。近代以来，种姓制度已不能满足印度社会实际变动的需要，在西方人权、自由、民主思想的冲击下，更凸显其弊病。因此，他认为唯有废除印度教传统的种姓制度，才能改善各种姓阶级的对立，促进印度社会的真正进步。

（二）信仰、理性与印度宗教

关于如何对待历史上流传下来的传统和信仰的问题，杜威的观点是：应该通过理性思维来检视传统与信仰的现代性与合理性，并依据自己的理性，选择接受那些仍有价值的信仰及传统。在理性思维的过程中，还必须同时照顾到社会的整体进步与利益。杜威认为，"人是理性的动物，是一个思索的生命体，不加思索的生活是不适合人类的。因此，人必须对事物的道理进行思索，而不是因习俗和政治权力去接受。（人们）发展了一个理性研究的方法，在一个不可动摇的基础上，证明哪些要素应被置于传统信仰中；（人们）发展了一套思维和方法，可以在净化传统的同时，既保留它的道德，又不损害到社会的价值；并且，在净化传统的同时，赋予它们力量与权力……这便是运用哲学在理性的基础上作证明，而不是仅在形式上接受信仰及传统"[①]。

为了说明对传统信仰的理性分析，杜威提出了关于宗教中教义和教规的区别："就一般教理的价值考量来说，它提供给我们一个基本要项，即：教规是实用的，是处理事情的习惯方式；而教义是智慧的，是判断事情的有效方法……教规，不具有真正道德的本质，它规定了人们特定的行为方式；教义则像是正直

[①] K. N. Kadam, *The Meaning of the Ambedkarite Conversion to Buddhism and Other Essays*, Mumbai: Popular Prakashan, 1997, pp. 23 - 24.

的、公正的黄金准则，给我们一个基准去探讨和检测既有的问题。"①

受到杜威思想的影响，安倍德卡尔对教义和教规的看法，与杜威的观点相当接近。他说："教规是实用的，是依遵指示而为的习惯性处理事情的方式；而教义是智慧的，是判别衡量事理的有效方法……在人们考量事情时，教义可根据人们的意愿及目标提供相关的参考，以便人们对事情作充分的评价和思考……教规或许是正确的，但依据教规所做的行为却是刻板的。"② 他认为宗教的教义是一种原则性的意识形态，也是道德伦理的判断标准；而教规有时来自社会约定俗成的惯性，不一定是理性的。因此基于《摩奴法典》中的宗教神话而形成的印度教的繁缛的传统仪式和教规，便是不公正、不理性的规范，它将贱民置于不堪的社会境地。

安倍德卡尔以《吠陀》经典和《摩奴法典》二者关系来说明教义与教规的区别。自20世纪20年代起，安倍德卡尔多次谴责印度教圣典将婆罗门矗立在印度社会的顶端，而将贱民种姓贬抑至社会的最底层，使之成为印度社会、经济、宗教和政治上的奴隶。公元前10世纪中叶形成的吠陀文献，以"吠陀天启""祭祀万能""婆罗门至上"为特点，成为印度宗教和正统哲学的思想渊源，也是印度教教义的主要源流。同一时期，种姓制度形成，不可接触者出现在文献记录中。③ 伴随印度教的发展，婆罗门编纂了各种法典来维护种姓制度，尤以《摩奴法典》最为权威和详

---

① K. N. Kadam, *The Meaning of the Ambedkarite Conversion to Buddhism and Other Essays*, Mumbai: Popular Prakashan, 1997, p. 20.

② Ibid..

③ 见尚会鹏《印度文化史》，广西师范大学出版社2007年版，第38页。作者指出，梵书中提到，凡是木匠（多属首陀罗）接触过的东西就会使祭典不洁。他们实际上是印度"不可接触者"的前身。作者还指出，在几个正式的种姓之外，还有两个重要的集团，一个是雅利安人，因不遵守婆罗门教规，仍以游牧为生，因履行规定的仪式留在婆罗门社会中，地位较低；另一个则是非雅利安人。这两支人住在自己的村里，有自己的统治者，很可能是有文献记录的最早的不可接触者（即贱民）。

尽，它完整地制订和规范了印度教各种姓应遵循的生活方式和道德伦理。由于古代印度不存在所有人都应遵守的具有普遍意义的法律，因而《摩奴法典》就成为印度教社会的法规总汇和伦理道德的指南，具有最高法律权威的地位，也成为维护种姓制度的主要力量。

作为印度教的主要教义的《吠陀》经典，其内容包含着印度古代文明的诸多源头，例如哲学思想、辩证科学及历法算术等。但是，作为印度教教规，对印度教徒的生活具有指导意义的《摩奴法典》，却象征着印度人对古老神话的迷信和对被征服者的残忍，特别表现为对不可接触者的歧视和迫害。因此，这样的教规绝对不符合杜威和安倍德卡尔所说的理性主义原则。为此，安倍德卡尔对《摩奴法典》予以严格批判，"《摩奴法典》制定了印度教徒必须遵循的教规……每一个印度教徒必须信奉《吠陀》，不能信奉其他的。当《吠陀》经典的含义受到怀疑时，要如何解释它的内容？在这个重要问题上，《摩奴法典》的看法是相当明确的……基于这样的规定，用理性主义作为解释《吠陀》经典的准则，是绝对要被处以刑罚的。所以，只要是《吠陀》经典所规范的事，印度教徒是完全没有思考的余地的"[1]。安倍德卡尔认为，《摩奴法典》作为维护种姓制度的教规，它的严格和刻板使得印度社会失去了理性理解经典的能力和机会，以至于种姓制度这种落后而僵化的制度得以永恒存在。

杜威认为："每个社会都可能被一些琐事、旧时代留下来的无用的东西，根本违背常理的事物所牵绊。……当社会渐趋文明，（人们）会明白应该传承保存的并不是既有的一切成就，而是那些能够使社会的未来更好的部分。"[2] 因此，每个社会都有对继承下来的传统进行改革的必要。种姓制度是维持印度教社会的框架，它

---

[1] Ambedkar, *The Essentail Writings of B. R. Ambedkar*, Edited by Valerian Rodeigues & Valerian Rodrigues, New Delhi: Oxford University Press, 2002, p. 295.

[2] ［美］约翰·杜威：《民主与教育》，薛绚译，译林出版社2012年版，第19页。

全面地规范着社会秩序,对于下层种姓是牢不可破的桎梏,近代以来,种姓制度更加成为印度社会进步的绊脚石。安倍德卡尔在他的《种姓的消除》一书中,证明了古代印度教的法典、圣典等梵文文本所繁殖出的种姓理论是多么荒谬,并提出以它们继续作为当代印度社会的指南是不合格的。安倍德卡尔主张印度教徒应当摒弃那些不合时宜的传统:"印度教徒应当考虑是将保存的全部社会财产传给后世,还是选择有益的传统留给后世。我最感谢的老师杜威教授所说,'每个社会都会被那些微不足道,自古代流传下来却无疑已经是错误的、腐朽的东西所牵累。当一个社会变得更加文明,它会意识到应当保留和传播的不是所有现存的成就,而要保留的是有助于未来社会更好发展的那些成就'。"[1]他批判印度教只不过是一些烦琐的传统仪式、习俗及教规,不具备理性的宗教性格。相反地,在他的《佛陀及其教法》中对佛教予以赞许:"佛教是宣扬理性主义的……在佛陀看来,没有什么是绝对权威的,也没有什么是永恒的。在任何必要的时候,任何事件都可以被再次检验和重新诠释,因为人们必须认识事件的真实面貌。佛陀也确知自由思考是发现真理的唯一途径。反之,《吠陀》经典的绝对权威则完全否认了人们思考的自由。"[2] 1927年,安倍德卡尔带领贱民焚烧了《摩奴法典》,多年后在接受采访时,谈到焚烧《摩奴法典》的意义,他说:"这是审慎而又激烈的一步,目的是要引起种姓阶级的重视。有时激烈的纠正措施是必需的。如果你不自己敲门,就不会有人为你开门。"[3]

由于对杜威思想的推崇,安倍德卡尔在日后的政治斗争和社会改革中,甚至是新佛教思想的构建中,无不体现出民主、平等和理

---

[1] B. R. Ambedkar and V. Moon, *Dr. Babasaheb Ambedkar*, *Writing and Speeches*, Vol. 1, "Annihilation of Caste with a Reply to Mahatma Gandhi (1936)", Bombay: Education Department, Government of Maharashtra, 1979, p. 79.

[2] K. N. Kadam, *The Meaning of the Ambedkarite Conversion to Buddhism and Other Essays*, Mumbai: Popular Prakashan, 1997, p. 17.

[3] Sangharakshita, *Ambedkar and Buddhism*, New Delhi: Windhorse Publications, 2000, p. 56.

性思想的光辉，他的思想的核心即自由、平等、博爱的形成与之对于西方理念的吸收密切相关，他将具有西方色彩的现代理念与印度古老的宗教哲学相结合，以实用主义的方式对佛教思想进行了现代性的重构，以至于他的新佛教被西方学者称为杜威式的、实用主义的佛教。

二　印度思想先驱和改革家

印度传统文化的影响是安倍德卡尔思想源泉之一。他接受了印度传统文化中富于改革精神和人道主义的思想。安倍德卡尔坦承："人人都有自己的导师，我也有，我有三位导师……他们的教导对我一生影响深远。"[①] 他所说的这三位导师分别是佛陀、卡比尔和普勒。

（一）三位导师——佛陀、卡比尔、普勒

安倍德卡尔最早接触佛教始于他通过大学入学考试时，在亲朋好友们为他的成功庆祝的聚会中，父亲的一位好友，社会改革家克鲁斯卡送给他一本《佛陀生平传》，这本书促发了安倍德卡尔对佛教最初的兴趣，正如多年后他所说，"正是透过这本关于佛教的研究著作，使我越来越想探究佛教。佛教对我的思想产生了强烈的影响，并使我最终确信只有佛教才能拯救这个世界"[②]。

安倍德卡尔常说自己的思想源自佛陀的教导，因为佛陀是世界上第一位宣扬自由、平等、博爱的人。他称赞佛陀是印度历史上最早也是最伟大的社会改革家，印度的任何一部社会改革史都要自他而始，如若忽略了他的伟大成就，印度就不可能有一部完备的社会改革史。

安倍德卡尔曾在摩诃菩提协会的期刊中发表过一篇名为《佛陀和他的宗教的未来》的文章，文中，他对佛陀、基督、穆罕默德和

[①] D. C. Ahir, *Selected Speeches of Dr. B. R. Ambedkar*, New Delhi: Blumoon Books, 2000, p. 104.

[②] Ibid..

克利须那等四位宗教创始人进行了比较。他说：耶稣、穆罕默德和克利须那皆以不同凡人的角色自居，而佛陀却满足于一个世间修道者的身份。耶稣强调他是上帝之子，所有想进入天国的人都必须承认他是上帝之子；穆罕默德则声称他是真主安拉的使者并且是最后的使者，所有希望得到救赎的人都要接受这一点；克利须那也宣称他是诸神之神。但是，佛陀从未将自己置于神圣的地位，也从不自称受到某种神灵、圣灵或外力的感应，或拥有超自然的力量，也不以展现神通来证明自己的能力。佛陀始终认为自己只是一个人类之子，满足于身为一个平凡人，并以一个平凡人的身份宣扬他的教义。

他认为四位宗教导师之间还有另一个重要的区别。耶稣和穆罕默德宣称他们传授的是神的语言，作为神的语言，他们的教义是绝无谬误、无可怀疑的。克利须那称自己为神中之神，因此他所教授的自始至终都出自神的语言，谬误根本不会出现。而佛陀对于他所传授的并未宣称绝无谬误。他举例说，在《大般涅槃经》中佛陀告诫阿难说，他的宗教是建立在理性和实践的基础上的，希望弟子们不要因为教义出自佛陀而把它视为正确的来接受，并因此而受到约束。因为教义基于理性和实践，因此在特定的时间和环境下，当教义不适用时，可以自由地修改甚至抛弃。佛陀希望他的宗教不被过去的"枯木"所累，希望它能永葆青春，经久耐用。这就是他为什么给弟子们以自由，在必要的时候可以对教义进行切削修改。没有其他的宗教导师表现出佛陀这样的勇气，他们不敢准许有人修改自己的教义，因为他们害怕自由地修改可能会使他们建立的根基毁于一旦。佛陀则没有这样的恐惧，因为他坚信自己的宗教基础，坚信即使是最激烈的破坏者也不能撼动他的宗教核心。按照佛陀的教法，真正的解脱依靠的是人类对真理的自觉。因此，一个人可以达到解脱涅槃，绝不是依靠顺从神的旨意，或依靠神的恩典，或是神对人的酬劳，佛陀的思想是自由的和理性主义的。通过对佛陀的推崇，实际上表达了安倍德卡尔对宗教的理想和希望。

被安倍德卡尔奉为导师的卡比尔是印度 15 世纪的宗教改革家。

第三章 安倍德卡尔的"新佛教"

安倍德卡尔的父亲是卡比尔的信徒，在父亲的教导下他很自然地接受了卡比尔的思想。卡比尔反对印度教派林立，抨击印度宗教的各种外部形式，如诵经、朝圣、禁欲、偶像崇拜、迷信和各种仪式。他倡导平等主义，批判种姓制度，认为人都是由五种元素组成，所有种姓的人都是同一种方式出生，因此在神面前无贵贱和尊卑之分。他谴责婆罗门的骄横，认为与神相通的唯一道路就是个人的亲身体验，即巴克提（Bhakti，意思是虔信），因此他的教派也称为虔信派。安倍德卡尔尊称卡比尔为导师，在思想方面他与卡比尔有许多相似之处，如他们都反对种姓制度，谴责婆罗门的傲慢和特权；都主张抛弃宗教的各种外部形式和烦琐仪式，反对以宗教为名的伪善和欺骗；都宣扬平等与博爱思想，强调人们遵守道德规范，积极投入现实生活等。在安倍德卡尔的心目中卡比尔是"真正能领悟佛陀哲学奥妙"的伟大改革家。[1] 这对日后安倍德卡尔离开印度教而改信新佛教产生了主要影响。

憍蒂巴·普勒是安倍德卡尔尊崇的第三位导师。普勒1827年生于浦那，属于首陀罗种姓。虽然他只是中学毕业，但却精通英语，著述丰富。普勒被尊为反种姓运动、农民运动和女权运动的先驱。他于1848年成立第一所女子学校，并为不可接触者设立学校、修建宿舍。他把提升低等种姓和女性的教育列为自己的首要目标。普勒对印度教的种姓制度、童婚现象、偶像崇拜和禁止寡妇改嫁等陋习展开猛烈的批判，他否定《吠陀》经典和婆罗门的权威，构想以自由、平等、博爱的原则重建印度社会。他公开宣布愿与所有人共餐，不论其种姓、宗教和国籍等身份，并将自己门前的蓄水池向不可接触者开放。在政治态度上，普勒认为国大党、梵社和祈祷社都受婆罗门掌控，这些团体只在乎自己的目标而不顾及全体印度人民的民主和平等，因此他不愿加入任何印度教组织或党派。1873年，普勒创立了自己的组织"寻找真理者协会"，用来维护低等种

---

[1] D. C. Ahir, *Selected Speeches of Dr. B. R. Ambedkar*, New Delhi: Blumoon Books, 2000, p. 104.

姓、不可接触者、农民和妇女的权利。普勒的社会改革运动在印度影响深远，他赢得了印度广大下层群众的爱戴。

安倍德卡尔追随普勒并在许多方面继承和发展了普勒的思想。例如重视低等种姓的受教育工作；关注女性的解放；反对种姓制度；彻底否定印度教经典和婆罗门的权威；设想印度社会应以自由、平等、博爱为基础；提倡理性主义，抨击迷信和错误的宗教思想；不信任印度教组织和政党，强调依靠自身力量打破束缚等。安倍德卡尔承认自己走了普勒的路线，他说无论其他人是否还要追随普勒，他自己毫无疑问要坚持走普勒路线。① 为了表达对普勒的敬意，安倍德卡尔将自己的著作《谁是首陀罗》献给了普勒，并在扉页上写下："憍蒂巴·普勒——近代印度最伟大的首陀罗，他使最低阶层的印度教徒意识到他们的奴隶身份；他所宣扬的社会民主信念对于印度来说比脱离外国统治更为至关重要。"②

（二）近代印度思想家——拉纳德、那拉苏

除了安倍德卡尔所尊重的三位导师以外，一些近代印度思想先驱也为安倍德卡尔的社会改革和宗教改信提供了思想借鉴。

拉纳德（M. G. Ranade，1842—1901）是马哈拉施特拉著名的史学家、经济学家、社会改革家和法官，他积极投身印度社会改革。安倍德卡尔与拉纳德均赞同社会改革应当先于政治改革（即独立运动），拉纳德是安倍德卡尔心目中的伟人。1943 年 1 月，安倍德卡尔应邀在浦那进行的拉纳德诞辰纪念大会上发表演讲时说："作为一位社会改革家，拉纳德比他作为史学家、经济学家和教育家更负盛名。他的一生是为社会改革不懈奋斗的一生……他希望唤起的是已经变得垂死和病态的印度社会的良知。拉纳德努力在印度建立一个真正的民主社会，因为，如果没有社会民主，就不可能有

---

① D. C. Ahir, *Selected Speeches of Dr. B. R. Ambedkar*, New Delhi: Blumoon Books, 2000, p. 105.

② *Dr. Babasaheb Ambedkar: Writings and Speeches*, Vol. 7, Govt. of Maharashtra, 1990, p. 4.

稳定的政治。"①

受到安倍德卡尔崇拜和敬仰的另一位近代印度思想家是著名社会改革家拉克希米·那拉苏（P. Laksmi Narasu），他也是佛教复兴运动的积极传道者。1900年那拉苏在马德拉斯成立了"摩诃菩提协会"分会，后来又加入了"南印度佛教协会"，积极从事佛教复兴工作。1907年，他出版了《佛教的本质》（*The Essence of Buddhism*）一书，安倍德卡尔非常重视这本书，称赞它是"目前最好的一本佛教著作"，并于1948年为此书发行第三版，推荐给准备跟随自己改信佛教的支持者学习和研究。在该书的再版序言中，安倍德卡尔对作者表达敬意："那拉苏教授是19世纪满怀爱国热情，坚定地与源自欧洲的傲慢做斗争的人，他以破旧立新的热情与印度教传统斗争，以民族主义的观念与正统婆罗门斗争，以理性主义态度与具有侵略性的基督教斗争——在他的历久不衰的信心和激励人心的旗帜下潜藏的正是佛陀的教义。"②

三 达摩波罗的新佛教思想

斯里兰卡的僧伽罗运动代表了近代以来亚洲佛教复兴的潮流和方向，其领导人达摩波罗一生对佛教的复兴和现代发展贡献颇多。达摩波罗摒弃狭隘的种族主义和民族主义，对于亚洲各国的民族独立运动都非常关注，这使得他的运动激起了其他亚洲国家的响应。他认为亚洲民族的困境是民族传统道德沦丧造成的恶果，而斯里兰卡和印度民族的道德沦丧又是"西方的非道德"造成的，只要发挥佛教学说中内在的平等、博爱的人道主义，就可以改造社会、实现民族的进步繁荣。③他认为增强斯里兰卡的民族意识是佛教复兴的

---

① V. Rodrigues, ed., *The Essential Writings of B. R. Ambedkar*, New York: Oxford, 2002, p. 123. 安倍德卡尔的这篇演讲后来出版，题为"拉纳德、甘地与真纳"。

② P. Laksmi Narasu, *The Essence of Buddhism*, Delhi: Bharatiya Publishing House, 1948, viii. 安倍德卡尔再版此书时已倾向于选择佛教作为贱民改信对象，序言中通过对那拉苏的颂扬将印度的爱国主义与佛教的忠诚相联系。

③ 宋立道：《神圣与世俗——南传佛教国家的宗教与政治》，宗教文化出版社2000年版，第172页。

必要前提，从而以斯里兰卡年轻一代为主要对象向他们灌输对佛教和斯里兰卡文化的认同感。在他的影响之下，东南亚、南亚国家佛教复兴运动往往表现出并非纯粹的宗教运动，而是夹带着社会、政治和民族主义的色彩。因此，近代东南亚和南亚的宗教改革可以说是借由宗教的伦理、道德、观念和热诚来表达改革者对当时社会、政治和殖民的不满。

达摩波罗的新佛教观念可概括为以下几个方面：

第一，强化佛教徒的自尊。通过比较基督教传教士与佛教徒价值观的不同，达摩波罗指出基督教徒存在的道德缺陷，如食用肉类，饮酒，不反对杀生等，借此增强佛教徒的信仰信心。

第二，为佛教信众订立生活规范。1898年，达摩波罗编印了一本名为《信众毗尼日用》的小册子，内容包括二十二个分类项目和二百条行为规范。主要是给有阅读能力的中产阶级阅读[①]。

第三，强调佛教的普世化观念。达摩波罗强调个人不必通过任何媒介，便可寻求达到信仰的终极目标。佛教的修行和实践适用于任何个人及时空，重点在于个人心智和内心的改变。

第四，实行入世禁欲主义。达摩波罗创立阿纳伽利卡（Anagarika）的角色，他们以在家信众的身份过着禁欲的苦行生活，保持宗教行者的身份，但是他们不是僧人的身份也不住在寺院，而是随心所欲地云游四海，可能也像僧人一样穿着白色衣服。

由于达摩波罗的现代佛教理念的宣扬，僧众也开始积极地参与社会活动，佛教由出世的宗教成为服务社会的入世宗教。在新佛教思想的推动下，1945年斯里兰卡独立后，政府把复兴佛教看作恢复民族文化的一个重要内容，建立世俗性质的各种佛教社团，创办佛教大学，并编辑出版《佛教百科全书》等。

---

① 达摩波罗为佛教徒订立的毗尼日用，其中大量采用新教徒及西方的礼仪规范，却为中产阶级提供了一个价值系统，不只同化于当地的中产阶级社会，也同化成佛教的规范。它以新的价值系统套入以道德为主的入世禁欲主义系统，而成为新佛教徒主义。见 Richard Gombrich & Gananath Obeyesekere, *Buddhism Transformed Change in Sri Lan*, New Delhi: OUP, 2002, p. 8.

达摩波罗的现代性和进步性体现在他以佛教伦理进行的社会批判。他称佛陀是伟大的社会改革家,强调以佛陀思想改造社会的必要性。他认为只要发扬佛教学说中内在的平等博爱的人道主义,就可以改造社会,实现民族的进步繁荣。在政治方面,达摩波罗的佛教复兴运动所代表的意义,如宋立道所言,"锡兰佛教复兴运动所获得的新意义,就在于它是与民族意识觉醒同步的宗教运动,达摩波罗本人并不是纯粹的宗教活动家,他具有强烈的民族主义情绪,他对亚洲各国的民族独立运动都非常关注。他在印度和锡兰开展的佛教复兴运动,本身就具有强烈的政治色彩,虽然他多次表示反对佛教的比丘参加政治活动。他的活动应该视为20世纪中期的斯里兰卡政治比丘们的先兆"[①]。

摩诃菩提协会出版的大量期刊表明达摩波罗宣扬的佛教是一个民主主义的宗教,是反种姓的,就其本质而言是受压迫种姓的理想宗教。并没有历史记录显示安倍德卡尔曾经见过达摩波罗,在他的文章和演讲中也未提及,然而可以确定的是,安倍德卡尔有一位好友罗克西米·纳兰苏(Lakshmi Nalrasu)教授曾帮助过他,这位教授是南部印度教徒,同时也是达摩波罗的亲密朋友,还是菩提协会的积极分子。安倍德卡尔在20世纪50年代一直和菩提协会保持着联系,并认为协会所办期刊陈腐且毫无生气而对其进行批评,后来他还谴责这个协会成了孟加拉婆罗门的傀儡。据此,一些学者认为安倍德卡尔有充分的可能接触到达摩波罗的思想和教义。1933年达摩波罗去世之后,德夫普利亚·瓦利森哈(Devapriya Valisinha)担任摩诃菩提协会的秘书,他对安倍德卡尔非常熟悉,于1950年邀请安倍德卡尔在协会期刊上发表了《佛陀和他的宗教的未来》一文。当1956年10月14日安倍德卡尔举行改信仪式之时,瓦利森哈出席了这场历史性的仪式,他向安倍德卡尔表示热烈祝贺并送上了一尊精美的大理石的佛陀

[①] 宋立道:《神圣与世俗:南传佛教国家的宗教与政治》,宗教文化出版社2000年版,第171页。

雕像。

1950年，安倍德卡尔出席了在斯里兰卡召开的世界佛教徒大会。这次大会上，在斯里兰卡著名佛教社会活动家、教育家马拉拉塞克拉的倡议下，成立了"世界佛教徒联谊会"（简称"世佛联"）[①]。其宗旨是促进世界各国佛教徒联谊，交流佛教文化，发扬佛教思想，交换佛教方法，提高佛教的国际地位，增进人类幸福和平。"世佛联"的成立是世界佛教史上的一个转折点，也是安倍德卡尔一生的转折点。他得出了"贱民除了佛教的指引外别无解放之路"的结论，号召贱民大规模皈依佛教。1956年10月14日，在世界佛教徒纪念释迦牟尼诞生2500年之际，他率领贱民在那格浦尔进行盛大的皈依佛教仪式，掀起了印度的"新佛教运动"。为使印度佛教徒更好地接受和学习佛教，安倍德卡尔写作了《佛陀及其教法》一书，书中安倍德卡尔对佛教传统教义作了全新的解释，从中可以看出，安倍德卡尔从"贱民"解放的实际斗争出发，对佛教传统教义进行了现代化、民主化、世俗化的大胆改造，这是印度"新佛教"产生和发展的重要原因，也是印度"新佛教"的特点。

小　　结

安倍德卡尔的思想有着深刻的社会和政治背景以及个人生活经历的逻辑。身处印度社会转型时期的他如同一个从前现代走向现代的镜像，由社会底层幸运地获得教育摆脱困境走向时代前列的他，充分汲取以杜威思想为代表的西方民主理念，以及境内外的社会改革和现代佛教思想，最终他的思想核心和社会理想凝结为：自由、平等、博爱三位一体的民主，而他说这些看似西方的观点并不是与印度的历史和哲学无关的，"平等是佛教的特征，佛陀的宗教给了人们自由的思想和自我进步的自由"，由此，赋予了佛教相对于"后来的"西方哲学的进步性以历史的优越感。安倍德卡尔的佛教

[①] "世佛联"总部1958年迁往仰光以前设在科伦坡，1969年迁往泰国曼谷。

是他的社会思想和政治民主思想意识发展的必然结果，是对传统进行现代化改革的尝试，是对国大党的民族主义理念和政治意识形态的直接回应和挑战。他认为印度社会必须在宗教基础上进行重组，独立后的印度应当是建立在平等基础上的公民社会，是所有公民的独立。于是，在特定的婆罗门精英集团和国家化的背景下，为次等群体争取社会解放，他探索和重建佛教使之成为宗教解放的思想意识形态。

第二节　安倍德卡尔的宗教哲学观

1935年安倍德卡尔发表了激烈的言论，宣称决不作为一名印度教徒而死去，之后他花了相当长的时间来仔细研究各种宗教——印度教、基督教、伊斯兰教、锡克教和佛教等。他之所以进行这些研究并最终选择改信之路，主要原因是他是一个具有强烈宗教意识的人。因此，当最终发现印度教不能提供给贱民任何的救助，他下定决心寻找一种"更好的"宗教来为他的追随者提供社会的、心理的和道德的福祉。

一　哲学观

安倍德卡尔给哲学的定义为："哲学就是一种评判个人行为的标准。"[①] 他认为每个人都应该有自己的人生哲学作为评判自己行为的标准。安倍德卡尔说他的哲学分为两部分：消极的和积极的。消极的是指他不喜欢建立在薄伽梵歌基础上的数论派思想和印度社会哲学，因为它们是使种姓制度和不平等关系成为印度生活基本原则的肇因。积极地来说，他的生活哲学可以概括为三个词：自由、平等、博爱。这几个词是他从法国大革命借用而来。他说："我的哲学的根

---

① 转引自 D. C. Ahir, *Selected Speeches of Dr. B. R. Ambedkar*, New Delhi: Blumoon Books, 2000, p. 101。

本在于宗教而不是政治。我的哲学源自我的导师——佛陀的教义。"①

他说：我坚持我的生活哲学中要有自由的位置，但自由不是放纵的自由，因为放纵的自由是对平等的损害，绝对的自由是不可行的，平等是先于自由的，因为无限制的自由会成为平等的障碍，因此要给自由以一定的维度。他认为法律是被假定用来保障自由和平等的，但是实际上它对自由、平等所遭受的侵害无能为力。因此，他选择博爱为至高无上者，因为当自由、平等遭到违背时，博爱事实上起到了保护作用。"我们感"（We-feeling）是另一种博爱，而博爱或者关注感是宗教的另一个名称②。相比而言，法律是世俗的，它可以被任何人违反；而协作感或者宗教则是神圣的，它们受到人们的尊敬并被每一个人当作义务来遵守。

二　宗教观

安倍德卡尔对哲学与宗教进行区分，他说："哲学关心的是了解真理，而宗教关心的是热爱真理。哲学是静态的，而宗教是动态的。"③ 安倍德卡尔一直关心贱民的精神世界，试图找到一种能够使贱民从甘愿受奴役的心理摆脱出来的精神力量，在他看来，这个精神力量只能是宗教。

安倍德卡尔认为，宗教是一支社会力量，任何忽视宗教重要性的人都不会意识到，和世俗理念相比，隐藏在宗教理念下面的力量有多么强大，宗教理念对人们的控制力远胜过人们对俗世的关心。安倍德卡尔举例说明宗教对于社会的必要性，他说：一个穷人饿得发疯而不去偷窃不是因为他惧怕法律后果，而是因为宗教在他头脑中形成的健

---

① 安倍德卡尔 1954 年 10 月 3 日在印度航空公司的广播演讲《我的生活哲学》，转自 C. D. Nalik, *Thoughts and Philosophy of Doctor B. R. Ambedkar*, Sarup & Sons, 2003, p. 1.

② 安倍德卡尔在 *Thoughts on Linguistic State* 中使用 Fellow Feeling 指 "一种属于单一群团的群体情感"，它可以把基于经济冲突和社会分层而造成差别的人维系在一起，使他们彼此之间感到是 "亲朋好友"。参见［美］克利福德·格尔兹《文化的解释》，纳日碧力戈等译，上海人民出版社 1999 年版，第 295—296 页。

③ 转引自 D. C. Ahir, *The Legacy of Dr. Ambedkar*, New Delhi: B. R. P. C., 1990, p. 299.

康的压力。他认为宗教与心理、法律，以及理性等都有着直接的联系，在人的生命中情感占据着支配角色，因此在人的构造中宗教是重要的。因此，他常说自己所有好的见解都是宗教的果实。①

"什么是宗教？为什么宗教是必需的？"很多人都试图给宗教下定义，但是安倍德卡尔认为，在这些定义中，只有一种是有意义的也是大家都同意的，"那就是将人们结合在一起的就是宗教"②。他认为宗教应当构成"强制维持社会的规则"③。安倍德卡尔试图从个体与社会的关系角度将印度教与"真正的宗教"区别开来，因为印度教中"没有个人的空间……印度教是在等级基础上构成的，印度宗教没有教给我们每个人如何与其他人相处"④。安倍德卡尔讨论个体的自主权在社会中的价值，他说：一滴水可以落入大海中与之一起存在，但人不能在他生活的社会中失去自我，人的生命是独立的，他的出生不是为了服务社会，而是为了自己的进步。因为这个原因，一个人不能将另一个人作为奴隶。在一个发达国家，在一个宗教中，个体并不重要，这是我不能接受的。印度教不能意识到个体的重要性，因此不为我所接受。同样，我也不能接受在一种宗教中仅有一个阶级有权利获得知识，另一个仅仅有权利可以利用军队，第三个从事商业，第四个只能提供服务。人人都需要知识，人人都需要军队，人人都想要钱，这个宗教（印度教）忘记了这一点，它让一小部分人受教育而让剩余的人茫然无知，这不是一个宗教而是一个战略，它使人们处于精神奴役中。一个宗教允许一些人承担军事义务而禁止其他人从事，它不是宗教而是使后者处于永久奴役中的计划，一个宗教对一些人获得财富敞开大路，而迫使另一些人甚至是日常生活的必需品都要依靠这些少数人，这不是宗教而

---

① M. G. Chitkara, *Dr. Ambedkar towards Buddhism*, New Delhi: Aph Publishing Corporation, 1997, p. 39.
② *What Path to Salvation*? http://www.ambedkar.org/, p. 6.
③ Ibid. .
④ Ibid. .

是纯粹的自私自利。①

很明显，安倍德卡尔试图将个体性的问题用于解释印度教的特性和它的不足，他讨论了个体与"他的宗教"的关系，在"他的宗教"中，存在于宗教下的最基础的观念是创造有利于个体精神进步的环境，同时给个体灌输参与社会改革的责任感。

独立后的印度成为一个世俗的民主国家，宗教和无神论思想都受到宪法的保护，成为人们基本的权利。但宗教在印度人的生活中仍然扮演着重要的、普遍的角色。攻击宗教信仰和礼仪很容易触动宗教情感。正如安倍德卡尔所说："在这个国家中宗教的概念太强大了，它覆盖了生活的各个方面——从生到死……如果属人法被保留，我肯定在社会事务中我们将会停滞不前。"②

安倍德卡尔从宗教历史的维度来考察宗教革命的影响。首先他批评一些人在原始宗教的起源问题上的认识，他说："他们把巫术、禁忌和图腾以及仪式和典礼作为参考来解释宗教的起源和主旨，却把它出现的场合不当一回事，结果我们所获得的解释宗教的理论都是从巫术或者拜物教而来。"他说，"原始宗教应当是与人类存在的基本要素如生命、死、生、婚姻等有关的，巫术、禁忌、图腾、迷信等都不是其（原始宗教的）目的，而只是手段，其（原始宗教的）目的是生命本身和生命的保留"③。

他进一步分析中世纪的宗教，强调宗教革命改变了中世纪西方社会宗教的权威和内容。他说：历史上有一段时期宗教几乎笼罩了所有的知识领域，宗教宣称自己所教授的所有都是绝无谬误的。然而，由于宗教革命的发生，宗教的庞大帝国瓦解了。中世纪革命的科学性质减弱了宗教的神性和教会的权威。例如，哥白尼的革命使

---

① What Path to Salvation? http：//www.ambedkar.org/，p.7.

② M. G. Chitkara，Dr. Ambedkar towards Buddhism，New Delhi：Aph Publishing Corporation，1997，p.39. 作为《印度宪法》的创始人，安倍德卡尔提出了改革属人法、制定统一民法的目标，旨在为包括印度教徒、穆斯林和其他宗教信仰者在内的一切公民提供统一规则，改革属人法的目的，应当是朝着这个目标进步。

③ Dr. Babasaheb Ambedkar Writings and Speeches，Vol.3，Mumbai 1987，p.11.

天文学从宗教的支配下获得解放，达尔文的革命使得生物学和地理学从宗教的束缚中获得自由。安倍德卡尔认为宗教革命是所有革命中最有意义和最重大的。因为："革命触及了关于神与人的关系、社会与人的关系和人与人关系中的那些占统治地位的理念的性质和内涵……由此，革命导致了从野蛮社会到文明社会宗教性质的彻底转换。"①

安倍德卡尔把宗教改革分为内在的和外在的两种。外在的宗教改革不是真正的宗教改革，它是在超越宗教领域的范围里，借宗教之名对于外在权力的反抗。如法国大革命和俄国革命改变、修正并重构了"神治"的统治模式。相比而言，内部的宗教改革才是根本性的，它给宗教的结构和基础带来某些革命性的变化。为此，他描述中世纪的宗教改革的后果："通过这次革命，神放弃了一些团体……人不再是仅仅对神俯首听命的、盲目的崇拜者……通过这次革命，神不再是社会唯一的保护者，社会大众的利益也不再以神的秩序为中心。"② 据此，他认为宗教理念的革命才是至关重要的，因为它可以帮助人们找到重新评估宗教哲学的规范和标准。因此，"整个宗教革命都围绕着判定孰是孰非的标准而狂暴地进行，宗教革命不仅仅是社会中宗教组织的革命，也是规范的革命，其结果带来了社会中心的转移——从社会转向个人。在古代，社会是最重要的，那么这时的规范就是效能，而现代社会的规范则是公正。效能适用于古代社会因为那时社会是终点，德行作为拥有社会效能的事物而被持有；公正作为规范则适用于现代世界，因为此时个人成为社会的终点，德行则被作为对个人带来公正的事物而持有。"③ 从这一评判标准出发，他认为印度教哲学既不服务于社会效能也不服务于个人的公正。

安倍德卡尔不同意以甘地为代表的一些正统学者认为的，所有

---

① *Dr. Babasaheb Ambedkar Writings and Speeches*, Vol. 3, Mumbai 1987, p. 9.
② Ibid., p. 21.
③ 出自其死后出版的专著《印度教哲学》，转引自 Nagendra Kr. Singhn, *Ambedkar on Religion*, New Delhi: South Asia Books, 2000, p. 11.

的宗教都是好的，所有的宗教都是真实的观点。他说："虽然比较宗教学已经破除了由于纯粹武断和先入为主而造成的、人们在区别真正的宗教和错误的宗教这个问题上的纠结。但是它也带来了关于宗教的某些问题的错误理念，其中有害的一点是我已经提到的，即：所有的宗教都是好的，不需要区别对待。没有比这一点更大的错误了。宗教是一种制度或者势力，在它的控制之下，和所有社会势力或者制度一样，它可能对一个社会有益，也可能对一个社会有害。"[1] 他以自己对宗教历史的进程的考察来证明这一论断：宗教可以创造政权也可以颠覆政权，可以创造野蛮的制度和习俗，引发战争、控诉、反抗乃至革命；也可以给人们带来自由、和平和幸福；宗教可能是进步、科学和艺术的敌人，也可以成为发明创造、良好文明和文化遗产的好友。世界宗教诸如印度教、佛教、伊斯兰教和基督教在历史上的功过是非就可以验证这一点。[2] 因此，他的认识是：宗教之间最基本的差别体现在关于灵魂、神、崇拜、祈祷、仪式和典礼等的性质的认识上，因此，尽管宗教千差万别，但是它们绝不是同等的、真和善的。

安倍德卡尔进一步认为，并非所有的宗教都是有神论的，也可以是无神论的，神的存在不是宗教的必要条件。他说，人类野蛮时代的宗教并无神的观念。"神的观念的源头可能是从人们对于社会中的伟大人物的崇拜开始的，英雄造成了有神论，对他们的信仰就是活着的神。从'谁创造了生命'？到'自然神论'产生，到认为神是宇宙的创造者，对于这些问题的纯粹哲学的推测最终导致了神的观念的产生。但无论如何，神的概念不是宗教不可或缺的部分。"[3] 因为没有人见过神，神是不可知的，神只是一种形而上学的臆测。没有人能够证明神的存在以及神创造世界。宇宙是进化而成的，没有神或者其他智慧生物能创造世界。对神的信仰只会导致迷信，因此，

---

[1] *Dr. Babasaheb Ambedkar Writings and Speeches*, Vol. 3, Mumbai 1987, p. 24.

[2] Nagendra Kr. Singhn, *Ambedkar on Religion*, New Delhi: South Asia Books, 2000, p. 4.

[3] *Dr. Babasaheb Ambedkar Writings and Speeches*, Vol. 3, Mumbai, 1987, p. 12.

安倍德卡尔认为，信神的宗教不值得人们皈依。①

因此，安倍德卡尔不接受种姓制度下的神的社会管理，因为在那里人们不能自由选择职业，没有经济自由和经济保障。这个制度所建立的不同种姓的等级秩序导致了严重的不平等。它使人——特别是首陀罗丧失了活力。它将社会割裂成碎片，将工作与兴趣分离，智力与劳动分离。它也妨碍了社会在危急时刻通过共同行动来调动资源。因此，这种制度完全不能经受社会效能的检验。因此，安倍德卡尔反对拒绝自由、平等、博爱为基础的神性社会秩序（即种姓瓦尔那制度）。②

在安倍德卡尔看来，所有有神论的宗教——例如印度教——的唯一目的是使生命个体获得解脱，即灵魂的解放，灵魂、因果和转世的三角关系是婆罗门教的核心教义。印度教因果报应理论的目的是使国家或者社会面对穷人和地位低下的人的悲惨处境时逃避责任。反之，佛教则排除了灵魂的存在。安倍德卡尔相信佛教的"无灵魂"教义，既然任何事物都不能永恒存在，怎么会有灵魂的永恒呢。安倍德卡尔拒绝像灵魂和灵魂转世这类抽象解释的存在，他相信人类的头脑和灵魂是不同的，头脑运行而灵魂不运行，相信永恒灵魂的存在只会导致迷信。婆罗门教的整体结构是建立在灵魂的基础上，而对于安倍德卡尔来说，灵魂是不可知和不可见的。③ 因此，对于安倍德卡尔来说，个体生命存在的意义绝不是通过神的好意来获得灵魂的解脱。

于是，安倍德卡尔得出：宗教的意义并不是个人灵魂救赎的手段，而是建立人与人之间的正当关系。他认为："哲学不过是衡量

---

① B. R. Ambedkar, *The Buddha and His Dhamma*, Bombay: Siddharth Publication, 1957, p. 251.

② Nagendra Kr. Singhn, *Ambedkar on Religion*, New Delhi: South Asia Books, 2000, p. 5.

③ B. R. Ambedkar, *The Buddha and His Dhamma*, Bombay: Siddharth Publication, 1957, p. 259.

人们行为的标准。"① 而"宗教意味着提供一个神圣统治的理想模式,其目的使人们生活在一个道德的社会秩序中"②。按照安倍德卡尔的观点,道德是人与人发生关系的关键,如果一个宗教不相信神的存在,就会像在佛陀的法中那样以道德取代神的位置。"在佛陀的法中,没有祈祷者的朝拜、仪式、典礼或者牺牲的位置。道德是法的本质,没有道德,就不存在法。在法中道德上升为人之爱人的直接的必须。不需要神的训诫,不用取悦神,人们必须是道德的,为了自己得到好处人必须爱人。"③

在安倍德卡尔看来,道德取代了神,成为无神论宗教不可分割的组成部分。有神论宗教也鼓吹道德,但是道德并不是它们的根本,有神论的道德仅仅是教人们善待自己的邻居,因为人们都是上帝的孩子,或者真主安拉以及大自在天④的人。因此,道德在有神论宗教中不是有效的,对于有神论宗教来说最主要的是祈祷、崇拜、仪式、典礼和牺牲。他说:"宗教是与道德和人类的生命中的一些基本要素——死亡、出生、婚姻等联系在一起的,宗教使这些生命过程神圣化,而道德为保护它们提供规则,在宗教使这些基本要素神圣化的过程中,生命的过程也变得神圣,而社会为了保护它们而制定了规则。照此看来,很容易解释为什么会形成道德和宗教的密切联系。它比神与宗教的关系更密切、更自然。"⑤

安倍德卡尔也反对那种认为宗教文本绝无错误的观点,并反对以这些文本作为宗教权威的原始资料,因为这会妨碍人们用自由的方法来查询和检查宗教教义和实践的效能。例如,他发现处在瓦尔

---

① Dhananjay Keer, *Ambedkar: Life and Mission*, New Delhi: South Asia Books, 1990, p. 455.

② *Dr. Babasaheb Ambedkar Writings and Speeches*, Vol. 3, Mumbai, 1987, p. 4.

③ B. R. Ambedkar, *The Buddha and His Dhamma*, Bombay: Siddharth Publication, 1957, pp. 322-323.

④ 大自在天:印度的文化传统中,大自在天被视为世界最高位的神及宇宙世界的创造者,即印度教中的湿婆神。

⑤ B. R. Ambedkar, *The Buddha and His Dhamma*, Bombay: Siddharth Publication, 1957, p. 12.

那制度控制之下的印度教徒在打破种姓界限、取消共餐制和内婚制等问题上表现踌躇，其主要原因是他们心目中印度教圣典绝无过失的神圣理念造成的。印度教圣典中制定了关于共餐制和内婚制的规则，人们怕自己试图逾越圣典的神圣和尊严会激怒神，圣典无误的观念深入人心，根深蒂固，妨碍了人们对事物进行理性批判。安倍德卡尔说："真正的治疗应当打破圣典神圣不可侵犯的信仰……使人们从圣典的束缚中得到解放，清除他们头脑中那些基于圣典的有害概念，或者那些共餐和内婚的思想。"① 安倍德卡尔的思想的主要特征之一就是反对教条主义，反对任何权威，任何事物都不是绝无错误的，都必须经受实践考验或者理性批判，甚至于吠陀的权威和神性也不是决定性的。

安倍德卡尔认可宗教作为一支必要的社会力量，无论对于个人生活还是社会运行都具有重要影响。但是他谴责宗教的教条而主张宗教的原则。对教条与原则二者之区别他解释道：教条是实践的，是人们按照规定做事的习惯做法；但是原则是智能的，是用以判断事物的有效方法。教条试图告诉你选择什么样的行动方案，原则则不规定具体的做法。教条就像烹饪用的食谱，仅仅告诉你做什么和怎么做。原则就像一个裁判，为决策机构提供参考来决定其目的和意图，各项任务由谁来承担，引导大脑思考哪些是应该记住的重要事情。教条与原则的不同导致了人的行为诉求的质量和范围的不同，按照教条行善和做符合原则的善事是完全不同的。原则可能是错误的但是行为是有意识和负责任的，教条可能是对的但却是机械的，宗教行为可能不是正确的行为但必须是负责的行为，因此，宗教必须主要是原则之事而非教条之事，一旦退化为教条，宗教就不再为宗教，因为它扼杀了宗教行为的真正本质——职责。② 安倍德卡尔强调宗教不应当由大量的命令和禁令构成，这样的宗教会剥夺

---

① B. R. Ambedkar, *Annihilation of Caste: An Undelivered Speech*, New Delhi: Arnold Publishers, 1990, pp. 58-59.

② Ibid., p. 71.

道德生活的自由和自主性，使之或多或少带有教条强加于人的焦虑和奴性色彩。因此，他不喜欢现实中那些作为法律和合法化的阶级伦理的宗教。安倍德卡尔认为："坦白地说，我拒绝称法令的条例为宗教。一个法令条例作为宗教误导人们的第一项罪恶是它试图剥夺自由和自发的道德生活……在它之下，没有对理想的忠诚，只有对指挥的服从。但是最坏的罪恶是：法的内涵在昨天、今天和明天是相同的。他们对待一个阶级和其他阶级不同，那是不公正的。而这个不公正被制定成为永恒不变的，被规定为世代都相同的。值得争议的不是它们（法）由那些特殊的、称为先知或者立法者的人制定的，而是这个规则被标注为带有终结和固定性的色彩。幸福显然是随着一个人所处的条件和环境的变化而变化的，而且会随着不同人的条件和不同的时代而变化。鉴于此，人们怎么能忍受这样一个永恒的规则，它不能被调整，不能被废止？因此我毫不迟疑地说这样一个宗教必须打破，我还要说，去破坏这样一个宗教绝不是反宗教的。"[1]

既然宗教不是永恒的，那么每一个真正的宗教都有接受革命挑战的可能，安倍德卡尔以教育为比喻来说明，教育是一把剑，但是把双刃剑，挥舞它是危险的。一个受过教育但是没有品格而且毫不谦虚的人比野兽更危险。如果他的教育对于穷人的福利是有害的，那么，这个受教育的人对社会来说是该受诅咒的。他强调人的品格的重要性胜过其所受的教育。他说：看到越来越多的年轻人对宗教漠不关心，这刺痛了我。我所拥有的最好的事物或者我所受的教育对社会产生了什么益处，我将这些都归功于我的宗教感情。我需要宗教但是不想要那些以宗教为名义的虚伪，宗教应当满足我们寻求真理的本能。[2]

安倍德卡尔认为，宗教与人的关系是服务于人而不是人服务于

---

[1] M. G. Chitkara, *Dr. Ambedkar towards Buddhism*, New Delhi: Aph Publishing Corporation, 1997, p. 40.

[2] Dhananjay Keer, *Ambedkar: Life and Mission*, New Delhi: South Asia Books, 1990, p. 304.

宗教。宗教是一种影响和渗入个人生活的精神力量，它塑造人的品格，决定人的行为、反应和喜好。人不能只靠面包生活，人还有头脑，因此需要精神食粮。而宗教能够给人精神希望并规范人们的行为举止。那么宗教必须认识到自由、平等、博爱的基本信条，宗教与奴隶制是不相容的。① 宗教，无疑是属于个人的事情，选择什么宗教没有界限，主要的因素是要适合一个人的心理倾向。没有宗教，人们就失去了目标和方向的感觉。没有信仰对人来说是不可能的，一个现代人也需要信仰，需要一个现实的信仰，一个可以给予精神幸福的新的信仰。在《佛陀和他的宗教的未来》一文中，安倍德卡尔将他关于佛教和宗教的思想列举如下："①社会必须由法律的制裁和道德的制裁将它维系在一起，缺少了任何一个，社会必定崩溃。②宗教必须符合科学的另一个名称——理性。③宗教由道德符号组成是不够的，它的道德符号必须认可自由、平等、博爱的基本原理。④宗教不一定是神圣的或者使人甘于贫穷的。"② 这是安倍德卡尔的宗教观念的精辟表达。

三 对印度宗教哲学的批判

怎样考察一个宗教是否适合现代社会，安倍德卡尔提出用正义的原则和社会效能的原则来判断一个宗教的适合性，这种检验是由自由、平等和博爱三位一体的总的原则为指导的。以此出发，他认为印度教完全不符合这个原则，因此他宣布自己放弃印度教而求助于佛陀的法。他考察了印度社会秩序的基本信条，认为它们对于社会效能和个人公平均是有害的。他说："印度教有害于平等、与自由对抗并反对博爱。"③

安倍德卡尔认为印度教哲学不服务于两个原则中的任何一个。首先它不符合正义原则。印度现实社会和宗教的不平等深深植根于

---

① D. C. Ahir, *The Legacy of Dr. Ambedkar*, New Delhi: B. R. P. C., 1990, p. 301.

② Dhananjay Keer, *Ambedkar: Life and Mission*, New Delhi: South Asia Books, 1990, p. 304, pp. 417–418.

③ *Dr. Babasaheb Ambedkar Writing and Speeches*, Vol. 3, p. 66.

《摩奴法典》，它一直未改变无视人的价值的本色，因此他呼吁人们对其进行贬斥。他说："印度教不认可人类的自由，因此那里不可能有社会平等、经济保障和接受教育的自由，这些都是印度教所反对的。印度教甚至不认可博爱——尽管它说神的精神存在于所有人之中——因为博爱只能在同情心中产生，而印度教则无休止地将社会生活分割成越来越小的团体——它的社会基础是碎片，它强调世俗的和宗教的等级，从而妨碍了同情心的出现。因而，'公正'这个标准对于印度教来说是缺乏的，因此它是对平等有害、敌视自由、对抗博爱的。那么，如果印度教宣称'公正'，那只能是纯粹法律的而非道德感的。从法律层面说，只要合法的就是正确的；而在道德层面上，公正包含了对人类平等的认可。因此对印度教来说，不平等是它的灵魂，印度教的道德仅仅是社会层面的，至少可以说它是不道德和非人道的。"[①]

安倍德卡尔进一步以社会效能的原则分析印度教。他认为印度教的职业世系使人们的职业与兴趣相分离，不许劳动者接近知识，使得手工劳动与智能相分离，它无视人们以自己切身利益出发而工作的权利。在现代社会背景下，它阻碍了劳动者的流动性，因此，它不仅分割了劳动也分割了劳动者。印度社会是一个种姓的混合体，它建立在彼此的等级关系中，从未真正形成统一、和谐的社会。安倍德卡尔并不反对社会中团体的存在，但是他反对团体的排他性和独占性。一个社会作为一个有机体，存在团体无可非议，但是若这些团体彼此隔绝，倡行自己封闭的团体生活那么就应当受到谴责。因为正是这种隔绝制造出反社会的精神，使得合作的努力无法实现。[②]

以《摩奴法典》为出发点，安倍德卡尔认为印度教没有法律和道德哲学的区别，它的道德哲学不是站在个体道德心的层面，从这

[①] 出自安倍德卡尔死后出版的专著《印度教哲学》，转引自 Nagendra Kr. Singhn, *Ambedkar on Religion*, New Delhi: South Asia Books, 2000, p. 12.

[②] Nagendra Kr. Singhn, *Ambedkar on Religion*, New Delhi: South Asia Books, 2000, p. 14.

一点来说，印度教只是一个社会的存在而不是道德的存在。他认为印度教被培养成符合种姓礼仪的宗教，而不是面对个人道德问题的宗教。安倍德卡尔说："印度教所谓的宗教实际是法律或者合法化的阶级伦理，我拒绝将这种法令的符号称为宗教。"①

既然印度教应当取缔，而对宗教的需求又是无时不在的。那么就要为宗教寻求新的价值判断系统。安倍德卡尔以前的许多宗教改革家也做过类似的事，但是都只是局限在推理上，并未付诸实践，安倍德卡尔在一次演讲中对拉合尔的听众说："无论你们跟随不跟随我的改革意见，你们都要为自己的宗教寻找一个新的教义基础，这个基础要与自由、平等、博爱，也就是民主一致。"② 在安倍德卡尔眼中，种姓和印度教是一样的，它不仅是时代错误而且是不公正的，因此也是不合伦理的。他认为宗教首先应当是一套维持社会运行的道德原则，而种姓制度不提供这些原则，因此当他强调道德价值以区别于精神价值时，他选择佛教就是很自然的事了。

小　结

安倍德卡尔的哲学观是以宗教为基础的，他认可宗教无论对于个人生活或者社会运行来说都是一支重要的社会力量，但是否认所有宗教都是好的，也反对宗教都是有神论的，他以道德取代传统宗教中的神的位置。他认为宗教不仅关乎个人的灵魂救赎，更要关心现实中人与人的关系。宗教不是一成不变的，需要随时接受革命的挑战，他所认可的现代社会值得人们持有的宗教应当是理性主义的，检验一个宗教的现代适应性的标准是正义性原则和社会效能的原则。

安倍德卡尔比他以前的改革家更为激进的是他不再寻求改革印

---

① 1936年安倍德卡尔给拉合尔的 Jat-Pat-Todak 的信中所说，引自 Nagendra Kr. Singh, *Ambedkar on Religion*, p. 12.

② Nagendra Kr. Singhn, *Ambedkar on Religion*, New Delhi: South Asia Books, 2000, p. 13.

度教，而是直接拒绝这个宗教本身，寻求以新的"法"来替代它。他解释说：法包含了神圣和普世的道德。这样一个普世道德是神圣不可侵犯的。他不满于印度教维持下的社会，认为印度教不是一个能够帮助个人实现潜能成长的宗教，它不能教给人类慈悲、平等或者尊重个体的自由。安倍德卡尔对他的信众说："你们没有理由考虑这个世界是否有神存在，所有事情的发生肯定都是人的行为的结果。"[1]

安倍德卡尔拒绝印度教但是并不代表他拒绝宗教本身。事实上，在他关于印度教哲学的文章中，他坚持认为："宗教是一种社会力量。正如我所指出的宗教代表神圣管理的模式。这个模式对社会来说成为人们追随的理想。这个理想从能否变为现实这个意义上来说，可能是不存在的，但是尽管不存在，作为一个理想来说它还是拥有内在的充分效力的。那些否认宗教重要性的人不仅忘记了这一点，也忘记了和纯粹的世俗理想相比，隐藏在宗教理想之下的力量和处罚是多么强大……宗教对人类的支配，可以（使人们）抛开俗世的获利……只要存在信仰，这个宗教理想就不会失效。"[2]

安倍德卡尔认为印度教远不是一个理性的、世界性的宗教，它的相对主义的、等级体系的世界观，是低于一神宗教的，例如基督教、伊斯兰教和琐罗亚斯德教，或者没有神也没有先知的佛教，而佛教为所有信众提供了共同的、世界性的道德符号。[3]

第三节 安倍德卡尔的佛教观

安倍德卡尔的最后的宗教行为是拥抱佛教。他的著作《佛陀

---

[1] 1955 年，安倍德卡尔提交给孟买的佛教基金会的文章中所说，引自 Nagendra Kr. Singhn, *Ambedkar on Religion*, New Delhi: South Asia Books, 2000, p. 14。

[2] Nagendra Kr. Singhn, *Ambedkar on Religion*, New Delhi: South Asia Books, 2000, p. 15.

[3] Nagendra Kr. Singhn, *Ambedkar on Religion*, New Delhi: South Asia Books, 2000, p. 17.

及其教法》包含了他个人对于佛教的理解和解释,这部书中所表述的佛教是安倍德卡尔所信奉和推荐的佛教。安倍德卡尔试图以理性主义的方式解释佛教,按照他的说法,佛教中不存在神和灵魂;并且,佛陀不相信再生、业和解脱这些传统佛教信奉的信条;佛陀否认瓦尔那制度。安倍德卡尔认为佛法不只是三摩地、内观禅修或一些深奥难明的道理,佛陀以非暴力及和平的佛法启示社会,也主张社会正义、自由、平等、博爱等思想。安倍德卡尔为了让印度社会渴望了解佛法的人方便学习,耗费数年至他临终前完成了《佛陀及其教法》。这套共八册的大部头著作,被当作印度新佛教运动的"佛教圣经",内容详析了佛陀的言行、生活、人格及教法,不只涵盖范围广泛,也提出一些新的创见。传统佛教经过他用现代观点和实用主义解释后,成为印度贱民信仰的"新佛教"。

该书出版至今,争议不断。主要原因是,安倍德卡尔对一些他认为存在矛盾、错误、非理性的,与印度教教义相似或相同的佛教教义做了重新地解释和阐发,由于落差极大,因而受到了正统佛教徒的批评,但这些重新解释的佛教教义无疑诠释出安倍德卡尔的佛教观。

一 对传统佛教的质疑

安倍德卡尔在《佛陀及其教法》中对他认为先前佛教教义所缺乏和有误的四个方面提出质疑:

第一,佛陀不可能仅仅因为他遇到了一个老人、一个病人和一个将要死去的人而获得了第一次伟大的觉悟。这是不合理的,它错误地假设了佛陀对于这样平常的事情没有超前的智慧。

第二,四条真谛将佛陀的信条变成了悲观的信条。如果生命全部都是由苦构成,那么就不存在变化的动机。

第三,无灵魂、因果报应和再生的教义彼此是不协调的。相信存在法和再生却不相信灵魂存在是不合逻辑的。

第四,僧侣的目的表述不清楚。他(僧侣)被假定为一个

"完美的人"还是一个"社会服务者"?

安倍德卡尔从 20 世纪 40 年代就表现出对佛教的兴趣,而直到 50 年代也未确定,直到去世前才最后选择佛教为改信对象,他探究过基督教、伊斯兰教和锡克教等作为改信对象的可能性,但最终在他看来每一个都以不同的方式有所欠缺。然而,他最终选择佛教也并未接受流行的传统佛教的表面价值,也不认可印度比丘在传播佛教信仰方面完成了自己的角色任务,而是在自己的研究基础上提出了对佛教传统的质疑,提出了四个对于佛教的批评:关于佛陀生平的神话学问题;关于四条真谛;关于灵魂的存在问题;佛教传播中的比丘角色问题等。他的每一条对于传统佛教的批判都如同运用现代政治信条所进行的批判,在此基础上,安倍德卡尔运用自己的历史研究结合巴利语的佛经对以上诸问题做出了自己的解释。

二 对佛教教理的重新诠释

安倍德卡尔有意识地重新构建他所选择的宗教来适应由他代言的达利特团体的需要。为此,安倍德卡尔对于传统佛教的教义的如下方面做了改变:

(一) 佛陀出离

在传统佛教教义中,关于释迦牟尼弃家修行的描述是"四门出游说",说释迦牟尼游览了皇宫外的四座城门,见到了老人、病人、死人和出家的沙门,深受刺激,因此舍弃皇宫生活,出家修行,时年 29 岁。传统佛教认为佛陀离家出走的原因是悟出了人生的真谛,即社会、人生一切都是"苦",唯有遁入空门能够求得解脱。

但是,安倍德卡尔认为所谓"四门出游"说不符合历史事实。在书中他提出了新的说法,他认为佛陀离家出走是由于现实中的原因:在悉达多 28 岁那年,释迦族(Sakyas)同邻国的拘利族(Koliyas)发生水利纠纷。他们因为争夺位于两国间的洛希尼河(Rohini)的水源而兵戎相见。于是,释迦族的首领召开会议,决定向拘利族宣战，试图用武力解决纠纷。但悉达多反对这项决议，表示战争并不能解决问题，他认为双方应该以和平谈判取代军事冲突，唯有慈悲才能克服敌对心理。然而，部落会议表决的结果，主战派还是取得了大多数人的支持。这时，悉达多知道自己只有三条路可走：支持战争；被处死或者流放；他与亲属成员被治罪，财产充公。佛陀不愿放弃反战的主张，也不想连累家人，因此，只能选择自愿出走，离开这个国家，成为一位修道者，寻求彻底解决冲突的方法。悉达多向父母及妻子解释后，便告别家人，离开国家，成为一名修道者。从他的解释可以得出，佛陀出家的原因不是悲观消极的，而是积极的。安倍德卡尔的这个说法，被认为是受到了印度佛教学者乔尝必（Dharmananda Kosambi）的影响。[①]

（二）灵魂、轮回和业报

关于佛陀是否相信灵魂的存在，一直是佛教史上有争议的问题，安倍德卡尔给出的答案是：佛陀不相信灵魂的存在。因为，没有人真正看到过灵魂，或者与灵魂交谈。灵魂不可知，亦不可见，是意识而非灵魂存在于有生命的躯体中，意识与灵魂截然不同，故相信灵魂无益。一个基于灵魂的宗教，毫无价值可言，它只会带来迷信。[②] 但是，安倍德卡尔认为，佛陀虽然否定灵魂的存在，但是他相信业报和轮回之说。那么佛陀如何解决没有灵魂存在，怎么产生业报和轮回的问题。安倍德卡尔解释说：佛陀主张的轮回，并非灵魂转世，而是物质（元素）的再生。佛陀认为，人的身体是由地、水、火、风四种元素组合而成。当人死后，这四大元素不会随之消失，它们与其他元素在空间游离，一旦四大元素重新聚合，就构成了新的生命体。因

[①] 达摩南达·乔尝必（1876—1947）是印度精通巴利文的著名僧侣学者。他 1940 年出版的马拉提文写作的《世尊佛陀》一书，受到广泛欢迎。后来以同名编成剧本。其对佛陀人生的观点对安倍德卡尔产生了影响。据印度学者研究，认为安倍德卡尔对佛陀出家的解释与乔尝必的剧本中的解释是相似的。

[②] *Dr. Babasaheb Ambedkar*: *Writings and Speeches*, Govt. of Maharashtra, Vol. 11, 1992, p. 259.

此，新的生命可能是由不同的人构成，这符合物理学上的"物质不灭""能量守恒"定律。这就是安倍德卡尔认为与科学相符合的轮回观。①

佛陀也主张业报，但是佛陀的业报律与婆罗门的业报律大不相同，按照安倍德卡尔的解释，印度教的业报律以灵魂为基础，因此，印度教的业报律是世袭的，即从这一生延续至另一生，其根据是灵魂转世说。而佛教不相信灵魂的存在，所以其业报律与印度教不同。佛陀主张的业报说，是指业报只影响现世，而与前世和来世无关，也就是说，一个人的现状是他现世行为的结果，他作恶或者行善，必将在现世中得到报应。

由此，安倍德卡尔也否定了佛陀的教义是悲观主义的论调。他认为，佛陀讲述苦的存在，但是不以美化贫困的方法来安抚穷人。佛陀所讲的涅槃也不同于印度教的灵魂解脱，佛陀所讲的涅槃可以理解为是幸福，只要通过八正道就可以在现实的生活中达到这种境界。他认为佛教的四谛中的重点不是讲苦，而是通过认识物质和精神上的苦，寻求一种解脱"苦"的办法，涅槃不是灭尽三界烦恼、业因及生死果报，也不是七情寂灭，不是死，而是获得现世的幸福。

（三）四谛、八正道、涅槃

安倍德卡尔说：佛陀在布道时，首先劝告五位比丘追求觉悟要避免两个极端——沉溺享乐或者自我苦行。佛陀说，他的法的核心是人，以及尘世生活中的人与人之间的关系，这是他讲道的第一个基本条件。第二个基本条件是：人是生活在苦难、悲伤和贫穷中的，这个世界充满了苦，如何消除苦是法的唯一目的。认识到苦的存在并为祛除苦提供方法是宗教存在的唯一的基础和理由。五位比丘继续问佛陀按照他的法如何祛除苦时，佛陀告诫他们，按照他的法，每个人只要追随纯洁之路、正义之路、美德之路，就可以根除

---

① *Dr. Babasaheb Ambedkar*: *Writings and Speeches*, Govt. of Maharashtra, Vol. 11, 1992, p. 330.

所有的苦。

尽管安倍德卡尔表现为不赞成四谛，但是一些学者认为他在重新解释佛教时并不完全否定四谛，而是进行了重新阐释和创新理解。例如奎恩（Queen）在《参与佛教》（*Engaged Buddhism*）[①] 中认为安倍德卡尔运用他的社会学说对于四谛进行了重新解释，而阿希尔（Ahir）认为安倍德卡尔改造佛教的目的是为了表现"什么样的佛教会更适合于现代社会"[②]。安倍德卡尔强调的是四谛中的苦谛和灭谛。第一个变化是他将传统佛教所理解的苦的范围扩大，认为佛陀所讲的苦是普遍存在的苦，包括生老病死，包括一切身心之苦，也包括社会和经济的不公平所带来的苦。分析之后，他得出"悲伤、苦难、贫穷"都属于苦的范畴。

第二个变化是他将结束苦的道路区分为三个部分，也是人的精神进步的三个递进的阶段，即：纯洁的道路、正义的道路和美德的道路。纯洁的道路指五项誓戒：不杀生、不偷窃、不说谎、不淫欲、不饮酒。正义的道路的要素是八正道：正见、正思维、正语、正行、正命、正精进、正念、正定。美德的道路是指坚持十项美德（波罗蜜）：持戒、布施、舍、出离、精进、忍辱、真理、决意、悲、慈。安倍德卡尔进一步解释说每一条波罗蜜都要经过般若波罗蜜即智慧的检验。般若（智慧）是非常重要和必要的，没有般若，施的结果就会令人沮丧；没有般若，悲的结果可能会支持了罪恶。

对于五戒和八正道，安倍德卡尔的阐述是和巴利文佛经相同的，但是对于波罗蜜，他稍许做了改变，他将原始佛经中的智能替换成了悲，并强调所有的波罗蜜最终须得接受般若（智）的检验。[③] 他认为智和悲是佛教的两个基石。他说："法由智和悲组成。

[①] Christopher S. Queen and Sallie B. King, eds., *Engaged Buddhism: Buddhist Liberation Movements in Asia*, Albany, NY: State University of New York Press, 1996.

[②] D. C. Ahir, *Dr. Ambedkar's Vision of Dhamma: An Assessment*, Delhi: BRPC Ltd., 1998.

[③] 按照巴利文佛经，在南传佛教体系里，波罗蜜一般归类为十个，即：布施、持戒、出离、智能、精进、忍辱、真实、决意、慈与舍。

什么是智？又为什么智呢？智是理解。佛陀以智作为法的两个基石之一，是因为不想给迷信留下任何空间。什么是悲？为什么悲？悲是爱（同情）。因为如果没有它，社会就不能存在，也不会进步，因此佛陀将它作为法的第二个基石。"① 在他看来，八正道的目的就是消除人与人之间的不平等和不人道，而不是涅槃。安倍德卡尔挑战传统涅槃的概念，认为来世的拯救对于防止当前的痛苦毫无意义，涅槃本身应被表述成祛除现实之苦并且使人类幸福。

（四）非暴力不是绝对的

安倍德卡尔认为不杀生和非暴力是极端教义，它是耆那教的教义而不是佛教的教义。他说，佛陀打算在"想杀"和"需要杀"之间做一个区别。佛陀禁止的"杀"只不过是"想要杀"。佛陀在原理和规则上做了区分，他宣布不杀生是有关原理的事而非与规则有关的事。原理给你做的自由，但是规则是僵化的。因此佛法无论在什么情况下都应当是非暴力的，而暴力出现在凡是必要的地方。②安倍德卡尔认为非暴力的方式比暴力和专政更高级更持久，他认为印度教社会只是采纳了佛陀的"不杀生"等无伤大雅的词汇，而拒绝了他的哲学的本质如"平等"。在一个社会结构中，不杀生如果是建立在不平等和奴役首陀罗及妇女的基础上，就相当于杀生，印度教只是试图通过采纳佛陀的"不杀生"来伪装自己。③

佛教的"不杀生"不是绝对的。佛教只反对"为杀生而杀生"，并不反对必要的杀生。对犯罪者实行处罚，是犯人自己行为的果报，是符合佛法的。安倍德卡尔认为佛陀主张的不杀生，并非绝对的不杀生而是爱众生，如对托钵行乞得来的肉食并不禁止。

安倍德卡尔解释说"不杀生"常常被当作佛陀教义的终极目

---

① B. R. Ambedkar, *The Buddha and His Dhamma*, Bombay: Siddharth Publication, 1957, p. 317.

② D. C. Ahir, *The Legacy of Dr. Ambedkar (Bharat Ratna)*, New Delhi: B. R. P. C., 1990, p. 285.

③ Thomas Mathew, *Ambedkar, Reform or Revolution*, New Delhi: Segment Books, 1991, p. 142.

的，而曲解了它的本质。为了解答人们对佛陀的"不杀生"的曲解，安倍德卡尔引用了佛陀回答吠舍离的一位将军辛哈（Sinha Senapati）关于如何实践不杀生的问题来说明，佛陀答道：你误解了我所讲的。犯罪者必须得到惩罚，而无罪之人必须被释放。一个地方法官惩罚了一个犯罪者不是错误，这个地方法官实施惩罚只是执行了法律，他没有玷污不杀生。一个人为了公正和安全而斗争不能被谴责为杀生，如果保持和平的所有手段都失败了，那么承担杀生的责任就落在了发动战争的那个人身上，不能屈服于邪恶的力量，战争可能发生，但是一定不能是为了私人的目的。[①] 安倍德卡尔进一步证明佛陀的"不杀生"不是绝对的，在必要的时候使用武力是合理的，他说："几百万人被杀了，这不是暴力吗？如果一个凶手可能在战争中被杀因为他属于敌国，如果一个财产所有者的所有权造成了不幸，为了团体中其余的人，为什么他不能被杀？没有理由支持财产所有者而做个例外，为什么要视私人财产为神圣不可侵犯？"[②]

　　安倍德卡尔热衷于将绝对非暴力的原则作为目的而将相对暴力作为手段。他认为甘地的非暴力源于耆那教而非佛教，而佛陀从未发展出耆那教极端的观点。安倍德卡尔热爱非暴力的原则，但是他将非暴力与卑屈的投降进行了区别，他说人们不能生活在屈服、受奴役和无助的生活里，圣人所说的摧毁邪恶也是一种非暴力。尽管对所有生物的爱和善是非暴力原则的一部分，但是打击所有为恶者也是不杀生教义中的原则，没有它，不杀生就是一个空壳。[③] 因此，战争不论是暴力的或者非暴力的，只要最终目的是好的就是公正的。如果最终目的为了公正，那么为了胜利而坚持斗争同样是公正的。如果目的是不公正或不公平的，那么坚持成功就是不正当的。

[①] "Buddha or Karl Marx", in *Dr. Babaseheb Ambedkar: Writiing and Speechs*, Vol. 3, Govt. of Maharashtra, 1987, p. 451.

[②] Ibid., p. 44.

[③] Dhananjay Keer, *Ambedkar: Life and Mission*, New Delhi: South Asia Books, 1990, p. 351.

他认为，为了获得成功而借用手段，公正的目的并不改变，目的的公正不随手段的多样化而变化，就像动词随主语的变化一样。① 安倍德卡尔认为，"对于那个要杀你的人，或者要侵犯一个贤良妇女的人，或者放火烧别人家的人，或者因为偷窃而逃跑的人来说，死于他的罪恶和侵略者以及邪恶之人所做的伤害一样都是暴力"。因此，他批评甘地的非暴力的消极抵抗和不合作主义也是"在暴力基础上的"。

（五）不美化贫困

安倍德卡尔的理想宗教信条之一就是宗教不能赞许和美化贫困。他认为，佛教虽然认为"一切皆苦"，但不美化贫困，也不褒奖贫穷者的忍耐和顺从精神，而是认为贫困和负债都是"苦"的根源，承认通过正当手段可以获得和享用物质财富。佛教也不反对贫困者和被压迫者打破现状，为改善自身的地位而斗争。那些拥有财富的人舍弃财富是受祝福的，但是贫穷从来不可能受到祝福。宣称贫穷是福是对宗教的妨碍，是对恶习与犯罪的袒护，是赞同把世间变成人间炼狱。②

（六）僧伽和比丘

根据安倍德卡尔的说法，僧伽不受种姓、性别、身份和地位的限制，其成员一律平等，僧伽内部的位次是由道德而非出身来决定。佛陀说，僧伽犹如大海，比丘犹如汇入大海的河流，尽管每条河流都有不同的名字和所在地，但只要流入大海就合而为一。比丘也就失去了他原来的种姓和身份。③ 比丘与婆罗门不同，不是祭司、没有种姓，应该不是世袭出身。比丘不像婆罗门，相信神灵，主持仪式从而索取物质利益。比丘也不像婆罗门那样终身都是婆罗门，

---

① Dhananjay Keer, *Ambedkar: Life and Mission*, New Delhi: South Asia Books, 1990, p. 91.

② D. C. Ahir, *Dr. Ambedkar's Vision of Dhamma: An Assessment*, Delhi: BRPC Ltd., 1998, pp. 8 - 9.

③ *Dr. Babasaheb Ambedkar: Writings and Speeches*, Govt. of Maharashtra, Vol. 11, 1992, pp. 415 - 416.

不会因为犯罪或者不良品行而被取消资格。比丘不像婆罗门那样可以拥有财产，比丘没有财产是为了让精神和道德获得自由。①

比丘与优婆塞（居士）不同，他不能结婚，没有家庭，也没有财产，禁止杀生。比丘遵守五戒是义务，而优婆塞遵守五戒是自愿。比丘出家，并不意味着他只是脱离世俗，自我修炼，而是要为宣扬佛法尽最大的义务。

（七）法即道德

安倍德卡尔将宗教与法作了扼要的区分。根据他的说法，宗教是一个模糊不清的词。它有许多含义，这是因为宗教经历了许多发展阶段，致使宗教的概念一直在发生变化。在早期阶段，宗教被视为巫术。到了第二阶段，宗教被视为信仰、仪式、祈祷和祭祀。到了第三阶段宗教加入了神和灵魂的概念。当前这个阶段，宗教意指信仰神、信仰灵魂、崇拜神，通过仪轨、仪式、祈祷和祭祀安抚神灵等。②

安倍德卡尔的佛教观中，佛陀所说的法也从根本上与宗教不同。宗教可以说是个人的事务，应当避免影响公共生活。相反，"法"即是社会，它意指人与人在生活的各个领域的正确关系。若只有一个人生活，他不需要法。若两个人生活，他们必须遵守法，不管他们喜欢或者不喜欢它。换言之，社会必须依靠法来维持。

安倍德卡尔的法就是道德，他强调道德是法和法是道德，在法中道德取代神，尽管佛法中不存在神。在佛法中没有祈祷、朝圣、礼仪、典礼或者牺牲的位置，道德是佛法的本质，没有它，就没有佛法。佛法中的道德源于人与人之间的爱的直接需求，它不需要神的认可。人必须是道德的不是来自天意，而是为了人们自己的好，人要爱人。佛法是社会的，它是基本的也是必要的。佛法是正义的，它意味着全社会人与人的正确的关系。安倍德卡尔认为，宗教

---

① *Dr. Babasaheb Ambedkar: Writings and Speeches*, Govt. of Maharashtra, Vol. 11, 1992, p. 432.

② *Dr. Babasaheb Ambedkar: Writings and Speeches*, Govt. of Maharashtra, Vol. 11, 1992, pp. 315 – 316.

的目的是在解释世界的本源，佛法的目的在于重建世界。宗教必须基于科学，否则将会失去人们对它的尊敬，并且因此成为人们嘲笑的对象，从而失去作为生活管理原则的力量，并随着时间的消逝而消失。佛陀以道德作为法义的中心，取代印度教传统业报观。印度教的社会理念是不平等，而佛教倡导一个"自由、平等、博爱"的社会观。

三　佛教福音书——《佛陀及其教法》
（一）写作的缘起和过程

1948年，安倍德卡尔已明显下定决心拥抱佛教。面对他的追随者的询问，怎样才能更好地理解和追随佛陀的法，诸如此类的问题，安倍德卡尔重新印刷了拉克希米·那拉苏（P. Lakshmi Narasu）的《佛教的本质》一书，推荐给想要成为佛教徒的人们来进行研读。在这本书的序言中他提到自己计划写一本关于佛陀的书，他说："为这本书（《佛教的本质》）的再版写作序言，我原来想解决佛陀在过去和现在的论敌对于他的教义所提出的批评。现在出于两个原因我放弃了这个意图：第一，我的健康不允许我承担此项任务。第二，凭借我对佛陀人生的研究，我相信我能在自己的书中更好地解决这个问题，在自己的书中会比在给其他人的著作的序言中做得更加公正。"[①]

基于以上考虑，在摩诃菩提期刊题为《佛陀和他的宗教的未来》一文中，安倍德卡尔提出了他传播佛教的工作计划。第一，有必要制造一部"佛教圣经"；第二，必须要变化"比丘僧伽的组织和目的"；第三，为了建立和保持与世界的联系，应当"建立世界佛教使团"。三者之中"生产出佛教的圣经是第一要务"。他说：

"佛教文献浩如烟海，期望一个人在文献的海洋里跋涉来寻找

[①] D. C. Ahir, *Dr. Ambedkar's Vision of Dhamma: An Assessment*, Delhi: BRPC Ltd., 1998, p. 15.

佛教的本质是不可能的。其他宗教超越佛教最大的长处是它们都有自己的圣典，这样每个人走到哪里都可以携带进行阅读，是很便利的。佛教就是缺乏这样一部便利的圣典。印度的《法句经》[①]就没能起到圣典所应起的作用。宗教以信仰为基础，而信仰如果以信条或者抽象的教条来表现是不可能被吸收的，它需要一些被称为故事的诸如：神话、史诗或者福音书的东西来使想象得以强化，而《法句经》没有通过故事来强化，因为它试图把信仰建立在抽象的教条基础上。"[②]

"这个计划的佛教福音书应当包含的内容有：①佛陀的简短的生平；②汉文佛经；③佛陀的重要对话；④佛教仪式：出生、启蒙、结婚和去世；⑤准备这样的福音书，语言学方面不容忽视。它必须使用来自生活的语言。它一定是一个咒语式的，而不是被当作是叙事的或者是伦理的阐述而阅读。它的风格应当是明晰的、动人的，具有催眠效果的。"[③]

为什么要克服困难写作一部佛教的福音书，安倍德卡尔在他的书的原始序言中写道："对于这个问题直接的答案是我认为佛陀的法是最好的，没有其他宗教能与之媲美。如果一个懂得科学的现代人必须拥有宗教，那么他能够拥有的唯一的宗教就是佛教，通过我对所有宗教的32年的研究我对此深信不疑。激励我写作这本书的另一个渊源是：1950年，加尔各答摩诃菩提协会杂志请我为卫塞节写一篇文章。在这篇文章中我讨论了佛教，认为它是

[①] "法句"（Dharmapada）是集录关于佛教道德的格言，属于巴利（Pali）三藏的经藏，是小部（Khuddaka-Nikaya）十五卷中的第二卷。《法句经》在南方的上座部（Theravada）佛教国家中，有其最崇高的地位。《法句经》是世界知名的佛教（学）经典，是一部具有世界性意义的早期佛典。《法句经》之所以被世界学者看重，乃是因为它与原始佛教思想接近。据支谦在重译《法句经》所作的序文来看，该经在印度被视为沙弥或比丘学习佛经的必读启蒙教材，也是深入学习佛经的必读经典，不只是一般的通俗启蒙教材。

[②] D. C. Ahir, *Dr. Ambedkar's Vision of Dhamma：An Assessment*, Delhi：BRPC Ltd., 1998, p. 15.

[③] The Maha Bodhi, Calcutta, "Buddha and the Future of His Religion by Dr. B. R. Ambedkar", in D. C. Ahir, *Dr. Ambedkar's Vision of Dhamma：An Assessment*, p. 16.

唯一能被接受为由科学唤醒的宗教，没有它社会将趋于腐朽。我也指出了在当代世界，佛教是唯一应当存在并且应当拯救自身的宗教。""佛教进步缓慢的原因在于它的文献太过于庞大，以至于人们无法阅读，它缺少像基督教的《圣经》那样的作品。发表这篇文章时，我收到许多人的呼吁（要求我写书），作为回应，我开始着手完成这项任务。"①

到了 1954 年，安倍德卡尔已经准备好了写作佛教福音书的第一手资料。1954 年 12 月，他前往缅甸参加第三届世界佛教友谊会，随后去了曼德勒，拜访了世界佛教文化协会的总负责人索尼博士（R. L. Soni），双方进行了热烈的交谈，讨论皈依佛教的好处和合适的时机。最终，安倍德卡尔宣布："我要非常高兴地告诉你，我已经决定要带领我的追随者在 1956 年佛陀诞辰 2500 年的日子皈依佛教，……他补充说，在空余的这段时间我能够解决一些问题使之成为一条方便之路。"②

从缅甸回来后，安倍德卡尔投入所有的时间和精力来完成他这本关于佛陀的人生和教义的不朽之作。这本书最终在 1956 年 2 月完成，以《佛陀和他的福音》（*The Buddha And His Gospel*）为题目印制了 50 份内部流通。1956 年 3 月 15 日，安倍德卡尔为此书手写了序言。

5 月的第一周，书被送往出版社最后印刷，这时书名换成了《佛陀及其教法》（*The Buddha and His Dhamma*）。此书原定于 9 月出版，尽管安倍德卡尔做了最大的努力，书的印刷还是因为各种原

---

① The Maha Bodhi, Calcutta, "Buddha and the Future of His Religion by Dr. B. R. Ambedkar", in D. C. Ahir, *Dr. Ambedkar's Vision of Dhamma: An Assessment*, pp. 16 - 17. 卫塞节是南传佛教传统纪念释迦牟尼佛祖诞生、成道、涅槃的节日。据记载，佛陀在 5 月的一个月圆之日出生，35 年后又在 5 月的月圆之日于菩提树下悟道，后来他涅槃那天正巧也是 5 月的月圆之日。三者虽非同一天，却都在 5 月，且有月圆之共同特点。于是，后世的佛教徒，便订下每年的 5 月第一个月圆日，庆祝卫塞节，Vesak 在印度古代梵文中的意思，就是"月圆"之意。

② D. C. Ahir, *Dr. Ambedker on Buddhism*, Bombay: People's Education Society, 1982, p. 16.

因延误了。尽管书的正式出版延迟了，安倍德卡尔仍然按原计划进行了他的改信仪式。随后，1956年11月15—21日，安倍德卡尔前往尼泊尔加德满都参加第四届世界佛教友谊会，这是他第一次以一个正式佛教徒的身份参加国际性的集会，他受到大会的热烈欢迎。15日的开幕式上他发表了简短的演说，他说："佛教的本质存在于为实现人类的自由，自由的经济、社会和政治的工作中。佛陀是民主的领导人，是自由、平等、博爱的热情的典型。只有在佛教中人们才能获得自由。"①

1956年12月5日晚，著作已经出版在即，安倍德卡尔请他的秘书将书的序言和导论放在他的书桌上，以便他能继续做些修改，然而6日的清晨他在睡梦中离开了人世。这部著作最后于1957年11月由孟买的人民教育学会出版。

（二）《佛陀及其教法》的内容和主旨

在公开改信之前，安倍德卡尔告诉记者他写作《佛陀及其教法》的目的是为了将佛教的信条以一种脱离了神迹、教条争论和欺骗的教义的，更为清楚的、现代的方式呈现出来，用英语写作可以使来自所有不同宗教的印度人读懂它，安倍德卡尔希望《佛陀及其教法》坚持"佛陀本人所倡导的信仰原则，而不要将人们卷入由小乘和大乘佛教造成的分歧中去"②。安倍德卡尔将他的佛教看作是一个新乘，一个更加适合于所有印度人的新的佛教。改信仪式后不到两周，在给同事的信中，安倍德卡尔写道："我们必须考虑用什么方法和手段将佛教知识传授给那些已经和将要按照我的话来接受佛陀的法的人们。我想恐怕僧伽制度必须要改变它隐居的面貌，比丘们应当像基督教传教士一样成为社会工作者和传道者。"③

---

① D. C. Ahir, *Dr. Ambedkar's Vision of Dhamma: An Assessment*, Delhi: BRPC Ltd., 1998, p.19.

② Trevor Ling, *Buddhist Revival in India: Aspects of the Sociology of Buddhism*, New York: St. Martin's Press, 1980, p.90.

③ Dhananjay Keer, *Ambedkar: Life and Mission*, New Delhi: South Asia Books, 1990, p.495.

《佛陀及其教法》成为安倍德卡尔为贱民解放所做的最后的贡献。他用600页的篇幅叙述了佛陀的人生指南和个性特征，展现并分析性地阐述了佛陀的法。为了写作这部佛教圣典，安倍德卡尔细致地研究了原始佛教经典，并进行了大量的思考。为了写作这本大作，他进行了大量的阅读，他的个人图书馆就有250多本关于佛教历史和宗教的书，包括由伦敦的巴利文协会出版的巴利文藏经以及由马克思·缪勒编辑的40卷的《东方圣书》，还有大量的摩诃菩提协会期刊。

　　这部书的体裁风格独特，每一个思想和句子独立成有编号的段落，简洁、清晰、富有韵味。全书共由八本书构成，其内容被分成了40个部分，15个节，248个小节，大约5000个段落。八本书的内容简略如下：

　　第一本书的前四个部分题为《菩萨怎样成为佛》叙述了佛陀在释迦国的首都迦毗罗卫的蓝毗尼出生到他29岁离家，后来在比哈尔的菩提迦耶六年的悟道经历。

　　接下来的两个部分分别是关于佛陀和他的前辈（吠陀先哲迦毗罗——婆罗门哲学家），佛陀和他同时代的人，最后在标题《比照和比较》下，他列举了佛陀拒绝了什么，模仿了什么，接受了什么。

　　第二本书题目为《改信的战斗》，以佛陀的第一次布道开始，描述了追随佛陀的各类改信者，诸如高贵而神圣的改信者，地位低下和低等的改信者，女性改信者以及堕落犯罪者等。

　　第三本书的题目为《佛陀教了些什么？》，其中关于佛陀的教义被安倍德卡尔分成三组：

　　第一组讨论"法"（Dhamma）。

　　法是保持纯洁的生活；法是在生活中尽善尽美；法是进入涅槃；法是放弃渴望；法是相信所有事物都是混合而成，暂时存在的；法是维护道德秩序的工具。

　　第二组讨论"非法"（Adhamma）。

　　"信仰超自然是非法；信仰自在天（神）是不是法的必要部

分，把信仰建立在梵天等神的基础上是错误的法；信仰灵魂是非法；信仰牺牲是非法；以投机为基础的信仰是非法；读法的书籍，相信关于法的书籍绝无过失是非法。

第三组讨论"正法"（Saddhamma）。

"法使得学习对所有人开放，此时法成为正法；法告诉人们只有学习是不够的，因为那样或许会导致迂腐，此时法成其为正法；法教育人们需要般若（Prajna），仅有般若是不够的，必须伴以戒律，除了般若和戒律之外，悲（Karuna）也是必需的，而比起悲来说慈（Maitri）更重要，此时，法成为正法；法为正法必须打破人与人之间的障碍；法为正法要教育人们以"价值"而非"出身"来衡量人；法为正法必须提升人与人之间的平等。

第四本书论宗教与法，讨论了宗教、法和道德的关系；再生、因果、不杀生、轮回的理论以及佛教的行为准则。

这本书的第四部分关于佛陀布道的一节包含了以下主题：为居士讲道；关于保持本性的需要；关于正义；关于涅槃；关于法；关于社会—政治问题。

第五本书涉及僧伽及其团体，有一些章节讨论了佛陀对比丘的定义、比丘的职责，比丘和俗人，俗人的戒律等观点。

第六本书详细介绍了佛陀的恩人、敌人、他的教义的批评者以及朋友和仰慕者。

第七本书对佛陀生命的最后旅程做了说明。

最后一本书概括了佛陀作为一个人的品质。分三部分表现他的个性：他的人性（他的同情心、关心病人，宽容之心，平等意识）；他的喜好（对美好事物的喜悦，对可爱事物的热爱）；他所厌恶的（讨厌贫穷和贪得无厌的占有欲）。

结语部分，安倍德卡尔总结了现代思想家和社会学家对佛陀的赞誉，并发出传播佛法的誓言，祈祷佛教在本土的复兴。

安倍德卡尔起初打算在著作中加入汉文佛经，并打算用一章讨论佛教礼仪。但是最后却没有这些内容。一些学者认为这是他有意所为，因为在这部大部头的著作中，已经引用了210句巴利文经典很难再引用汉文经典。而且，经过五年研究，安倍德卡尔认为巴利文佛经是更好地理解佛陀原始教义的源头。未收录佛教仪式则因安倍德卡尔认识到社会仪式和典礼并不是法的组成部分，将它们放入书中是不合适的。

安倍德卡尔在1956年3月15日在书的序言中写道："（此书）好坏与否留给读者去判断。至于我自己，我宣布（此书）非我独创，我只是充当了一个汇编者。我所期望的是读者能够喜欢这种表达方式，我已经做到了简单、清楚。这部著作从语言、文学风格或者内容无疑是理解佛法的精神实质和特征的最好的读本。"[①]

安倍德卡尔的著作中的陈述几乎完全是建立在他对于巴利文佛教典籍解读的基础上。一些批评家指责安倍德卡尔任意翻译或者改编巴利文佛经。他被指责删减、改变重点，并通过篡改和解释改变含义。也有学者提出异议，如安倍德卡尔的研究学者阿希尔（D. C. Ahir）认为这种指责并不完全公正，他认为在一些情况下安倍德卡尔对巴利文段落通过简化、省略甚至扩大来进行个人注解，但是安倍德卡尔的表述基本上是符合原始的佛陀教义的。

《佛陀及其教法》是一部讲述佛陀的生活和他的教义的著作，它由连贯和系统的故事组成。其内容由安倍德卡尔从各种佛教文本中挑选的章节组成，其间夹杂着安倍德卡尔的个人注解。由于种种原因，安倍德卡尔并没有将那些从大量的佛教文集汇总挑选出来的内容的真实出处加以注释，这样的写作方式使人很难从中分辨出哪些是源自标准文本，哪些来自安倍德卡尔的个人注解。由于他的著作的数量庞大，以至于后来很少有人愿意尝试检查他的版本来确定他著作的内容出处。直到1960年学者巴丹特·安纳德·卡索尔亚恩（Bhadant Anand Kausalyayan）将《佛陀及其教法》一书翻译成印地语。在翻译过程中他对安倍德卡尔引文出处加上了注释。根据这些注释，他得出的结论是：安倍德卡尔的引文中除了关于佛陀出

---

① D. C. Ahir, *Dr. Ambedkar's Vision of Dhamma: An Assessment*, Delhi: BRPC Ltd., 1998, p. 24.

离的内容源于马鸣的《佛所行赞经》①，或者公元 1 世纪出现的巴利文的《佛陀的人生》，其余关于佛陀的传法生活和佛陀的教义均出自巴利文典籍。

在这本著作的引言中，安倍德卡尔给读者解释他的著作要探讨四个重要的问题。他说，对于这些问题的每一个，佛教传统都歪曲了记录，因此歪曲了佛陀真正的教义。他承诺要读出这些文本的字里行间的言外之意，从而揭开埋葬在虔诚的神话下面的真实故事。他说：因为按照传统所给出的关于佛陀生活和教义的记录"不是看似合理的，也不合乎理性"。

在他看来，第一个被传统佛教错误回答的问题是为什么佛陀离开家庭生活成为一个漫游的出家人。第二个歪曲之处是传统佛教强调四圣谛是佛教教义的核心。安倍德卡尔说，这些教义"拒绝给人们以希望"，"使佛教的真理成为悲观的真理"，由于这个原因人们应当怀疑它们是不是佛陀的原始教义的真实部分。第三个歪曲之处是关于因果报应和再生的教义。他认为这些教义和佛陀否定灵魂的教义是极不相容的。因此佛陀不可能有这些佛教传统教义的意思，这些传统应当是受到了印度教的影响，使得他们那样用意。第四个有问题的地方是关于佛陀建立僧伽制度的原因。在他看来，在传统佛教教义的影响下，事实上，这些僧侣已经蜕变为被人喂养的寄生阶层，成为软弱的主流社会成员。

小　　结

安倍德卡尔依据他的宗教哲学观对印度教进行了批判，在选择了佛教以后，他意识到"他的佛教"需要一个现代性的特征，于是以实用主义的方法重塑了佛教的教义，将强调心灵智慧、冥思和正念的传统佛教改为强调教育和科学、批判理性的现代佛教，将慷

---

① 佛教典籍，古印度马鸣著。叙述释迦牟尼一生事迹，把宗教故事、宗教义理用诗歌形式巧妙地表达出来，在印度文学史上占有重要地位。汉译本有北凉昙无谶译本，5 卷。

慨、道德、奋斗等现代理念技术性地引申为为了社会正义而斗争。他用历史研究结合巴利语佛经做出自己的解释，对传统佛教的教义提出四点质疑，安倍德卡尔对于这些问题的回答是有趣的，但是正是这四点对于安倍德卡尔式的佛教来说拥有重大的实践意义。在他所著的"佛教圣经"——《佛陀及其教法》中，安倍德卡尔以他个人的观念重新诠释佛法，以彰显佛法能够提供现代社会的需要，及强调佛陀教法的适用范围是在此岸世界而非彼岸世界。安倍德卡尔宣称原始的僧团是为了服务于人们的需要而建立的，成为僧侣的目的不是为了退出社会，而是为了简化一个人的生活以便于他能够将全部的时间和精力投入教化人们的使命中去，身为僧侣的职责是扶助弱者和贫困的人并为其他的人提供道德指引。因此，一个真正的佛教僧侣并不只是一个剃光了头发，穿上黄色的袍子，乞讨为生的人，而是一个将他（或她）的生命投入到为他人服务中的人。

第四章

时代特色与历史遗产

安倍德卡尔一直是一个颇具争议的人物，他的各种文章、著作、演讲和小册子刺激了很多时代思潮，引起众多争论。他对印度教的批判，对佛教的推崇和改良无不引发了种种猜测和讨论。安倍德卡尔最终选择皈依佛教的目的是出于对佛教复兴的关怀，还是利用佛教作为他政治运动的工具，其动机固然值得商榷，但是他对于佛教在印度复兴的贡献，以及对佛教思想的重新构建却是值得研究和讨论的。

第一节 "新佛教"的时代性

安倍德卡尔领导的佛教复兴运动也被称为"新佛教运动"，其原因在于发生在近代印度的这场运动既是一场宗教改信运动，又是一场社会改革运动，它背后蕴含着复杂的社会背景，因而，"新佛教"表现出与传统佛教很大的不同。

一 "新佛教"与传统佛教之不同

印度的传统佛教自13世纪后在印度已基本绝迹。20世纪由安倍德卡尔复兴的新佛教是从外部世界重新引回到印度社会的，而他的新佛教思想的构建主要参照的是斯里兰卡的上座部系，因此对于印度社会来说，此佛教具有全新的意义。

新佛教运动的思想文化内涵与传统佛教不同。新佛教的产生既有近代以来西方人道主义和人权思想的背景，又有普世宗教思想和东方神秘主义的影响，作为新佛教创始人的安倍德卡尔，其本人思想兼有西方理性人文思想的吸纳，同时又具有印度传统宗教哲学的继承，因此，安倍德卡尔的新佛教思想呈现出多元综合特征。

新佛教的产生与印度近代社会变迁有着深刻的联系，它表现为既是一场宗教改革又是一场社会运动。长期的殖民统治使印度社会在政治理念、社会结构、思想文化等领域受到了全面的冲击，引起了印度社会内部的回应，其运动影响到了社会的各个层面。而处于社会底层的贱民集团也开始了争取自己基本生存权利和政治权利的斗争，他们借用佛教作为身份转换的依据，并赋予了它社会革命的意义，从而使佛教成为贱民解放斗争的心理皈依和理论依据。在此背景下复兴的佛教，已经不简单是恢复传统宗教，也带有革新的意义，因此新佛教中蕴含着某些现代性。

新佛教运动具有鲜明的斗争性和实践性。新佛教的推动者是印度社会中处于最下层的社会群体，发动的是一场自下而上的社会改革运动，这场运动直接表现为对印度占传统优势地位的印度教主流的反击，因此具有很强的对抗性。它更多地吸收了近代以来西方的理性主义和人道主义等的现代理念，将佛教塑造为一种具有强烈现代精神的宗教，因此对于长期生活在压抑状态中的低等种姓来说，通过改信佛教而获得平等身份以及政治经济地位是具有很强的实践意义的。

二 安倍德卡尔"新佛教"思想的特征

安倍德卡尔称自己的佛教为佛教的新乘，他认为流行的佛教教义与佛陀原本的精神不符，原因是佛教的传播者对原始佛教教义进行了曲解和篡改，于是他按照自己的理解对传统佛教教义做出了以下几点批判：

第一，他认为佛陀对四圣谛的初始解释并不是悲观的。

第二，他认为佛陀出家的原因并非如传统佛教教义所说是因为看到了四种境象，而是因为释迦族和其他部族之间因为水的问题发生冲突，佛陀为避免以暴力方式解决问题而选择离家出走。

第三，他认为佛陀的原始教义中没有神、没有灵魂，因此佛陀所说的再生不是灵魂的轮回，而是物质的转换。

第四，他认为佛教不是仪式的宗教，佛教中的礼仪都是后人附加上去的。

第五，他对比丘僧团的性质提出质疑，认为比丘不应当只是埋头自己修行，而应服务众人。

从安倍德卡尔对佛教的解释和重构中，可以看出他所重构的新佛教有如下特征：

(一) 理性的与人文的

从社会的角度来看，安倍德卡尔认为是宗教服务于人而不是人服务于宗教。他要寻找一个能够使个体得到提升的"真正的宗教"的功能。这个宗教应当教给人们友爱感、自由和平等的美德。而印度教不能给他提供合适的环境，拒绝他的个人自由，所以他只得离开印度教转而寻求其他能够为他提供更好条件的宗教。

和其他宗教创始人相比，佛陀从未将自己置于神圣的地位，他自称只是一个人类之子，满足于身为一个平凡人，并以一个平凡人的身份宣扬他的教义，也从不自称受到神灵、圣灵或外力的感应，或拥有超自然的力量，不展现神通来证明自己的能力。佛陀满足于一个世间修道者，一个导师的身份来引导大众。安倍德卡尔引用了《大般涅槃经》的内容加以说明，佛陀告诫弟子们可以自由思考佛陀所说的法，并可以在产生疑问时，暂停对他的教法的信任。因为人只有在自己确知某事是不善、错误、邪恶的时候，才能够革除某些弊病；而只有当自己确知某事是善良的，美好的，那时再信守奉行。佛陀的自由思想和理性主义，表达了安倍德卡尔对宗教的希望。按照佛陀的教法，人类的解脱依靠的是人类对真理的自觉。因此，一个人可以达到涅槃，绝不是依靠顺从神的旨意，或依靠神的恩典，或是神对人的酬劳。所有的宗教都许诺救赎，佛陀作为一名导师他却不做任何许诺。① "佛陀说，要让一个人接受某一事物为现实必须有证据才行。"② 从安倍德卡尔对于佛陀的这些描述中可以看出他的新佛教中的佛陀是理性的化身，体现出人文主义和个人主义的色彩。

（二）传统性与现代性

在对佛教的重新建构过程中，出于对印度文化的热爱，安倍德卡尔将佛教塑造成与古代印度文化相延续，同时又是和与印度教相关联的早期吠陀传统相区别的文化传统。这就给佛教提供了非常必要的印度本土的表现形式，同时又兼有现代性的特征。佛教对于他来说更多关注的是社会平等，在文章《佛陀有社会意义吗？》一文中，他说："佛陀教导公平了吗？佛陀教导爱了吗？佛陀教导自由了吗？佛陀教导平等了吗？佛陀教导友爱了吗？佛陀能回答马克思吗？在有关佛陀的法的讨论中这些问题几乎从未被提出，我的答案是佛陀具有社会意义，他解答了所有这些问题。"③

为了重构一个有别于传统佛教的"新佛教"，安倍德卡尔对佛教文献进行了大量研究，包括大乘和小乘佛教的文献，最终，安倍德卡尔表现得更接近小乘佛教，试图使他的佛教表现得不与大乘佛教发生联系，可能是为了努力避免将佛教作为改信的可行性选择而招致的被认为"它不够印度"的反对意见。因为大乘佛教更容易被认同为东亚文化，这可能是他倾向于小乘佛教的原因。另外，安倍德卡尔也不愿意论及关于佛教的任何分割，因为文化传统的一致性是它的效用性的关键所在。他曾批评基督教，认为基督教作为巨大的社会力量其分支太多了。安倍德卡尔对贱民的困难状况充满忧虑，同时也对印度文化充满担忧。他拥抱佛教既不想剥夺低等种姓作为印度国民的权利，也不想伤害印度的

---

① B. R. Ambedkar, *The Buddha and His Dhamma*, Bombay: Siddharth Publication, 1957, p. 218.

② Ibid., p. 256.

③ B. R. Ambedkar and V. Rodrigues, *The Essential Writings of B. R. Ambedkar*, New Delhi Oxford, Oxford University Press, p. 218.

古老文化。

安倍德卡尔从他的现代民主社会的理想出发，给他的理想宗教赋予了现代性，他认为：①社会必须将法律的处罚与道德的惩罚结合起来。缺乏其中一个，社会就会出现精神崩溃。因此从道德意义上说，宗教必须在每个社会保持作为统治方法之一。②宗教的定义首先应当是符合科学。即宗教要运行，必须符合理性。③宗教作为道德的符号，必须认可自由、平等、博爱的基本原则。④宗教不应当使贫穷神圣化和高贵化。佛教是唯一在现实世界存在并满足以上条件的宗教，也就是最富于现代性的宗教。他说如果新的世界——与过去完全不同的新世界——需要一个宗教这个新世界比过去的世界更加需要宗教，那么它只能是佛陀的宗教。①

他说，佛陀教给人们不杀生，他也教给人们社会自由、智力自由、经济自由和政治自由。他教给人们平等，不仅是男人和男人之间的平等，还有男人和女人之间的平等。很难找到另一个宗教领袖能和佛陀相媲美，他的教义包含了人类社会生活的很多方面，他的教义如此现代，他主要关心的是人类在世间的生活中得到拯救，而不是在死后被许诺升入天堂。因此，佛陀体现了更多的世俗的和人文的关怀。

（三）政治性和宗教性

安倍德卡尔的新佛教体现出宗教和政治是紧密相连的。这也是为什么一些批评家说安倍德卡尔宣传的教法不是佛教而是所谓的"安倍德卡尔主义"。确实如此，他的法宣称在必要的时候可以杀生，这对于印度人来说就是应当为了捍卫国家的独立流尽最后一滴血。安倍德卡尔以他的丰富的知识来启发人们深思，他的语言不像一个艺术家而更像一位战士。他以文学方式来表达这样的观点：贱民是可怜的人，因为这些穷人不放弃食用牛肉而被印度教当作贱民对待。他将源头追溯到佛教和婆罗门教争夺霸权的

---

① D. C. Ahir, *Dr. Ambedkar's Vision of Dhamma: An Assessment*, Delhi: BRPC Ltd., 1998, p.9.

斗争，他说印度教采纳佛教的方式放弃吃牛肉意味着他们恢复了由于佛教的崛起而失去的声望和权力。他尽其所能以佛教为立场来反对印度教的罪恶，向印度教发难。同时他又是近代印度唯一一位为佛教复兴做出了重大贡献的思想家，他在佛教中诠释了民主、自由、博爱的哲学，不信仰化身哲学，否认佛陀是毗湿奴的化身，严格遵循佛陀的八正道，解释佛教是由知识、正道和慈悲三个原则引导的"真正的宗教"。安倍德卡尔表达了这样的观点："真正的宗教"是社会的基础，真正的公民社会有赖于政府和宗教二者的共同保护。"他的佛教"是对传统文化的现代化尝试，也是他的世俗政治议程的延续，是对以国大党为代表的主流意识形态的回应，他的重构佛教超出了宗教意识形态的狭窄范畴，具有强烈的世俗意图和适用性，甚至填补了印度共产党所缺失的政治左翼的空白。因此，安倍德卡尔的新佛教体现了政治性和宗教性的结合与统一。

三 "新佛教"运动的历史意义

1956年，安倍德卡尔领导的这场大规模集体改宗运动无论是在印度历史上还是在世界历史上都是史无前例的，引起了印度乃至国际社会的巨大回应和高度关注。究其影响，可以从对佛教复兴的影响和对贱民解放运动的影响两方面来分析。

（一）安倍德卡尔的改信运动对印度佛教复兴的影响

1. 重申佛教教义，增加了信徒数量，提升了佛教地位

学术界一般以1203年超戒寺被破坏作为佛教在印度衰灭的标志。此后，佛教在印度失去了宗教舞台，圣地衰败不堪，僧侣和信徒寥寥无几，甚至佛陀也成为毗湿奴的化身，佛教俨然成为印度教的派别之一。关于佛教在印度式微的原因，安倍德卡尔在1950年6月于斯里兰卡举行的一场国际会议上，在题为"印度佛教之兴衰"的讲演中提出一些见解，讲演中，安倍德卡尔表达了对佛教在印度复兴的信心，他说：佛教虽然在实质上已经灭亡，但是其精神力量

仍存在于印度。① 随着改信佛教目标的明确，安倍德卡尔在《佛陀和他的宗教的未来》中，列举了他复兴佛教的计划，并具体加以实施。

事实上，如安倍德卡尔对于佛教的分析，佛教之所以在印度消失的这么快，与佛教被印度教纳入其体系之内不无关系，随着传统佛教的衰落，它的思想和教义被融入印度教之中，一般印度教徒都相信佛陀是毗湿奴的化身之一，因此也认为佛教的一切都是隶属于印度教的一部分。以安倍德卡尔当时的身份及威望，当他提出改信主张之后，有若干宗教如锡克教、穆斯林教、基督教等都曾向他伸出橄榄枝，但是，他最终选择了佛教，主要原因是佛教是最适合贱民要求，主张平等、打破阶级观念的宗教。因此，出于历史使命感，安倍德卡尔一方面采纳了佛教的平等性来破除印度社会的等级观念，一方面又重新诠释佛法，目的就是想要将"新佛教"与印度教所认知的佛教区分开来，使佛教在它的原生地重新焕发生命。

1956 年安倍德卡尔率领约 50 万名不可接触者皈依佛教，可谓给印度佛教注入了新鲜血液。随后，改信佛教成为印度不可接触者摆脱受压迫命运的有效途径，不时有改信活动发生。据 1891 年的统计数据显示，全印度的佛教徒仅为 5 万人，而随着印度佛教复兴运动的展开，印度佛教徒人数明显增加。据 1961 年统计数据显示，印度佛教徒人数从 1951 年的 180823 人，大幅度增至 3250227 人，其中 85.8% 集中在马哈拉施特拉邦。1961—1981 年，印度佛教徒的数量翻了一番。1981—1991 年十年间，各主要邦的平均增长率约为 38%，其中北方邦、中央邦、泰米尔纳德邦、哈里亚纳邦增长率则更高。这一切说明，安倍德卡尔辞世之后，佛教信徒人数仍然持续增长。截至 2001 年，印度佛教徒人数约为 800 万人，占总人口的 0.8%。② 2007 年 5 月 27 日又有近十万名不可接触者追随安

---

① D. C. Ahir, *Selected Speeches of Dr. B. R. Ambedkar*, New Delhi: Blumoon Books, 2000, p. 52.

② D. C. Ahir, *Buddhism in India after Dr. Amberkar (1956 - 2002)*, Delhi: Blumoon Books, 2003, pp. 40 - 42.

倍德卡尔在孟买皈依佛教。①

为了提高佛教在印度的地位和影响力，作为宪法制定者的安倍德卡尔还向制宪会议提出以佛教的标识作为印度国家标志和象征，以及提供给学生研究佛教的奖学金，这些提议获得了尼赫鲁内阁的首肯。1954年12月于缅甸进行的第三届世界佛教徒联谊会上，安倍德卡尔以题为"印度佛教复兴的时刻"（*Time for Buddhist Revival in India*）发表演讲，他说："我渴望印度再度信仰佛教，我已经朝着这个方向迈进。我是印度宪法的起草者，我在宪法中制定巴利语研究的法令，我也将法轮纳入印度国旗的标志，还有，将鹿野苑的阿育王狮子柱头作为印度国家的象征。对于这些计划，我可以非常高兴地说，没有受到任何制宪委员的反对。"②

在安倍德卡尔的推动之下，佛教的复兴获得了官方和民间的支持，从信徒数量和社会影响上来说，佛教已荣升为印度第五大宗教。

2. 促进佛教研究，编写佛教经典，培养佛教人才

安倍德卡尔不仅是政治家和改革家，同时也是一位学者，他的改信是建立在专业的学术研究的基础上的。从1935年决定离开印度教开始，安倍德卡尔就开始对包括佛教在内的各种宗教和思潮进行了深入研究，最终在20世纪40年代开始确定以佛教为改信对象。为了改信的顺利进行和指导改信者更好地学习和理解佛教教义，安倍德卡尔对原始佛教的教理和教义进行了深入研究和阐发，他在摩诃菩提期刊发表许多关于佛教的文章，如《佛陀和他的宗教的未来》等，为宣传佛教教义还进行了大量的讲演，尤其是他花费毕生心血完成的、最重要的佛教著作《佛陀及其教法》，该书可谓安倍德卡尔个人对佛教教义的理解和诠释之作，并成为今日印度新佛教信徒的指南和宝典。

---

① BBC, 27 May 2007, *Mass Dalit Conversions in Mumbai*, http：//news. bbc. co. uk/2/hi/south_ asia/669695. stm.

② D. C. Ahir, *Selected Speeches of Dr. B. R. Ambedkar*, New Delhi：Blumoon Books, 2000, p. 108.

为了更好地研究和传播佛教，安倍德卡尔还借助政府的资助建立佛教大学，培养佛教人才。他在阿旃陀—艾罗拉附近的奥楞伽巴成立了一所学院，并在孟买设立悉达多学院。为了鼓励学生接受教育和研究佛教，他宣布凡是学生撰写的关于佛陀生平的文章，都能获得一千卢比的奖学金，目的是为了促进佛教研究在印度的复兴。为了成立这些学院，他向印度政府贷款二百二十万卢比，面对这些高昂的债务，他表示"我怀疑能否在这一生中偿还。即便如此，我仍计划在德里、孟买、加尔各答和马德拉斯兴建佛陀精舍，让来自不同地区的各行各业的信徒，皆能来此礼拜佛陀，这就是我在印度推广佛教的计划"①。

3. 改变比丘僧伽组织的目标和宗旨，强调入世性

安倍德卡尔分析佛教在印度历史上衰亡的原因之中，有一点是认为佛教僧侣远离世人，深居寺院，以至于浸淫舒适和安逸的生活，并且整日沉溺于撰写赞文，而不再像过去那样四处游历说法、传播佛教，这种丧失了传教精神的佛教必然走向衰微。因此安倍德卡尔强调，佛教比丘与印度教的云游僧是截然不同的，云游僧是出世者，不管世间俗事，但是佛教的比丘是入世的。佛陀创立僧伽的目的之一是为了培养精英，给予在家信众以真实而公正的指导，还要为社会大众服务，因此比丘被禁止拥有财产，因为拥有财产会阻碍他们自由思考和自由运用思想。佛陀创立僧伽的另一个目的是为了建立不受世俗约束而专心服务世人的团体，因此比丘被禁止结婚。安倍德卡尔指责当前的僧伽既没有为世人服务，也没有成为人们的导师，在印度，提起慈善工作，人们所能想到的是罗摩克里希纳协会，而非佛教僧伽，因此僧伽的目的和宗旨必须加以改变。

另外，与基督教的传教士的培养模式相比较后，安倍德卡尔指出基督教的教士们都能够利用医疗帮助和教育服务的方式在亚洲传教，这意味着传教士不仅要懂得宗教义理，而且也懂得人文和科学

---

① D. C. Ahir, *Selected Speeches of Dr. B. R. Ambedkar*, New Delhi: Blumoon Books, 2000, pp. 108 – 109.

知识，因此他建议佛教比丘应该向基督教教士学习。① 他认为佛教需要的并不是数目众多的比丘，而是具有高等教育水平的传教者。

4. 成立佛教组织，扩大国际联系

安倍德卡尔指出，佛教缺少组织使之不便于传播，再者，缺乏人手和资金，同样不能执行传教工作，因此，为了传播佛教和推动改信佛教运动，安倍德卡尔积极倡导建立佛教组织。他于1951年7月成立了印度佛教人民联盟（Bhartiya Buddha Jana Sangh），1955年5月又成立了印度佛教协会（Bhariya Buddha Mahasabha）。1956年，印度佛教协会主办了安倍德卡尔领导的改信仪式，安倍德卡尔病逝后，其子耶施望特接任协会主席，并于1968年召开第一届全印度佛教会议。印度佛教协会已在印度各地成立分会，而总部设在孟买达达尔。除在印度本土建立佛教组织之外，安倍德卡尔还建议建立一个国际性的佛教协会，并以此招募传教所需的人力和资金。

在安倍德卡尔的影响之下，来自西方的僧护和世友接续了安倍德卡尔的佛教复兴事业，最终在印度建立起名为"三界佛教僧伽团"（Trailokya Buddha Ma-hasangha Sahayak Gana）的组织，成为印度复兴佛教的主要组织和骨干培养基地。②

（二）改信佛教对贱民解放运动的影响

在安倍德卡尔的新佛教运动出现之前，不可接触者就通过改宗他教，如基督教、伊斯兰教、锡克教等来作为改善社会地位、经济

---

① B. R. Ambedkar, "Buddha and the Future of His Religion", in D. C. Ahir, ed., *A Panorama of India Buddhism*, Delhi: Sri Satguru Publications, 1995, pp. 39 – 40.

② 僧护（Sangharakshita）是继安倍德卡尔之后印度新佛教运动的首要推动者。他生于英国，曾与安倍德卡尔有三次会面交流，他在伦敦建立了名为"西方佛教徒之友"（Friends of the Western Buddhist Order, FWBO）的组织，并于安倍德卡尔去世后回到印度传教，开展社会活动，关注印度佛教的现代运动。他对安倍德卡尔的新佛教深入研究，写成《安倍德卡尔博士与佛教》一书。在他的影响之下，英国人世友在英国建立了"西方佛教团"（The Western Buddhist Order），并接手僧护的事业，回到印度传播佛教，组织了印度的"三界佛教僧伽团"（Trailokya Buddha Ma-hasangha Sahayak Gana, TBMSG），成为"西方佛教团"的第一个分支。世友以居士身份开展三界佛教僧伽之友运动，这一运动遵循安倍德卡尔的基本主张，以关注社会、穷人和提高弱势群体的社会地位和经济政治状况为目标，成为印度现代佛教复兴运动的骨干组织。

状况的一种手段。对于这种方式,印度学者戈希萨迦(Kshirsagar)指出:不可接触者诉诸改宗来摆脱印度教带给他们的痛苦生活,这其中除了物质利益之外,他们期望得到的是一个新的社会身份,这是(他们)改信伊斯兰教、基督教和锡克教的一个显著动机。[①] 因此,从本质上来说,安倍德卡尔改信佛教的运动也是一场脱离种姓压迫,改变身份的贱民解放运动。泽利奥特(Eleanor Zelliot)对于安倍德卡尔引导贱民改信在印度历史上的独特性这样评价:"始于1956年的佛教改信运动在许多方面有别于伊斯兰、基督教、雅利安社和锡克教的群众改信——它发生在印度独立后,它几乎覆盖了整个一个大的种姓,它依靠来自整个种姓都信奉的一个领导人,与任何外界的传教组织都缺乏联系,特别是在它的自我意识中将寻求平等与寻找一个新的身份相结合。"[②] 因此,安倍德卡尔所领导的改信运动与以往的改信运动又有着不同的特点和影响。

根据泽利奥特的研究,印度佛教徒人口中的85.8%是马哈拉施特拉的佛教徒,其中新佛教徒主要来自安倍德卡尔所属的种姓马哈尔,因此安倍德卡尔领导的改信佛教运动,从狭义来说更多体现为马哈尔提升地位的抗争运动。那么不妨以马哈尔人为例来理解新佛教运动给不可接触者运动所带来的影响:

1. 贱民身份的自我转换

安倍德卡尔相信改信能够作为一种具有明显社会意义的行为发生影响,它包含了贱民在个体和团体身份中的自我转换。很明显安倍德卡尔希望改信产生的社会影响是使贱民完全与过去决裂,完全与印度教脱离关系,通过改信佛陀的法,建立起以前不可能拥有的一个新的宗教身份。而事实上,按照安倍德卡尔对于种姓制度和不

[①] R. K. Kshirsagar, *Dalit Movement in India and Its Leaders (1857 – 1956)*, New Delhi: MD, 1994, p.45.

[②] Eleanor Zelliot, "The Psychological Dimension of the Buddhist Movement in India", in G. A. Oddie, ed., *Religion in South Asia: Religious Conversion and Revival Movements in South Asia in Medieval and Modern Times*, revised and enlarged edition, Columbia, MO: South Asia Publications, pp.191 – 214, 191.

可接触制度起源的描述，实际上是给贱民们再生了一个旧的身份。通过重新构建历史，不可接触者与佛教历史地联系在一起，并获得了从未有过的平等身份，这种身份的转换被追随他的马哈尔人接受下来。改信后的马哈尔人，脱离印度教团体，大多认为他们是佛教徒，而很少再承认自己是马哈尔人，他们也不再被列入表列种姓。

2. 宗教信仰的改变

随着贱民大规模改信佛教，身份改变的同时带来的是他们信仰形式的改变。新佛教徒遵守 22 条誓言，而拒绝崇拜印度教神祇，不再遵守印度教节日。由于安倍德卡尔的影响力，许多新佛教徒在家中仅仅供奉佛陀和安倍德卡尔的画像或者雕像。安倍德卡尔不主张宗教仪式，因此，新佛教徒一般只庆祝四个重要的节日，即佛诞日、皈依佛教日、安倍德卡尔诞辰纪念日和安倍德卡尔逝世纪念日。除此之外，新佛教徒的生活也渐次佛教化，他们采用佛教仪式进行传统的出生、结婚和丧葬等习俗。

3. 贱民职业选择的变化

英国殖民的作用已经给马哈尔人以及不可接触群体带来了更多的职业变化，而安倍德卡尔的新佛教思想的核心是自由、平等、友爱，以此来对抗印度教社会的职业世袭和内婚制等陋习，新佛教徒接受安倍德卡尔的观念，拒绝从事传统职业，努力接受教育，在职业的选择上，更趋向于选择新兴的、受限制少的职业。年轻一代的马哈尔人几乎不再从事传统的低贱职业，他们乐于接受教育，并且去往外地特别是城市中寻找新的工作。人类学者皮莱·维特舍拉（Pillai-Vetshera）在其著作中提到，由于改信的作用，高种姓印度教徒已经不能再强迫马哈尔人从事那些社会仍需要的低贱工作，大部分的马哈尔人，尤其是改信佛教，或者基督教，或者接受过教育的人，都拒绝从事卑贱的工作。[①] 职业的改变使贱民拥有更多尝试新职业的机会，从而有可能致富，提高社会地位。

---

① T. Pillai-Vetshera, *The Mahars*: *A Study of Their Culture*, *Religion and Socio-Economic Life*, New Delhi: Intercultural Publications, 1994, p. 302.

4. 贱民心理的变化

安倍德卡尔认为贱民千年来忍受种姓印度教社会非人待遇而不思改变的重要原因之一在于他们的心理定式，自卑、顺从、压抑，缺乏抗争。1935 年 5 月 27 日，安倍德卡尔的妻子拉玛拜（Ramabai）去世了，妻子是一个崇信宗教的虔诚女性，生前最大的愿望就是去本特尔布尔朝圣①，那里每年都有十几万人前去朝拜。但是作为一名女性贱民，她只能站在离开神庙一定距离的地方进行祈祷。对此，自尊的安倍德卡尔感到难以忍受，他安慰妻子："本特尔布尔不许它的信徒去看神的形象又怎么样呢？我们靠的是我们自己的正直的生活、无私的供奉和纯洁的献祭，为了受苦的人类我们要为自己创造一个本特尔布尔。"最终，安倍德卡尔实现了这个愿望。

5. 年轻一代的"新佛教徒"

安倍德卡尔率领贱民改信后的几十年时间里，贱民中年轻的一代成长起来，在他们的身上更能够体现出改信带来的变化，根据阿伦·萨杜（Arun Sadhu）1978 年对马哈拉施特拉地区的研究报告，值得注意的是：年轻一代完全不受旧的迷信思想的钳制，更多地接受了理性的人生观；新的文化和社会复兴改变了这些年轻人，他们不再相信命运注定和古老的仪式，认为只有努力工作、接受教育和理性的方式才能带来进步，相比高等种姓的年轻人，他们的人生态度更加坚定、进步和科学。由于从盲目的信仰中脱离出来，更多的理性意识给予他们更大的渴望去接受教育和获取知识，这成为他们获得经济进步的关键。②

"新佛教"运动最终为贱民成立了一个新的理想宗教。毋庸置疑，皈依佛教给贱民带来了富有自尊和自信的新生活。泽利奥特

---

① 又名昌达拉班加（Chandrabhanga）。位于印度马哈拉施特拉邦南部，浦那东南 180 公里，一年一度的印度宗教集会地。每年 7 月，毗湿奴神（印度教和婆罗门教的主神之一）的信徒，纷纷来此朝拜。

② D. C. Ahir, *Buddhism in India after Dr. Ambedkar (1956 – 2002)*, Delhi: Blumoon Books, 2003, p. 48.

（Zelliot）指出，"新佛教徒常说，他们感受到解脱和心理的自由"①。"皈依佛教将新佛教徒的羞辱、自卑和堕落感彻底洗净。"②据一些社会学者的实际考察研究，有85%的新佛教徒认为改宗带来了诸多好处，其中44%的人认为获得一个新身份而感觉心灵满足；17%认为自信心得到极大提升；13%认为体验到解脱的滋味；10%认为教育、团结和抗争能力得以提升；还有1%认为他们至少能借由文学作品加强意识。③

很明显，安倍德卡尔改信佛教首先是直接反对印度教。同时，安倍德卡尔对于佛教复兴运动有强烈的使命感，出生于佛教受到现实社会极大挤压的时代环境里，印度的社会氛围对佛教有着负面的看法，印度佛教正处在边缘化的危机中，安倍德卡尔对佛教提出新的认识：认为佛教应该以人生为重心；佛教应该是入世的；佛教可以作为社会改革的动力；反对神化与迷信化佛教；佛教不能回避与公众权益有关的政治性议题；佛教应当重视教育与媒体的重要性；佛教复兴的核心工作是僧团的责任，僧团必须改革，而其改革的方向是僧团必须强化佛教的服务功能等。

安倍德卡尔希望不可接触者都能皈依佛教，进而复兴佛教，最后影响整个印度社会，他认为这是彻底解决不可接触者问题，同时对印度伤害最小的方式。诚如安倍德卡尔所言："我选择伤害印度最低程度的一种方式。皈依佛教是我赋予国家最大的利益，佛教是印度文化的一部分。我会小心我的改宗运动，尽可能不伤害这块土地的传统文化和历史。"④

---

① Eleanor Zelliot, "Buddhism and Politics in Maharashtra", in Eleanor Zelliot ed., *From Untouchable to Dalit: Essays on Ambedkar Movemet*, New Delhi: Manohar, 1992, p. 139.

② J. B. Gokhale, "The Sociopolitical Effect of Ideological Change: The Buddhist Conversion of Maharashtrian Untouchables", *The Journal of Asian Studies*, Vol. 45, No. 2, 1986, p. 276.

③ P. G. Jogdand, *Dalit Movement in Maharashtra*, New Delhi: Kanak, 1991, pp. 155–156.

④ Dhananjay Keer, *Dr. Ambedkar Life and Mission*, Mumbai: Popular Prakashan, 1954, 3th ed., 2005, p. 498.

安倍德卡尔是印度近代的社会改革家和现代化的先驱人物。因此，他倡导的改宗佛教运动和为贱民争取人权的斗争是密不可分的。安倍德卡尔曾告诫他的支持者说："认为改宗就能带你们离开地狱或者带你们前往天堂的这类想法是错误的。无论加入哪个新宗教，都必须持续为自由和平等而战。"[1] 事实上，不可接触者的问题不是单纯的宗教问题，它还包括经济、社会、政治层面。如果只是转换宗教而忽略其他层面，那就不可能完全解决不可接触者的问题，这也是为什么安倍德卡尔为什么在余生成立印度共和党，一面投入选举，同时维护佛教的原因所在。

第二节　反思与评价

安倍德卡尔的一生是激进的一生，是战斗的一生。他作为一名印度社会主流的反叛者在斗争，为下层群众争取利益，因而成为印度近代史上颇具争议的人物。对于他的新佛教人们不免产生种种误读和疑问。为什么贱民离开印度教后要选择佛教？为什么安倍德卡尔直到1956年去世前夕才改信佛教？后安倍德卡尔时代的新佛教运动又会面临哪些问题？该如何评价和看待安倍德卡尔的新佛教思想？

一　直到1956年才改信的原因

安倍德卡尔为什么直到1956年，临近去世前才决定贱民新的信仰。其中原因可分析如下：

安倍德卡尔领导贱民解放运动，经历了社会斗争的失败，使他意识到在印度教内部解放贱民是不可能的，只有改变信仰才能改变贱民在现实中所受到的心理上和思想上的钳制，贱民需要的是一个新的身份和意识的觉醒。但是在宣布离开印度教之初，安倍德卡尔

---

[1] Dhananjay Keer, *Dr. Ambedkar Life and Mission*, Mumbai: Popular Prakashan, 1954, 3th ed., 2005, p. 71.

并未考虑清楚选择何种宗教为改信的对象，因此他开始了对贱民可改信对象的学术考察。他花费了近20年的时间研究各种宗教和思潮，来为贱民寻找能够提供平等和人权的皈依对象，从40年代他明显开始倾向于选择佛教作为改信意向，为了更充分地使贱民走向平等而富有人权的佛教，他对佛教进行了考察研究并提出了自己的一套"新佛教"思想来指导贱民改信佛教。与此同时，安倍德卡尔通过政治斗争和宪法斗争等手段积极提升贱民的政治地位和生活状态，但是最终，政治斗争和宪法斗争的失败也使他更进一步认识到，在种姓制度根深蒂固的印度，若想从精神和心理上去除种姓制度的压迫，只有通过宗教改信的方式，因此，改信佛教成为安倍德卡尔领导贱民运动的最后一种方式和最后的努力。

安倍德卡尔自1935年宣布改信，但是在20世纪30年代改信问题在政治上是非常敏感而重要的问题，安倍德卡尔的改信主张受到了甘地极力地反对。甘地认为人口数量巨大的贱民团体的改信有可能会破坏印度的民族团结，影响印度独立的进程。作为一名具有民族情结且热爱印度文化的政治家，安倍德卡尔也不希望贱民的改信行为使贱民背上背叛祖国的恶名，加之贱民自身对于改信也缺乏足够的认识和接受能力，需要时间来进行动员，因此，安倍德卡尔积极利用各种舆论和媒体一方面进行宣传动员，另一方面改造和形成自己的一套"新佛教"思想来为改信作准备。1947年印度实现独立，英国殖民政府退出印度，并且宣布印巴分治，穆斯林拥有自己的国家，甘地的民族主义策略也已经不再重要，无须顾虑贱民解放会影响印度国家的独立运动，因此，改信运动的时机成熟了。

20世纪50年代之后，独立的印度在其政治进程中为贱民的利益提供了强有力的保护和提升。1950年4月17日颁布的印度宪法取消了贱民制度，宪法中关于表列种姓的第330—335款条文规定了在法律和管理部门中为表列种姓和部落提供预留席位的原则，其中的配额被用来在教育和科技组织中为贱民提供席位，也成为表列种姓和部落获得奖学金的基础比例。宪法还设立了一个机构——表列种姓和部落理事会，用以监控受保护群体的进步和发布他们状态的年度报告。1955年的贱民法案又规定对那些继续实行贱民制度的人实施法律制裁。宪法和法案的颁布为贱民的进步提供了法律的和政府的保障，意味着贱民保留了作为国家监护者的身份。然而随着安倍德卡尔领导下的马哈尔运动取得了一定的成就，宪法条文与贱民的意识形态的转换发生了冲突。① 尽管实现了法律和宪法的目标，但是对于安倍德卡尔来说运动的意识形态目标并没有完成。而若通过改信完成贱民意识的转换可能会使他们的宪法地位处于危险状态，这一点安倍德卡尔曾多次指出，他担心贱民的改信会使贱民失去表列种姓身份，从而丧失宪法和法律所规定的特殊待遇。因此，对于改信的方式是否合适安倍德卡尔一直也处于谨慎状态，直到身体状况恶化，临近去世的前夕他才最终决定率领贱民实施改信计划。

二 后安倍德卡尔时代"新佛教"运动面临的问题

安倍德卡尔终其一生为不可接触者的权益而奋斗，他的奉献深受印度各界肯定。安倍德卡尔不同于同时期的印度教改革领袖，他是不可接触者出身，亲身经历了种姓压迫与剥削的种种情状，因此，他认为只有不可接触者才真正了解不可接触者的问题，也唯有不可接触者才能领导不可接触者脱离困境。最终他利用自己所学得的各种知识，兼容并蓄，融汇成风格独特而又自成体系的思想系统，并以此作为他事业的信念。如他所言："我的哲学思想以自由、平等、博爱为准绳。然而许多人说我的哲学思想是借用法国大革命。我当然不是，我的哲学思想源自我的导师佛陀。"② 然而，由于身体每况愈下，在最后的日子里安倍德卡尔表示非常遗憾，他说尽管他希望在有生之年将"他的人民"提升到和这个国家其他公民一样的水平，但是他的使命无法达成了。当安倍德卡尔的死期临近

---

① 如若贱民改信其他宗教将会使贱民失去表列种姓的身份，从而失去政府所给予的关于表列种姓和少数群体的特殊待遇，包括政治和教育等方面的。

② D. C. Ahir, *Selected Speeches of Dr. B. R. Ambedkar*, New Delhi: Blumoon Books, 2000, p.101.

时，他常常悲伤流泪说他不能完成自己的使命了。而且他担忧在他死之后，可能没有人能领导贱民团体走在正确的道路上。他说"生在一个人们是如此存在偏见的国家是罪过，无论如何，尽管来自各方的谴责之声投向我，我已经做了许多，我将继续直到我死的那一刻"。"请告诉我的人民无论我做了什么，我能够做的是终我一生穿越破碎的灾难和无尽的困难与对手战斗。冒着巨大的困难，我已经将'大篷车'拖到了现在看到的位置，尽管这条路上障碍重重，要让这个'大篷车'继续行进下去，如果我的副手不能带领它继续向前，他们可以把它停在那里，但是不能出现让'大篷车'倒退的情况，这是我留给我的人民的话。"①

有学者认为，改信佛教运动会随着安倍德卡尔的去世而逐渐衰退。但实际上，从每年印度佛教徒的增长数字来看，安倍德卡尔的影响力仍然在持续。印度不可接触者集体皈依佛教换取尊严的新闻仍然时有所闻。由此可见，佛教已经成为不可接触者逃避种姓迫害的庇护。然而，正如安倍德卡尔去世前所担忧的，他带领贱民改信佛教后不久就去世，使得印度佛教复兴初起即遭到重大打击，这无疑给印度佛教复兴的进程留下了诸多问题。

第一，2001年印度人口普查报告佛教徒为795万人，占印度总人口的0.8%，为印度第五大宗教。其中，马哈拉施特拉邦佛教徒人口数量约为583万，占全印度佛教徒人口数量的73.3%。然而，令人担忧的是，除了少数几个地方有大规模的皈依佛教运动之外，新佛教徒目前仍主要局限于马哈拉施特拉邦的马哈尔人。对此，有些学者也指出，新佛教徒仍然没有打破传统的种姓隔离政策，他们依旧实施种姓内婚制度，如此一来，新佛教徒也成了另一个种姓。这不免让人们提出疑问，当代印度佛教复兴运动是否能够顺利发展，安倍德卡尔的改宗佛教运动是否能得到其他低等种姓地区的响应？又如，是否改信佛教运动会成为特定地区特定族群的运动象

---

① M. G. Ghitkara, *Dr. Ambedkar towards Buddhism*, New Delhi: Aph Publishing Corporation, 1997, p. 3.

征，如有些学者提出了所谓的"马哈尔佛教徒"。甚至有学者质疑，如此的佛教改信实际上并未使低等种姓脱离种姓制度的怪圈，反之，佛教徒成为不可接触者的另一个名称，这些忧虑不无道理。

第二，与基督教等宗教相比较，复兴的佛教存在教制松散的问题，其松散的教制结构限制了佛教在社会工作方面的能力，从而影响了它的发展壮大。安倍德卡尔的逝去，使刚刚改信佛教的不可接触群体失去了领头羊，新佛教团体中缺乏像安倍德卡尔一样具有威信和才能的领导者，这不免给新佛教运动蒙上了阴影。安倍德卡尔生前虽然研究和写作了许多关于佛教的书籍和文章，但是由于改信者大多是社会下层的低级种姓者，因此对于普遍知识水准低落的下层阶级来说，佛教精深的思想内涵仍然难以理解。由于缺乏受过训练的宗教导师，也由于在一个短促的时期内无法建立起足够的佛教教育机构，发展社会和公共生活的新的规章和制度，因此新佛教的发展面临着重重困难。

第三，保留政策与新佛教徒身份的取舍问题。在迈德耶普拉蒂什（Madhya Pradesh）、马哈拉施特拉（Maharshtra）、乌塔普拉蒂什（Utta Pradesh）、旁遮普（Panjab）、克什米尔（Kashmir）、泰米尔那杜（Tamilnadu）和卡那达卡（Karnataka）等地区有大批的信众（列入种姓的不可接触者）皈依佛教，然而新佛教也产生了另一个问题，即不可接触的贱民皈宗佛教的同时也放弃了大多数原有身份所享有的特权，因为印度法律已明文规定，种姓是印度教的一种制度，改宗他教者便丧失了其作为"列入种姓者"的权利，由于顾虑改信佛教后会丧失宪法给予的对于表列种姓的特殊保障，这给改信者和欲改信者形成了一定的压力。

关于保留权利问题可追溯至1930—1932年安倍德卡尔在伦敦举行的圆桌会议上为底层阶级争取独立选举权，虽然取得成功，但最终被甘地的绝食给否定了，最终签订了《浦那协定》，以联合选举权而增加席位的方式予以妥协，将底层阶级在立法机关的席位从71个增加至148个，这成为底层阶级（即后来的"表列种姓"）获得政治保留权利的开始。1942年，安倍德卡尔被指定为英国驻印度总督行政会议的一员，在这个显要的位置上，他继续为受过教育的不可接触者争取工作保留权，经过他的努力，从1943年开始，表列种姓在中央政府的各个部门获得了8.5%的工作职位的保留，到1946年比例上升为12.5%。直至印度独立后，安倍德卡尔作为宪法主要草拟者，更是不遗余力地为贱民争取保留权利，最终在宪法的第46、第330、第332和第335条款中分别做出了对于表列种姓保留政策的规定，其中第46和第335条中还具体规定了教育和工作保留的条款。虽然保留的比例随着人口基数的变化不时调整，但是宪法中没有对于保留政策的执行时间做出限制。即使是政治保留一开始以十年为期，但是也经历了五次扩大依旧有效，这种保留政策的实施无疑是对广大底层群众利益的一种保障。然而当安倍德卡尔率领他的追随者改信佛教之后，仅仅15天，以尼赫鲁为首的印度政府就宣布禁止新佛教徒们继续享受原本属于表列种姓的保留政策的优惠，这样，安倍德卡尔为之奋斗争取来的保留政策因为贱民离开印度教皈依佛教而丧失了。直到1990年7月，新任的印度总理V. P. 辛格①才宣布对已改信佛教而仍被认可为表列种姓者解除保留政策禁令，和其他的表列种姓享有同样的保留利益，其前提是首先获取一个表列种姓的资格证书，这也就意味着，当表列种姓的利益保留下来，种姓的耻辱也随之保留。②

第四，从精神层面上说，新佛教也存在着如何同传统宗教在价值观上接轨，回应合法性挑战的问题。安倍德卡尔对佛教教义进行了现代化的阐释，融入了许多西方的理念，但是在价值观问题上与传统佛教有较大冲突，因此东南亚正统佛教界不予认可。而在印度社会内部，他的新佛教思想也存在能否被长期受制于印度教思想的

---

① 1989年12月2日，印度反对党领袖维·普·辛格宣誓就任印度总理。拉·甘地领导的国大党失利，维·普·辛格领导的全国阵线组成了联合政府。维·普·辛格最广为人知的政策，就是在政府部门中为底种姓民众保留较大份额，这招致上层阶级的普遍反对。

② D. C. Ahir, *Buddhism in India after Dr. Ambedkar（1956 – 2002）*, Delhi：Blumoon Books, 2003, pp. 13 – 17.

下层群众接受的问题。印度教作为印度的传统优势宗教，在近代改革的推动下，自身也发生变革，融入了现代意识，为大众所接受，因此，佛教作为印度教种姓制度的反制力量，不能只停留在以反抗印度教为宗旨的层面，应当在教义及组织上进一步探索如何与传统佛教保持趋同性，并争取印度上层社会的支持。贱民议题的实质就是人权问题，在全世界普遍重视人权的今天，如何将贱民议题国际化，促进印度社会重新检讨种姓制度，也值得多多着力。

第五，如何协调贱民解放运动和佛教复兴之间的关系。不可接触者在印度人数众多，占据了印度总人口的 1/6 左右。而不可接触者在安倍德卡尔逝去后缺乏一个卡利斯马式的宗教领袖，因此改信佛教运动往往成为一些政治力量在政治斗争中争取利益的砝码，而失去了原有的初衷。[①] 由于安倍德卡尔先从政治入手，他的主要追随者也大多走政治路线，这使得安倍德卡尔带领贱民解放运动背后的文化理想往往被忽略了，佛教与贱民之间，近乎画上了等号。为了避免佛教长期困囿于贱民宗教的有限格局中，如何在贱民族群与非贱民族群之间展开对话，也是一项重要议题。

三　对安倍德卡尔的评价

安倍德卡尔对现代印度佛教的复兴起到了先导的作用，安倍德卡尔领导的佛教复兴运动被称为"新佛教运动"，然而，新佛教运动的名称并非安倍德卡尔本人的说法。事实上，安倍德卡尔所领导的这场运动既是一场宗教运动，又是一场社会改革的运动。它不仅代表了印度佛教的复兴，也代表着印度贱民争取人权的解放运动，包含着物质和精神的两个方面。

鉴于安倍德卡尔领导的佛教复兴运动的复杂性，国内外学者们也从不同角度出发对他的政治哲学思想和新佛教运动的实践进行研

---

① 安倍德卡尔去世后，他组织的印度佛教协会由于与佛教政党共和党和困豹党关系密切，致使协会内部由于政见不同走向分裂，影响减弱。而佛教的政治组织中，最为激进的困豹党，由于其成员多为年轻的新佛教徒，在政治上受共和党影响，而倾向于行动过激，其影响力不足。

究，可谓观点众多，褒贬不一。

对于贱民改信佛教的原因，国内学者尚会鹏认为："近代印度佛教复兴的原因很复杂，但是有一点很清楚，那就是：近代以来，印度的被压迫阶级开始觉醒，他们反歧视、反迫害，争取改善地位的斗争，需要寻求一种新理论来指导行动和维持团结。佛教是印度的土生宗教，人们对它的教义、哲学思想及戒律在心理上有一种亲近感，故成为他们首先考虑的对象。"[1] 对于安倍德卡尔的新佛教的实质，他的观点是："安倍德卡尔不是专门研究佛教的学者，而是宗教鼓吹运动者，他不顾多年来众多佛学研究者的研究成果，采取了明显的实用主义和随意的态度。安倍德卡尔把佛典中凡是认为符合现代科学精神、符合贱民斗争需要的东西，都说成是佛教固有的；不符合科学精神、不符合贱民斗争需要的东西，要么说成是现代比丘们所加，要么说是受了印度教的影响。在解释佛教教义时，他还把许多自己的思想加了进去。此外，作者还指出，新佛教的一些教义确实比较偏激，更多地注意贱民斗争的行动和政治目的而非精神教化。从这个意义上来说，新佛教与其说是一种宗教，不如说是一种行动纲领。"[2]

黄心川等学者认为："根据安倍德卡尔对新佛教教义的解释和他提出的社会政治观点，不难看出他是站在政治家和社会改革家的立场上，为了贱民的利益，顺乎时代的要求而提出的政治和社会改革纲领，并非复兴传统的佛教教义，佛教在这里只是社会改革的外衣。安倍德卡尔的新佛教对传统佛教的某些教义作了实用主义的再诠释，其中加入了很多现代人的观点，因而受到佛教史学界的批评。他的佛教理想是从贱民实际斗争需要出发的，迎合了时代和环境的要求，为贱民的解放、印度佛教的复兴和世界佛教发展均做出了贡献。"[3]

---

[1] 尚会鹏：《种姓与印度教社会》，北京大学出版社2001年版，第111页。
[2] 同上书，第115—116页。
[3] 黄心川：《当代亚太地区宗教》，宗教文化出版社2003年版，第318—319页。

邱永辉表示:"不可接触者皈依佛教的事例,说明改信佛教是他们对于'不可接触'地位的'反叛',是改变自己的被侮辱被压迫处境的手段,是建立自己的身份认同的努力。"①

黄夏年指出:"安倍德卡尔信仰的'新佛教'既指当代印度大规模集体改信佛教的全部运动,又有别于传统佛教的含义。它是一种新形势下建立的新型佛教。新佛教反映了现代印度社会的宗教特点。"②

在印度,经过了数十年被政治和知识界的边缘化,安倍德卡尔如今又成为印度历史名流之一。1963年4月14日在印度总统府精心组织了一个典礼。为奖励安倍德卡尔为国家做出的无价的服务,授予他印度最高荣誉奖——巴域·维那(Bharat Ratna),尽管自安倍德卡尔死后的这段时间里,他的声望已经减弱了,但是这个奖励仍然受到了印度民众普遍的拥护。

印度德里大学前任校长巴克西(Upendra Baxi)对安倍德卡尔研究的长期缺失状态表示遗憾。法国国际研究中心资深学者克里斯托弗·贾弗雷罗(Christophe Jaffrelot)说:"安倍德卡尔开始调查种姓制度的起源比印度第一位人类学家早十年,但是他对印度社会学所做的贡献长期被忽视,甚至印度人类学的奠基者们以及他们的继承者也忽视安倍德卡尔,即使安倍德卡尔期待来自他们的批评,即使中央政府提供了大量资金做这个项目,印度国内也没有大学愿意从事出版整理安倍德卡尔著作的事业。"③

苏雷什·内恩(Suresh Nane)说:"知识界和权力界共同阴谋保持沉默试图使安倍德卡尔被边缘化,但是每当法治或者宪法发生危机时,他的存在就能被感觉到,安倍德卡尔对印度统治阶级和他们的精英持打破传统的批评,如同一支伸出的钉子,作为一个令人

---

① 邱永辉:《印度世俗化研究》,巴蜀书社2003年版,第346页。
② 黄夏年:《佛教发祥地——印度》,参见杨曾文编《当代佛教》,东方出版社1993年版,第58页。
③ Arun P. Mukherjee, "B. R. Ambedkar, John Dewey and the Meaning of Democracy", *New Lierary History*, York University, Toronto, 2009, pp. 345–370.

不悦的客人出现在印度的民族主义的庆典中。有人质疑他的爱国心，谴责他与英国的合作，另一方面又赞美他是印度宪法之父，称他为现代摩奴，这看似矛盾；有些人指责他狭隘地关注集体权利而忽视个体，而本土主义者则认为他'太西化'。安倍德卡尔拒绝被压缩进一个简单的故事情节中去，（他的故事）要求我们注意印度权力的异质性和层级性。"①

曾任印度最高法院审判员的法官克利须那·伊艾（V. R. Krishna Iyer）说："安倍德卡尔是受社会压迫的少数民族的反抗领袖，他是一个多维的人物：他是宗教上的持异议者；是印度独立前后政治上的反对派；他是伟大的宪法的制造者和好斗的部长；他是卓越的学者和演讲者、一名律师、一名佛教徒，总之是为了人类在社会、经济和政治的解放而斗争。他是一个拥有世界地位的印度人。他出身于马哈尔，少年贫穷，经历了印度底层'破落的人'所经历的苦难，但是他以一个国际法学家（国际主义者）的宽阔视野揭露了这个剥削制度。这个马哈尔——摩奴将会像印度宪法的存在一样被人们永久铭记，得到所有热爱社会平等的人的尊敬，作为人类奴役的敌对者受到敬仰。"②

慕克吉（Arun P. Mukherjee）认为，"当西方学者和印度学者开始关注印度古老文化的复兴问题，当印度高等种姓中的一些人认为印度的复兴将在印度教徒学习了来自英国的现代科学后到来，而安倍德卡尔则认为印度不可能在完全无视接触者与不可接触者的等级差别的婆罗门的古老语境下实现辉煌。研究安倍德卡尔有助于我们在一个地球村里的和谐相处"③。

1990 年钱彻里克（K. L. Chanchreek）主编了献礼给安倍德卡

---

① Arun P. Mukherjee, "B. R. Ambedkar, John Dewey and the Meaning of Democracy", *New Lierary History*, York University, Toronto, 2009, Vol. 40：345 – 370.

② D. C. Ahir, *The Legacy of Dr. Ambedkar（Bharat Ratna）*, New Delhi：BRPC, 1990, pp. 339 – 340.

③ Arun P. Mukherjee, "B. R. Ambedkar, John Dewey and the Meaning of Democracy", *New Lierary History*, York University, Toronto, Vol. 40, 2009, pp. 345 – 370.

尔百年诞辰的文集①，他说："安倍德卡尔博士是现代印度最顶级的政治家和国务活动家之一，他服务国家约四十年。他是一名大学教师，一位有才华的学者；他把自己定位为几百万贱民和受压迫阶级的战士。他是一个社会反叛者，他给印度的社会思想带来了变革和影响。1919 年，当他刚刚 28 岁的时候，他就开始为社会中的最下层表现出强烈的战斗精神，对印度教社会秩序进行激烈的批判，反对贱民制度这种剥削制度。除了作为被压迫者的改革家之外，他还是一个经济学家，一个有能力的管理者、教育家和空想家。他积极参与社会政治改革，思考自治宪法的制定，从 1919 年的蒙特福特改革（Montford Reforms）到 1946 年的内阁使团方案（Cabinet Mission Plan），在这一时期的社会领域和政治活动的各个方面都留下了他的印记。当真纳成为分裂印度的工具，安倍德卡尔作为一个真正的爱国者将破碎的印度加固成为一个强有力的国家。他巧妙地充当宪法草案委员会的主席，证明了他作为一名杰出的立宪主义者的天才和印度现代宪法的缔造者，他在起草独立印度的宪法中的付出，受到来自不仅是印度而且是全世界的广泛的认可和高度赞扬。"②

印度首相尼赫鲁评价了安倍德卡尔在宪法起草中的角色及其在印度社会改革中的作用："安倍德卡尔博士常常被描述成宪法的主要设计师，对他来说，他只是一个为制定宪法用心克服困难的人。他扮演了一个非常重要的、有建设性的角色，当国家面临政治上的挑战和宪法危机以及相关问题时，安倍德卡尔充当了国家民主传统的救星。作为印度土地的伟大的儿子，他以多种能力服务于她的人民，作为孟买立法委员会和立法议会的成员，作为印度政府任命的委员会的成员，作为总督执行委员会的公务人员，作为立宪会议的成员及后来成为主席，尼赫鲁内阁的草案委员会和司法部长，共约

---

① 由 K. L. Chanchreek, Mrs. Saroj Prasad 和 Rakesh Kumar 主编了文集 *Dr. B. R. Ambedkar*, *Patriot*, *Philosopher and Statesman*。

② M. G. Ghitkara, *Dr. Ambedkar towards Buddhism*, New Delhhi: Aph Publishing Corporation, 1997, p. 7.

二十年时间。在现代印度的历史上，甘地将因为赢得了国家的独立而被铭记，安倍德卡尔将作为受压迫者的解放者被人们知道和记住，他们（这些受压迫者）生活在耻辱的生活中，比动物和奴隶更糟糕，长达几个世纪。他为社会变革和社会公平所进行的不懈的斗争在世界历史上无人可与之匹敌。"①

钱德拉瓦特·D. 西瓦克里（Chandrakant D. Shivakeri）对安倍德卡尔赞誉道："他不是传统意义上的纯粹的投机的和空想的政治哲学家。他建立了自己的社会和政治理念，它们深深植根于人类的问题和难题以及至关重要的人类事务。他的政治哲学试图填平理论与实践、唯物主义和唯心主义的鸿沟。鉴于他的团体被种姓印度教徒非人地对待而给予他的沮丧感，他的使命是使受奴役的阶级从占统治地位的种姓印度教文化中完全解放出来，他与印度社会的困境完全处于对抗状态，从而形成了安倍德卡尔的政治意识形态。"②

奥利维尔·海伦施密特（Olivier Herrenschmidt）认为安倍德卡尔是一个系统的、善于分析的社会学家。他对于印度文化、种姓制度、权威和宗教力量以及印度社会秩序的宗教基础的分析，明显促成了同时代的社会学的争议。他根据社会心理学对于不可接触制的解释和他对于不可接触制的本质特征是等级不平等的描述无疑为考察印度社会提供了有效的工具。海伦施密特认为安倍德卡尔的理论可以从结构主义观点来解读，安倍德卡尔和法国著名人类学家路易斯·杜蒙（Louis Dumont）的观点具有相似性。他们都强调社会的宗教基础，都将印度社会视为一个由印度教秩序决定的整体，它是被印度教经典神圣化的。③

尤金妮亚·尤洛瓦（Eugenia Yurlova）则强调安倍德卡尔的民

---

① M. G. Ghitkara, *Dr. Ambedkar towards Buddhism*, New Delhhi: Aph Publishing Corporation, 1997, p. 7.

② Chandrakant D. Shivakeri, *Dr. B. R. Ambedkar's Political Philosophy*, Anmol Publications Pvt. Limited, 2004, p. 358.

③ Surendra Jondhale and Beltz, eds., *Reconstructing the World: B. R. Ambedkar and Buddhism in India*, New Delhi: Oxford University Press, 2004, p. 5.

主是最有价值的。她认为安倍德卡尔并不是单单计划为不可接触者或者达利特提供一个共同的宗教，他并不想发明一个特殊的达利特人的宗教，而是试图克服地方自治主义和社群主义的特征，他认为佛教提供的社会伦理对于构建一个新的社会来说具有普世性。①

　　克里斯托弗·奎恩（Christopher Queen）认为安倍德卡尔的新佛教激起了一些佛教权威的不安。事实上，安倍德卡尔不仅宣传自己的激进的佛教而且批评传统主义的佛教教义。在《佛陀及其教法》中，他试图写作一部佛教圣经，其中包含着他认为的"原始的"和"真正的"佛陀和他的生命的信息。② 阿黛尔·菲斯克（Adele Fiske）认为安倍德卡尔有选择地利用和篡改佛教经典，目的是形成他对佛教的个人观点。而克里斯托弗·埃姆里希（Christoph Emmrich）则认为在佛教的历史中，很少有人如安倍德卡尔般提出与正统说法相比较的议题。

　　应当说，安倍德卡尔在印度是备受争议的人物。他所处的时代正当民族主义高涨，而安倍德卡尔选择不支持任何印度教政党，他抨击甘地、抨击印度教、抨击种姓制度，最终选择放弃印度教信仰来解决不可接触者的问题，因此，他被扣上了卖国贼的帽子。讨论安倍德卡尔是一个具有高度政治敏感和争议性的事情，由于他在达利特人中的权威，对安倍德卡尔的任何批评都容易被误会为对达利特群体的攻击。因此，关于安倍德卡尔的出版物会暴露一种危险，即被当作政治斗争的层面而不是学术范畴。一些学者认为，安倍德卡尔改宗佛教是纯粹的政治手段，安倍德卡尔利用佛教来达到其政治目的，也有人提出质疑：安倍德卡尔是一名真正的佛教徒吗？改宗真的能够消除种姓制度吗？改宗能否解决不可接触者的问题？改宗能否消除不可接触者的身份？举凡此种怀疑，说明了对安倍德卡尔评价的复杂性。

---

① Surendra Jondhale and Beltz, eds., *Reconstructing the World: B. R. Ambedkar and Buddhism in India*, New Delhi: Oxford University Press, 2004, p. 6.
② Ibid., p. 9.

小　结

事实上，认为安倍德卡尔改信佛教是为了改革印度教是一种误解；将他的改信仅仅当作对印度教种姓意识的政治反应也是肤浅的；而认为他仅仅是为达利特人获得单一的宗教而复兴佛教也是狭隘的。安倍德卡尔的思想和运动是多维的、复杂的，而全面解析他的新佛教思想可以作为研究他的思想的一把钥匙。事实上，安倍德卡尔重建人类社会的理想更胜过对于达利特问题的重要性。要正确对待安倍德卡尔的改信，我们不得不理解他在印度消除种姓的战斗，重构社会，并且建立一个现代的、进步的、自由、平等、博爱的社会的理想。

可以说，安倍德卡尔的一生是与印度近代社会发展的轨迹基本平行的。生长于为英国殖民政府服役的军队家庭，使他有机会在西方接受高等教育，并作为一名低等种姓成员通过勤奋努力而学有所成，才能卓著。在印度他被称为法学家、政治领导者、哲学家、人类学家、历史学家、演说家、经济学家、教师和编辑等。安倍德卡尔反对印度教，终其一生为印度贱民的解放事业而斗争，他认识到贱民受苦难的根源在于印度教所维系的种姓制度是亘古不变的，在印度教的环绕中，不可接触者永远不可能得到解救，于是他为贱民寻找理想的宗教。他理想中的宗教，是基于科学和理性及自由、平等、博爱的原则，他的目的是为了破除印度教对神的迷信崇拜而导致的对种姓阶级的差别对待，是为了争取贱民数千年来被剥夺的基本人权。

在新佛教运动五十年后，印度教徒的皈依佛教运动仍持续进行着，影响的地区也渐次扩大，因此，就新佛教运动的成果而言，安倍德卡尔是成功的，由于他的影响，印度佛教复兴运动也获得世界佛教团体的支持，引起了学者们的注意。新的不断出现的研究试图从更多的视角——从社会学、历史学和政治学等层面出发，可以打开更多方向，从而使人们更好地理解安倍德卡尔作为一名领导人、一位学者、一个改革家和一名政治家的复杂性。

结　语

经历了近半个多世纪的沉寂之后，安倍德卡尔逐渐重新步入人们的视野。印度的国会大厦门前矗立着安倍德卡尔手持宪法、指向前方的塑像；而印度乡村的路口村头，随处可见他的塑像；崇信佛教的印度人家中，安倍德卡尔的画像与佛陀的画像并列安放在一起；每一年他的诞辰日被隆重的纪念，人们将他与孔雀王朝的阿育王一起并列作为印度佛教发展做出最大贡献的两位伟人，赞誉他为新时代的"菩萨"。安倍德卡尔的社会改革和现代思想的价值越来越引起人们的重视，2012 年，美国有线电视新闻网在印度的姐妹网站 CNN-IBN 和印度历史频道进行的一次全国范围的投票中，安倍德卡尔被选为最伟大的印度人。中国中央电视台《金砖之国——印度篇》中将安倍德卡尔与甘地、尼赫鲁并称为印度独立和现代化发展最重要的三位领导人之一。

安倍德卡尔的一生著述丰富，事迹卓著。他倡导的贱民改信佛教运动，既说明了现代化在印度社会中引起的困惑，展现了印度社会的复杂背景和宗教文化根源，也是近代以来佛教发展的结果。安倍德卡尔领导的约 50 万人的大规模改信运动，在世界宗教史上亦属罕见，它直接促成了印度佛教的重生。它既是一场社会政治运动，又是一场宗教复兴运动。其意义在于从经济上和精神上动员了印度社会最为穷困且为数甚巨的社会下层力量，对印度社会的人权改善和发展有着巨大的积极意义，并深刻影响着印度的社会政治和思想意识。

改信佛教是安倍德卡尔社会斗争的最后阶段，他的新佛教思想凝结了他一生思想发展的精华，是深思熟虑的产物。他的新佛教思想的产生，有其时代必然性，也有其思想逻辑的必然性。

19世纪末20世纪初的印度，历经了结束英国殖民统治，实现民族独立的转折时期。面对着以英国为代表的西方经济模式和文化范式的冲击，印度社会内部的有识之士对印度社会开始了反思和批判。这些印度教改革者们认识到印度教的种种弊端，对种姓制度提出了批判，虽然他们的作用仅仅限于城市和少数的知识分子，但是他们掀起的这股改革浪潮，无疑对不可接触者的生活和思想发生了作用，促使他们要求改善和提高自己地位的呼声日益高涨。殖民地化为许多马哈尔团体提供了向上流动的机会，他们中形成了许多新的协会和政党，然而这些团体的共性是他们均以其宗教身份进行争取政治权利的斗争。马哈尔人从19世纪90年代开始发起各种抗争运动，争取平等权利、要求改善社会地位。他们的运动特点是要将现代性与他们由于历史所背负的文化特征扭结在一起。身处这种社会潮流之中，出身于马哈尔种姓的安倍德卡尔不免被时代的洪流所裹挟。

19世纪末期，亚洲的佛教国家的知识分子也开始思考国家独立与文化身份的问题。这些在西方冲击下幸存下来的国家萌发了革命的意识，随着民族独立运动的开展，西方价值观的同化趋势受到遏制，新的文化认同感开始涌现。19世纪末，东南亚诸多国家在民族主义斗争的过程中往往出现宗教复兴与社会政治斗争相结合的情况。在此过程中，传统佛教国家的佛教复兴运动也由此展开，其特征表现为将佛教重新解释为一种思想体系的倾向。他们提倡的佛教是依据理性主义、公平和人道主义哲学，将佛教作为社会斗争的武器而更甚于复兴本身的意义。安倍德卡尔的佛教复兴运动自然地受到这些运动的影响。

佛教起源于公元前5世纪的印度，8世纪走向衰微，10世纪末至11世纪前半叶，因异教入侵，佛教衰落，融入印度教，13世纪超行寺被毁，佛教在印度本土绝迹。近代以来，由于殖民地时期的佛教研究和传播活动、佛教考古和巴利文文献研究、佛教当中的人道主义思想的发掘等，为近代佛教的兴起准备了条件。19世纪中期以来，一批以西方价值观为取向的知识分子或受西方教育培养出来的人站在文化史或者思想史的立场，在佛教中找到了某种传统的宗教性与现代理性混合的形式。当像安倍德卡尔这样的精英准备社会改革运动时，便从佛教中发现了巨大的思想力量，于是，在社会层面上，佛教在"印度最为绝望与最无理性、也最缺乏机会的"贱民阶层中得到了复兴。

安倍德卡尔出身贱民种姓马哈尔，一生中虽极尽荣耀，但终其一生，仍不能摆脱印度社会对贱民的歧视。成长过程中所遭遇的种种歧视和不幸，使成年后的安倍德卡尔意识到不可接触者的悲惨境遇的根源在于根深蒂固的种姓制度，而印度教的根本即是种姓制度。早年丰富的教育经历使得安倍德卡尔从他所处的等级被强加的无知中摆脱出来，成为领袖人物为贱民解放寻找出路。他反对宗教压迫最初是受到了他的家庭和团体所信奉的巴克提信仰的平等主义的鼓舞，然而，当他发现这种信仰最终也无力挑战婆罗门集团，安倍德卡尔开始寻找其他能够挑战印度教统治的方式。经过社会斗争、法律斗争以及政党斗争均告失败后，安倍德卡尔意识到唯有脱离印度教，为贱民选择一种新宗教才能使之彻底脱离种姓制度的桎梏。为此，安倍德卡尔考察了印度的各种宗教以及当时的各种社会思潮，甚至是马克思主义。然而，自幼成长在印度传统文化中的安倍德卡尔有着深刻的宗教情结，因此，他选择了宗教方式，并选择具有印度传统的宗教来作为贱民意识形态的选择。由于对杜威思想的推崇，他将具有西方色彩的现代理念与印度古老的宗教哲学相结合，以实用主义的方式对佛教思想进行了现代性的重构，最终，安倍德卡尔从贱民解放的实际斗争出发，对佛教传统教义进行了现代化、民主化、世俗化的大胆改造，使之成为适合印度现代社会的"新佛教"。

综上所述，可以说，安倍德卡尔新佛教运动和思想的产生是时代的必然，也是其社会运动和思想逻辑发展的必然。其间蕴含着安倍德卡尔的细心考量和独到见解，是对佛教的重构和现代解读。

安倍德卡尔对佛教进行了新的解读，其中包含着他对的宗教的现代性认识，具体表现在：

宗教应当构成维持社会的原则，并创造有利于个体精神进步的环境，并给个体灌输参与社会进步和社会改革的责任感。

宗教不是个人灵魂救赎的手段，而是建立人与人之间的正当关系的方法，宗教的目的是使人们生活在一个道德的社会秩序中。

不是所有的宗教都是有神论的，神的存在不是宗教的必要条件。在无神论的宗教中道德取代了神的位置。

宗教对个人及社会而言都是必要的社会力量，但是宗教是原则的而非教条的。任何事物都不是绝无错误的，都必须经受考验和理性批判，反对宗教文本绝无错误的观点。

每个宗教都有接受社会挑战的可能。宗教是一种制度或者力量，和所有其他制度一样，它可能对一个社会有益，也可能有害。

现代人需要信仰，需要一个能够给予精神幸福的新的信仰。考察一个宗教之于现代社会的适应性，应当运用公正和社会效能的原则。公正即自由、平等、博爱。

安倍德卡尔在他生命的最后阶段完成了自己的诺言，离开印度教而改信佛教，其改信运动的独特性表现在如下几个方面：

第一，他的改信不是鲁莽的行动。他放弃印度教的决定可以追溯到1935年，他第一次宣布放弃印度教"我生为一个印度教徒，但是绝不到死时仍做一名印度教徒"。1935年开始，他积极通过改信从印度教团体中脱离出来，争取自由。安倍德卡尔花了将近30年的时间投入到现实政治中，如果不亲自投身于实际的政治操作，在政治领域毫无话语权，他解救贱民于水火的斗争理念可能很难实现。经过努力，他成功地从法律层面与政治层面解除了印度社会对贱民阶级的不公平待遇，但是他发现在社会现实中贱民依然受到歧视，法律及政治层面的改革仍然无法动摇种姓制度的根基，也就是印度教的种姓思想，这种全世界最极端的种姓主义。《摩奴法典》中制定了各种永久性惩罚和社会规范来维护种姓制度。只要《摩奴法典》存在，种姓思想与印度人民的生活就分离不开。安倍德卡尔觉悟到贱民留在印度教中就永远不可能获得平等，印度教社会不可能改变，种姓制度是根深蒂固的。所以，贱民要想获得解放必须离开印度教。

随着对印度教希望的幻灭，他寻求一个新的信仰来支持他的"自由、平等、博爱"的价值观。离开印度教后，贱民该选择何种意识形态作为精神皈依的对象，安倍德卡尔面对着众多宗教派别和思想流派伸出的橄榄枝，他谨慎选择、认真思索。由于既定的深刻的宗教气质，他不可能使自己背弃宗教，他认为在印度这样一个没有宗教就没有生命的国度里，宗教的存在是必然的和必需的，因此贱民必须选择一种宗教作为精神皈依的对象。这种宗教必须是符合理性和科学精神的，这样它才能经得起现代社会的检验。于是他决定必须为贱民寻找一个新的宗教来替代印度教。为此他设定了四个标准作为放弃印度教而选择新宗教的指标。最终在20年后，安倍德卡尔结束了探索，皈依了佛教。

第二，安倍德卡尔改信的决定不是一个病人和垂死的人的最后呐喊，也不是一种宗教复仇。他对佛法的解读与传统的理解非常不同，他以自己的理解方式对佛法重新解释，是否可以就此认为他只是把佛教当作一个工具，从而否定他的佛教徒身份？应当说安倍德卡尔的"新佛教"系统的出现是有其合理性的。事实上，在印度的历史上，哲学体系中经常会出现对于先前的哲学典籍注解进行再编排和再解释来获得新的哲学思想发展的现象。就佛教历史而论，生活于公元2—3世纪的龙树曾经对传统小乘佛教的四圣谛进行了批评性的继承，创造性地发展了空性的理念，成为当时新的佛教哲学——中观学派的支配性结构，从而使大乘中道思想达到了顶峰。安倍德卡尔的改信源于他的深刻的个人经历和对哲学的自信。他是一位学者，是一位宗教理论家，安倍德卡尔最重要的创新是他的佛教观点是世俗论的和反传统的。按照他所说，佛陀从未宣称他的传道是绝无谬误的，反之，他请求接受检验和质询，如果被证实是无用的和过时的，甚至可以省去。在综合考察各种宗教的基础上，他相信只有佛教能够建立世界性的伦理规范，提供重构世界的方法。

从这个意义上来说无疑安倍德卡尔也是一位佛教徒，或者如某些学者所言他是一位佛教的异教徒，或者认为安倍德卡尔是一个左翼佛教徒（engaged Buddhist）①。

第三，安倍德卡尔的改信佛教不是一个独立的决定，是他的个性的不同的线索的聚拢，改信是他的个人经历和思想变迁的自然结果，因此他的新佛教的内涵是丰富而多元的。他最终在制定宪法的过程中扮演了领导角色，但同时他是一位伟大的社会改革家，一位政治领袖，还是一位社会学家和一名佛教徒。新佛教不仅表现了他的个人信仰也包含着他的政治和社会观点等，因此，安倍德卡尔的改信是其复杂的个性思想与印度近代社会改革历程的综合反映。

第四，安倍德卡尔在印度制造了一个启蒙式的宗教理性批判的经典案例。他呼唤法国大革命的理念——自由、平等、博爱作为印度民主运动适用的理念。并且，如法国启蒙运动者一样，安倍德卡尔致力于将科学、理性作为首要标准对旧的价值观进行修正和改革。安倍德卡尔不是要创造一个宗教，他是将佛教变为一个基于道德和科学的社会哲学，而不仅仅是一个宗教。他将佛教视为与所有迷信、宗教仪式和神学分离的，而没有任何神的理念或者对神的崇拜，没有祈祷和牺牲，佛教除了道德之外什么都不是。佛教是一种社会制度，也是关乎净化身体、言论和思想以及获得涅槃的个人事务。佛教是行为准则，也是个人伦理，它甚至构成了一个人的个人身份。

综上所述，安倍德卡尔改信佛教运动，是当代不可接触者觉醒的象征。通过改宗，安倍德卡尔为他的同胞开启了摆脱印度教种姓迫害的新的途径，改信佛教运动成为不可接触群体摆脱种姓等级压迫的一种选择。我们不能将安倍德卡尔的改信佛教运动单纯视为宗教信仰活动，而忽略其背后争取社会平等和提高政治地位的不可接

---

① 一些学者使用佛教现代主义、"新教佛教"或者"参与佛教"的概念来标注生活在亚洲和西方的新一代佛教作家和活动家，这种佛教虽然保留了传统佛教的核心要素，但是却以一种空前的方式创新和改革佛教，佛教传统被激进地再解释，比丘的和俗人的角色被重新评估。可译为左翼佛教、参与佛教、激进佛教、入世佛教等。

触者的社会运动。安倍德卡尔重塑了佛陀的法使之适应现代社会，新佛教本质上是一种伦理和社会改革的哲学，旨在实现世俗社会的重构。于他而言，佛法无疑成为最好的道德原则，涅槃被解构成道德秩序的最终确立，这种道德秩序需要作为个体的每个人与作为整体的社会共同创建。安倍德卡尔接受了巴利文经典传承的"救世佛学"，更加重视佛教教义中有关社会的层面，因为正是这社会的一面才是他的人民在解放之路上所需要、所渴望的。

佛教由出世趋向现世是近代佛教观念转换调适的核心，正是由于近代佛教走向现实社会，开展与科学的对话，使得佛法能够在科学时代中发挥积极作用，同时与近代社会政治观念展开对话，使得佛法在逐步开放的现代社会中，与平等、自由、和平的理性法则相呼应，并与现代文明相结合。当今世界，随着现代化潮流的发展，传统宗教的复兴和新兴宗教的产生成为一股不可忽视的力量，印度佛教复兴运动作为世界宗教复兴潮流的一个支流，对它的个案研究有助于我们理解当代宗教发展的走向和趋势，也有助于在实践中更好地处理宗教与现代化的关系，各宗教团体之间的和谐平等，宗教与传统文化的传承等问题，从而更好地促进社会和谐发展和人类精神进步。由于安倍德卡尔及其后继者的努力，佛教在印度经历了最黑暗的时期而重露曙光，至今已半个多世纪，佛法起源于古代印度，渐次弘扬于世界，各佛教国家承受法乳，次第开花。佛教具有强大的生命力，使之能够适应各国文化的发展而各具特色，而今，人们共同期待佛光重新照耀于印度的土地，为世界和平带来光明。

参考文献

一　英文类文献

（一）安倍德卡尔本人的著作及文章

B. R. Ambedkar, *Annihilation of Caste*, New Delhi: Nlumoon Books, 2000.

B. R. Ambedkar, *The Buddha and His Dhamma: A Critical Edition*, New York: Oxford University Press, 2011.

B. R. Ambedkar, *What Congress and Gandhi Have Done to the Untouchables*, Bomay: Thacker & Co., Ltd., 1945.

D. C. Ahir, *Dr. Babasaheb Ambedkar: Writings and Speeches*, A Ready Reference Manual of 17 Volumes, Delhi: B. R. Publishing Corporation, 2007.

D. C. Ahir, *Selected Speeches of Dr. B. R. Ambedkar*, New Delhi: Blumoon Books, 2000.

Dr. Ambedakr, *The Untouchables*, Luchnow: National Herald Press, Second Edition, 1969.

Dr. Babasaheb Ambedkar: Writings and Speeches, Govt. of Maharashtra, 1987–2003.

Surendra Ajnat, ed., *Letters of Ambedkar*, Jalandhar, India: Bheem Patrika Publications, 1993.

Valerian Rodeigues, Valerian Rodrigues Ambedkar, eds., *The Essentail Writings of B. R. Ambedkar*, New York: Oxford University

Press, 2002.

（二）英文研究专著

D. C. Ahir, ed., A *Panorama of Indian Buddhism*, Delhi: Sri Satguru Publications, 1995.

S. N. Mandal, ed., *B. R. Ambedkar: His Thoughts and Observations*, New Delhi: National, 2003.

D. C. Ahir, *Buddhism in Modern India*, Delhi: Sri Satguru Publications, 1991.

D. C. Ahir, *The Legacy of Dr. Ambedkar (Bharat Ratna)*, New Delhi: B. R. P. C., 1990.

D. C. Ahir, *The Pioneers of Buddhist Revival in India*, Delhi: Sri Satguru Publications, 1989.

D. C. Ahir, *Buddhism in Modern India*, Delhi: Sri Satguru Pubulications, 1991.

D. C. Ahir, *Dr. B. R. Ambedkar – Buddhist Revolution and Counter – revolution in Ancient India*, New Delhi: D. K. Publishers Distributors, 1996.

D. C. Ahir, *Dr. Ambedkar's Vision of Dhamma, An Assessment*, Delhi: BRPC Ltd, 1998.

D. C. Ahir, *Buddhism in India after Dr. Ambedkar (1956 – 2002)*, Delhi: Blumoon Books, 2003.

Iyer, Justice, V. R. Krishna, *Dr. Ambedkar and the Dalit Future*, Delhi: BRPC Ltd. Kadam, K. N., 1990.

Iyer, Justice V. R. Krishna, *The Meaning of the Ambedkarite Conversion to Buddhism and Other Essays*, Mumbai: Popular Prakashan, 1997.

L. Kenadi, *Revival of Buddhism in Modern India*, New Delhi: South Asia Books, 1995.

Dhanajay Keer, *Ambedkar: Life and Mission*, New Delhi: South Asia Books, 1990.

Nagendra Kr. Singh, *Ambedkar on Religion*, New Delhi: South Asia Books, 2000.

K. David Pandyan, *Dr. B. R. Ambedkar and the Dynamics of Neo-Buddhism*, New Delhi: South Asia Books, 1996.

M. L. Ranga, *B. R. Ambedkar: Life, Work and Relevance*, New Delhi: Manohar, 2000.

Richard Gombrich & Gananath Obeyesekere, *Buddhism Transformed Change in Sri Lan*, New Delhi: OUP, 2002.

Sangharakshita, *Ambedkar and Buddhism*, New Delhi: Windhorse Publications, 2000.

Webster, John C. B., *Religion and Dalit Liberation*, New Delhi: South Asia Books, 1999.

Eleanor Zelliot, *From Untouchable to Dalit: Essays on the Ambedkar Movement*, New Delhi: Manohar Publishers & Distributors, 2001.

S. S. Shashi, ed., *Ambedkar and Social Justice*, Vol. II, New Delhi: Publications Division, Ministry of Information & Broadcasting, 1992.

J. Beltz, Mahar, *Buddhist and Dalit: Religious Conversion and Socio-Political Emancipation*, New Delhi: Manohar, 2005.

S. Chavan, *Gandhi and Ambedkar: Saviours of Untouchables*, Delhi: Authors, 2001.

J. M. Mahar, ed., *The Untouchable in Contemporaty India*, U. S. A.: The University of Arizona Press, 1972.

V. P. Gupta & M. Gupta, eds., *Makers of Modern India Series II: B. R. Ambedkar*, Delhi: AMBE, 1998.

Jatava, *D. R. Ambedkar's Philosophy of Religion*, Jaipur: ABD, 1998.

Christophe Jaffrelot, *Dr. Ambedkar and Untouchability: Analysing and Fighting Caste*, Delhi: Permanent Black, 2005.

K. N. Kadam, *Dr. Babasaheb Ambedkar and Significance of His Movement*, Bombay: Popular Prakashan, 1993.

P. Kolenda, *Caste in Contemporary India: Beyond Organic Solidarity*, Illinois: Waveland Press, 1985.

R. K. Kshirsagar, *Dalit Movement in India and Its Leaders (1857-*

1956), New Delhi: M D, 1994.

W. N. Kuber, *Dr. Ambedkar – A Critical Study*, New Delhi: P. P. H., 1973.

P. M. Larbeer, *Ambedkar on Religion: A liberative Perspective*, New Delhi: ISPCK, 2003.

G. S. Lokhande, *Bhimrao Ramji Ambedkar: A Study in Social Democracy*, New Delhi: Sterling, 1977.

M. N. Srinivas, *Social Change in Modern India*, New Delhi: Orient Longman, 1966.

S. N. Mandal, ed., *B. R. Ambedkar: His Thoughts and Observations*, New Delhi: Mational, 2005.

J. Mathew, *Contemporary Religious Conversion*, Delhi: Authorspress, 2001.

S. Singh, ed., *Ambedkar on Buddhist Conversion and Its Impact*, Delhi: Eastern Book Linkers, 1990.

Gail Omvedt, *Dalits and the Democratic Revolution: Dr. Ambedkar and the Dalit Movement in Colonial India*, New Delhi: Sage, 1994.

Gail Omvedt, *Ambedkar: Towards an Enlightened India*, New Delhi: Penguin, 2004.

Y. D. Phadke, *Social Reformers of Maharashtra*, New Delhi: Maharashtra Information Centre, 1975.

D. V. Rao, *Dr. B. R. Ambedkar Champion of Human Rights in India*, New Delhi: Manak, 2006.

Sangharakshita, *Ambedkar and Buddhism*, Glasgow: Windhorse, 1986.

S. S. Shashi, ed., *Ambedkar and Social Justice*, New Delhi: Publications Division, Ministry of Information & Broadcasting, 1992.

Eleanor Zelliot, *From Untouchable to Dalit: Essays on Ambedkar Movement*, New Delhi: Manohar, 1992.

Sheshrao Chavan, *Congress, Gandhi, and Ambedkar: Assessment and Observations of Untouchability*, New Delhi: Authorspress, 2012.

S. Chinnammai, ed., *Relevance of Socio – economic Thoughts of Ambedkar Today*, New Delhi: Serials Publications, 2011.

Ramachandra Guha, ed. , *Makers of Modern India*, Cambridge, Mass: Belknap Press of Harvard University Press, 2011.

Singh A, *Dr. Ambedkar Vision: Dalit Education and Modernization*, New Delhi: Signture Books International, 2011.

D. C. Vyas, *Ambekar Life and Views*, New Delhi: Cyber Tech, 2011.

Mary C. Grey, *A Cry for Dignity: Religion, Violence and the Struggle of Dalit Women in India*, London: Equinox Pub. , 2010.

C. D. Naik, *Buddhism and Dalits: Social Philosophy and Traditions*, Delhi: Kalpaz Publications, 2010.

G. Prasad, Preeti Singh, *A Journey from Ambedkar to Mayawati*, New Delhi: Axis Publications, 2010.

Suraj Nandan Prasad, *Life and Works of Ambedkar*, Jaipur: ABD Publishers, 2010.

Ravindra Prasad Singh, *Ambedkar and Indian Caste System*, Jaipur: ABD Publishers, 2010.

Shailendra Kumar Singh, *Political and Social Thought of Ambedkar*, Jaipur: ABD Publishers, 2010.

S. R. Bakshi, *Dr. B. R. Ambedkar: Socio – economic and Political Ideology*, New Delhi: Sarup Book Publishers, 2009.

Chandra Dip Singh, *Encyclopaedia of Dalit Ethnography*, New Delhi: Anmol Publications, 2009.

M. K. Singh, ed. , *Encyclopaedia of Great Indian Political Thinkers*, New Delhi: Anomol Publications, 2008.

M. K. Singh, *Ambedkar on Caste and Untouchability*, New Delhi: Rajat Publications, 2008.

Sukhadeo Thorat and Narender Kumar, *B. R. Ambedkar: Perspectives on Social Exclusion and Inclusive Policies*, New Delhi: Oxford University Press, 2008.

S. L. Dhani, *Dr. B. R. Ambedkar: Man of Millennium for Social Justice*, Delhi: Kalpaz Publications, 2007.

S. M. Michael, *Dalits in Modern India: Vision and Values*, Los Angeles: Sage Publications, 2007.

Sukhadeo Thorat, Aryama, ed., *Ambedkar in Retrospect: Essays on Economics, Politics, and Society*, New Delhi: Rawat Publications in Association with Indian Institute of Dalit Studies, 2007.

SridharTripathi, *Encyclopaedia on Ambedkar*, New Delhi: Anomol Publications PVT. Ltd., 2007.

K. L. Chanchreek, ed., *Dr. B. R. Ambedkar: A Rebel Dalit Leader*, New Delhi: Shree Publishers & Distributors, 2006.

Shiv Gajrani, S. Ram., ed., *Dr. B. R. Ambedkar*, New Delhi: Commonwealth, 2006.

Seema Pasricha, *Caste Based Reservation in India: Constitutional Safeguards, Gandhi's Views, Ambedkar's Views, Mandal Commission Report, Caste Reservation in Theory and Practice*, New Delhi: Deep & Deep Publications, Pvt. Ltd., 2006.

Ramashray Roy, *Gandhi and Ambedkar: A Study in Contrast*, Delhi: Shipra Publications, 2006.

Didla Venkateswara Rao, *Dr. B. R. Ambedkar: Champion of Human Rights in India*, Delhi: Manak Publications, 2006.

Vijay S. Khare, *Dr. B. R. Ambedkar and India's National Secuity*, New Delhi: Kilaso Books, 2005.

Mohammad Shbbir, ed., *Ambedkar on Law, Constitution and Social Jutice*, Jaiptu: Rawat Publications, 2005.

Richard Bonneym, *Three Giants of South Asia: Gandhi, Ambedkar, and Jinnah on Self-determination*, Delhi: Media House, 2004.

Surendra Jondhale & Johannes Belt, eds., *Reconstructing the World: B. R. Ambedkar and Buddhism in India*, New Delhi: Oxford University Press, 2004.

T. N. Madan, ed., *India's Religions: Perspectives from Sociology and History*, New Delhi: Oxford University Press, 2004.

Chandrakant D. Shivakeri, *Dr. B. R. Ambedkar's Political Philosophy*, New Delhi: Anmol, 2004.

Ramesh Chandra and Sangh Mittra, *Dalit Identity in the New Millennium*, Vol. 4, The Ambedkar Era, New Delhi: Commonwealth Pubulishers, 2003.

Rowena Robinson, Sathianathan Clarke, eds., *Religious Conversion in India: Modes, Motivations, and Meanings*, New Delhi: Oxford University Press, 2003.

Q. L. Gantama, *Dr. Baba Saheb Ambedkar and Brahmanism*, Delhi: B. R. Pub. Corp., 2002.

S. R. Bakshi, *B. R. Ambedkar: His Political and Social Ideology*, New Delhi: Deep & Deep Publications Pvt. Ltd., 2000.

S. M. Michael, ed., *Untouable, Dalits in Modern India*, Boulder, Colo.: Lynne Rienner, 1999.

J. R. Siwach, *Dr. Ambedkar on Presidential and Judicial Impeachment*, Delhi: Indian Publisher's Distributors, 1999.

Oderyar D. Heggade, *Economic Thought of Dr. B. R. Ambedkar*, New Delhi: Mohit Pub., 1998.

V. D. Nagar, K. P. Nagar, *Economic Thought and Policy of Dr. Ambedkar*, New Delhi: Segment Books, 1992.

K. L. Chanchreek, ed., *B. R. Ambedkar Social Justice and Political Sageguards for Depressed Classes*, New Delhi: Shree Pub. House, 1991.

Thomas Mathew, *Ambedkar, Reform or Revolution*, New Delhi: Segment Books, 1991.

Eleanor MaeZelliot, *Dr. Ambedkar and the Mahar Movement*, Ann Arbor, Mich: UMI, 1970.

Eleanor MaeZelliot, *Dr. Ambedkar and the Untouchable Movement*, New Delhi: Blumoon Books, 2004.

Sukhadeo Thorat & Natender Kumar, eds., *B. R. Ambedkar Perspectives on Social Exclusion and Inclusive Policies*, New Delhi: Oxford University Press, 2008.

D. C. Ahir, *50 Years of Independence: 1947 – 97 Status, Growth & Development 6 – Buddhism*, Delhi: BRPCLtd. , 1998.

Reeta Bagchi, *Mahatma Gandhi and Dr. B. R. Ambedkar on Islam and Indian Muslims*, Delhi: BRPC Ltd. , 1998.

Q. L. Gautama, *Dr. BabaSaheb Ambedkar and Brahmanism*, Delhi: BRPC Ltd. , 2002.

KanaiLal Hazra, *The Rise and Decline of Buddhism in India*, New Delhi: Munshiram Manoharla, 1995.

C. D. Naik, *Ambedkar's Pespective on Buddhism and Other Religions*, Delhi: Kalpaz Publications, 2009.

A. K. Narain & D. C. Ahir, eds. , *Dr. Ambedkar, Buddhism and Social Change*, Delhi: B. R. Publishing Corporation, 1994.

RichardBonney, *Three Giants of South Asia: Gandhi, Ambedkar and Jinnah on Self – Determinatin*, Delhi: Media House, 2004.

M. G. Chitkara, *Dr. Ambedkar towards Buddhism*, New Delhi: APH Publishing Corporation, 1997.

Chritopher S. Queen, Sallie B. King, eds. , *Engaged Buddhism Buddhist Liberation Movements in Asia*, Albany: State University of New York Press, 1996.

(三) 英文研究论文

Ambrose Pinto, "Hindutva vs Ambedkarism: Views on Conversions", *Economic and Political Weekly*, Vol. 35, No. 41 (Oct. 7 – 13, 2000).

Anupama Rao, "Arguing against Inclusion", *Economic and Political Weekly*, Vol. 32, No. 8 (Feb. 22 – 28, 1997).

Arun P. Mukherjee, "B. R. Ambedkar, John Dewey, and the Meaning of Democracy", *New Literary History*, Vol. 40, No. 2, Spring, 2009.

Balkrishna Govind Gokhaie, "Theravada Buddhism and Modernization: Anagarika Dhammapala and B. R. Ambedkaer", *Journal of Asian and*

African Studies, Vol. 34, No. 1, 1999.

Balmurli Natrajan, "Religion and Dalit Liberation: An Examination of Perspectives", *The Journal of Asian Studies*, (Feb., 2002).

Dhammachari Lokamitra, "Ambedkar and Buddhism", *Economic and Political Weekly*, Vol. 26, No. 20 (May 18, 1991).

Dipankar Gupta, "Positive Discrimination and the Question of Fraternity: Contrasting Ambedkar and Mandal on Reservations", *Economic and Political Weekly*, Vol. 32, No. 31 (Aug. 2 – 8, 1997).

D. N., "Gandhi, Ambedkar and Separate Electorates Issue", *Economic and Political Weekly*, Vol. 26, No. 21 (May 25, 1991).

Fernandez Calienes, "Raul, National Seminar on 'The Challenge of Dr. Ambedkar on Mission in India Today'", *Journal of Ecumenical Studies*, Vol. 37, Winter, 2000.

Gary Michael Tartakov, "Art and Identity: The Rise of a New Buddhist Imagery", Art Journal, Winter, 1990.

Gopal Guru, "Appropriating Ambedkar", *Economic and Political Weekly*, Vol. 26, No. 27/28 (Jul. 6 – 13, 1991).

Gopal Guru, "Understanding Ambedkar's Construction of National Movement", *Economic and Political Weekly*, Vol. 33, No. 4 (Jan. 24 – 30, 1998).

Indira Y. Junghare, "Dr. Ambedkar: The Hero of the Mahars, Ex – Untouchables of India", *Asian Folklore Studies*, Vol. 47, No. 1, 1988.

Jayashree B. Gokhale, "The Sociopolitical Effects of Ideological Change: The Buddhist Conversion of Maharashtrian Untouchables", *The Journal of Asian Studies*, Vol. 45, No. 2 (Feb., 1986).

Julian Kirby, "Ambedkar and the Indian Communist: The Absence of Conciliation", *Master's Thesis*, University of Manitoba/ University of Winnipeg, 2008.

Meera Nanda, "A 'Broken People' Defend Science: Reconstructing the Deweyan Buddha of India's Dalits", *Social Epistemlogy*, Vol. 15,

No. 4, 2001.

Narender Kumar, "Dalit and Shudra Politics and Anti – Brahmin Movement", *Economic and Political Weekly*, Vol. 35, No. 45 (Nov. 4 – 10, 2000).

Neera Burra, "Was Ambedkar Just a Leader of the Mahars?", *Economic and Political Weekly*, Vol. 21, No. 10/11 (Mar. 8 – 15, 1986).

P. Kesava Kumar, "Indian Historioghaphy and Ambedkar: Reading History from Dalit Perspective", *Society for South Asian Studies*, (Jan., 2008).

P. P. Lakshman, "Ambedkar and Gandhi", *Economic and Political Weekly*, Vol. 31, No. 51 (Dec. 21, 1996).

Raf Gelders and Willem, "Mantras of Anti – Brahmanism: Colonial Experience of Indian Intellectuals", *Economic and Political Weekly*, Vol. 38, No. 43 (Oct. 25 – 31, 2003).

Robert Traer, "Buddhist Affirmations of Human Rights", *Buddhist – Christian Studies*, Vol. 8, 1988.

S. D. Kapoor, "B. R. Ambedkar, W. E. B. DuBois and the Process of Liberation", *Economic and Political Weekly*, Vol. 38, No. 51/52 (Dec. 27, 2003 – Jan. 2, 2004).

Sekhar Bandyopadhyay, "Transfer of Power and the Crisis of Dalit Politics in India", *Modern Asian Studies*, Vol. 34, No. 4, 2000.

Suhas Palshikar, "Gandhi – Ambedkar Interface: When Shall the Twain Meet?", *Economic and Political Weekly*, Vol. 31, No. 31 (Aug. 3, 1996).

Suhas Palshikar, "Gandhi and Ambedkar", *Economic and Political Weekly*, Vol. 32, No. 30 (Jul. 26 – Aug. 1, 1997).

Thomas Mathew, "Ambedkar and Marxism", *Economic and Political Weekly*, Vol. 27, No. 24/25 (Jun. 13 – 20, 1992).

Timothy Fitzgerald, "From Structure to Substance: Ambedkar, Dumont and Orientalism", *Indian Sociology*, No. 30, 1996.

University, Canada, *Elijah School Lectures For the Fourth Summer Program*, (Aug., 2000).

二 中文类文献
（一）中文专著

崔连仲：《从佛陀到阿育王》，辽宁大学出版社1991年版。

方广锠：《渊源与流变——印度初期佛教研究》，中国社会科学出版社2004年版。

方立天、学愚主编：《佛教传统与当代文化》，中华书局2006年版。

黄心川：《当代亚太地区宗教》，宗教文化出版社2003年版。

黄心川：《印度近现代哲学》，商务印书馆1989年版。

尚会鹏：《种姓与印度教社会》，北京大学出版社2001年版。

林承节：《印度近现代史》，北京大学出版社1995年版。

林承节：《印度史》，人民出版社2004年版。

林承节：《殖民统治时期的印度史》，北京大学出版社2004年版。

邱永辉：《印度教概论》，中国社会科学出版社2012年版。

邱永辉：《印度世俗化研究》，巴蜀书社2003年版。

邱永辉：《印度宗教多元文化》，社会科学文献出版社2009年版。

尚会鹏：《印度文化传统研究》，北京大学出版社2006年版。

尚会鹏：《印度文化史》，广西师范大学出版社2007年版。

尚会鹏：《种姓与印度教社会》，北京大学出版社2001年版。

尚劝余：《圣雄甘地宗教哲学思想研究》，中国社会科学出版社2004年版。

宋立道：《传统与现代：变化中的南传佛教世界》，中国社会科学出版社2002年版。

宋立道：《神圣与世俗：南传佛教国家的政治与宗教》，中国宗教文化出版社2000年版。

王树英：《南亚印度教与文化》，中央民族大学出版社1999年版。

王树英主编：《复兴运动》，上海三联书店1995年版。

王树英：《宗教与印度社会》，人民出版社2009年版。

吴永年、季平：《当代印度宗教研究》，上海外语教育出版社 1998 年版。

吴永年：《宗教与印度社会》，中国华侨出版社 1994 年版。

杨曾文：《当代佛教》，东方出版社 1993 年版。

卓新平：《当代亚非拉美神学》，上海三联书店 2007 年版。

［德］马克斯·韦伯：《印度的宗教：印度教与佛教》，康乐、简惠美译，广西师范大学出版社 2005 年版。

［法］涂尔干：《宗教生活的基本形式》，芮传明、赵学元译，商务印书馆 2011 年版。

［美］许烺光：《宗族、种姓、俱乐部》，薛刚译，华夏出版社 1990 年版。

［日］佐佐木教悟等：《印度佛教史概说》，达和译，佛光出版社 1990 年版。

［意］索弗里：《甘地与印度》，生活·读书·新知三联书店 2006 年版。

［印］R.C. 马宗达等：《高级印度史》，张澍霖等译，商务印书馆 1986 年版。

［印］巴沙姆：《印度文化史》，闵光沛等译，商务印书馆 1997 年版。

［印］迪帕克·拉尔：《印度均衡：公元前 1500—公元 2000 年的印度》，赵红军主译，北京大学出版社 2008 年版。

［印］莫·卡·甘地：《甘地》，鲁良斌译，国际文化出版公司 2002 年版。

印顺：《印度之佛教》，正闻出版社 1992 年版。

［英］埃里克·J. 夏普：《比较宗教学史》，吕大吉、何光沪、徐大建译，上海人民出版社 1988 年版。

［英］渥德尔：《印度佛教史》，商务印书馆 2000 年版。

（二）中文研究论文

常宏：《杜威的宗教观》，《贵州大学学报》2008 年第 1 期。

郭俊超：《"克里普斯方案"对被压迫阶级的影响》，《边疆经济与文化》2007年第2期。

何小艳：《安培德卡尔的经济平等思想》，《改革与开放》2010年第6期。

洪共福：《从"新佛教运动"看印度独立后的种姓制》，《阜阳师范学院学报》2001年第1期。

黄夏年：《达磨波罗的佛教民族主义思想初探》，《宗教学研究》1996年第3期。

姜景奎：《再论中世纪印度教帕克蒂运动》，《南亚研究》2004年第1期。

姜晓平、陈滔娜：《解读杜威教育理论中的"民主"内涵》，《学海》2008年第6期。

金西：《论1956年安倍德卡尔率领印度贱民改宗佛教的原因》，《黑龙江史志》2010年第5期。

金永丽：《从贱民问题的解决看印度的人权政策》，《烟台大学学报》2006年第2期。

孔祥田：《杜威的"民主共同体"思想述评》，《上海行政学院学报》2006年第1期。

孔祥田：《杜威"民主共同体"思想渊源探析》，《北方论丛》2005年第6期。

孔祥田：《杜威"民主"思想价值维度之探讨》，《中国石油大学学报》2006年第2期。

孔祥田、王先林：《杜威民主思想的伦理意蕴及其当代价值》，《江西社会科学》2009年第2期。

李向平：《传统佛教思想的近代性格》，《历史教学问题》1997年第2期。

李向平：《佛教文化与现代化》，《上海大学学报》1993年第5期。

李向平：《宗教文化：民族主义还是超民族主义》，《社会科学》2000年第10期。

李勇：《西方佛教的现代化略论》，《社会科学战线》2006年第

6期。

梁启俊:《浅析印度"信缘文化"特征及其对印度人生活方式的影响》,《青海师范大学学报》2009年第5期。

林立:《甘地、安培德卡尔与拯救贱民运动》,《南亚研究季刊》1992年第3期。

刘爱河:《杜威的真理观述评》,《哈尔滨学院学报》2004年第6期。

刘放桐:《杜威哲学的现代意义》,《复旦学报》2005年第5期。

刘宇光:《现代佛教研究概论》,《历史教学问题》2008年第3期。

马戎:《理解民族关系的新思路——少数族群问题的"去政治化"》,《北京大学学报》2004年第6期。

马致远:《浅析印度教梵社运动》,《南亚研究季刊》2005年第4期。

欧东明:《略论印度教与印度佛教的关系》,《南亚研究季刊》2004年第4期。

彭毓花:《近代印度教改革浅析》,《云南社会科学》2001年第1期。

邱永辉:《"皈依"印度教?》,《中国民族报》2008年10月28日。

邱永辉:《解析印度宗教多元化危机》,《当代亚太》2003年第7期。

邱永辉:《浅析"印度教特性"政治》,《南亚研究季刊》2003年第2期。

邱永辉:《试论印度保留政策》,《南亚研究季刊》1991年第1期。

尚会鹏:《不可接触制的历史与现状》,《南亚研究季刊》1992年第4期。

尚会鹏:《"贱民"运动的领袖安培德卡尔——生平及其主要思想》,《南亚研究》1990年第2期。

尚会鹏:《文化整合与种姓的未来》,《北京大学学报》1990年第2期。

尚会鹏:《种姓的对立——种姓构造分析之一》,《南亚研究》1991

年第 4 期。

宋立道：《当代印度的新佛教运动》，《法音》2007 年第 4 期。

宋立道：《佛教民族主义在南亚、东南亚的发展》，《佛学研究》1996 年第 1 期。

宋立道：《佛教与民族主义》，《佛学研究》1997 年第 1 期。

宋立道：《佛教与现代化的关系考察——以南传佛教国家为案例》，《佛学研究》1995 年第 1 期。

王啸：《从杜威的价值论看：人、教育、社会》，《南京师大学报》1999 年第 3 期。

王怡：《安姆贝德卡走上反抗种姓制的道路原因浅析》，《贺州学院学报》2009 年第 1 期。

吴宏阳：《印度世俗化进程与贱民问题的解决》，《郑州大学学报》2002 年第 5 期。

张立成：《杜威政治哲学中个人与社会关系探析》，《济南大学学报》2006 年第 3 期。

张立成、张梅：《从杜威的政治哲学看个人、社会、共同体的关系》，《哈尔滨工业大学学报》2007 年第 9 期。

张占顺：《锡克教：一个没有种姓的社会》，《当代亚太》2005 年第 11 期。

章媛媛：《印度教巴克提运动若干问题探讨》，《知识经济》2007 年第 11 期。

赵卫邦：《古代印度贱民的产生》，《四川大学学报》1981 年第 2 期。

赵卫邦：《印度贱民处境在近代的变化》，《云南民族学院学报》1984 年第 4 期。

赵秀福：《评杜威的宗教观》，《理论学刊》2002 年第 3 期。

赵章云：《印度贱民纷纷改宗》，《人民日报》2001 年 11 月 26 日。

郑国玉、唐代虎：《重视科学方法、行动和效用的杜威实用主义》，《辽宁大学学报》2009 年第 5 期。

志道：《当代印度佛教复兴与"参与佛教"运动》，《佛教文化》

2005 年第 1 期。

朱明忠:《印度教虔信派改革运动及其影响》,《南亚研究》2001 年第 1 期。

(三) 学位论文

高洁:《杜威的民主主义教育思想及其启示》,硕士学位论文,南京师范大学,2005 年。

金西:《论二战后印度贱民改宗的原因》,硕士学位论文,郑州大学,2010 年。

马致远:《印度近现代贱民问题研究》,硕士学位论文,郑州大学,2006 年。

任炜:《安培德卡尔和印度贱民解放运动》,硕士学位论文,内蒙古大学,2008 年。

王立新:《印度贱民解放的历史透视:过程、问题和展望》,硕士学位论文,河北师范大学,2011 年。

王怡:《安姆贝德卡与种姓制斗争评析》,硕士学位论文,广西师范大学,2008 年。

后 记

本书为教育部人文社会科学基金项目《安倍德卡尔的新佛教思想研究》的最终研究成果，历经数年，终于顺利截稿，付梓出版了。

本书的写作过程中，查阅和借鉴了大量的国内外文献和最新研究成果，凝结了作者对于20世纪中期现代印度社会变化和文化发展的认识和思考。在成书过程中，历经了种种曲折和困难，可谓凭一己之力无以完成。因此，要特别感谢搜集资料过程中给予重要帮助的美国西来大学的龙达瑞教授、北京师范大学的侯树栋教授，中国社会科学院的贺晓燕女士等。感谢陕西省社科院的王亚荣教授和陕西师范大学的王成军教授在课题研究方面的提点和建议。还要特别感谢西北大学的李利安教授在百忙之中为本书作序。

本书的完成得到了教育部的资助。同时，宝鸡文理学院科研处、历史文化与旅游学院等部门的领导也给予了关心和帮助，在此深表感谢。

本书虽然是作者的潜心钻研的成果，但是课题内容涉及面广，思想性强，所能掌握的资料也有所或缺，加之作者能力所限，难免存在偏颇和粗陋之处，恳请读者批评指正。

刘海玲
2020年秋于美伦寓所